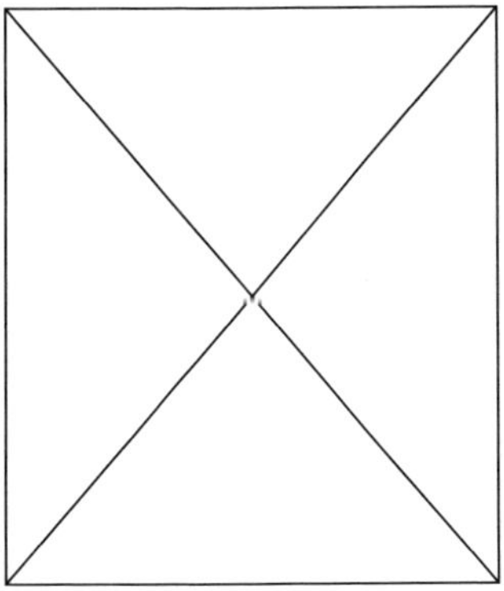

This screenshot shows the image of a suspect as it appears while using the Facewatch app, which allows citizens to quickly identify criminals.

http://ddq74coujkv1i.cloudfront.net/facewatch-app-2.jpg

Layout-Referenzen: Das Textlayout basiert mit den verwendeten Schriften und typografischen Zeichen sowie dem Umbruch auf folgenden Online-Zeitungen:/Referenze per il layout: i caratteri e l'uso di segni tipografici del layout del testo come anche l'impaginazione si basano sui seguenti giornali online:/ Layout references: the text layout with the types, typographical symbols and line breaks that are used is based on the following online newspapers: *Spiegel Online,The Guardian, The New York Times, Financial Times, Libération* und/e/and *Kommersant.*

THE NEW PUBLIC

MUSEION, Bolzano/Bozen
Verlag der Buchhandlung Walther König, Köln

Vorwort

Marion Piffer Damiani, Präsidentin der Stiftung MUSEION

Die Stiftung Museion beauftragt einen jährlich wechselnden Gastkurator bzw. eine Gastkuratorin mit einer Themenausstellung, die zugleich jeweils auch das Diskussionsmotto für das laufende Jahr vorgibt. Mit diesen Themenausstellungen beteiligt sich das Museion aktiv und intensiv an aktuellen Debatten – nicht nur über Kunst, Künstler und Künstlerinnen, sondern auch über gesellschaftliche Verhältnisse. Die Diskussionen thematisieren aktuelle politische, ökonomische und soziale Entwicklungen und Veränderungen auf dem künstlerischen und kulturellen Feld unter dem Vorzeichen der Globalisierung.

Die von Rein Wolfs, dem künstlerischen Leiter der Kunsthalle Fridericianum in Kassel, als erster Gastkurator in dieser neuen Reihe für 2012 konzipierte Themenausstellung trägt den Titel The New Public und handelt gemäß ihrem Untertitel Von einer neuen Öffentlichkeit und einem neuen Publikum. Globalisierung und internetgestützte Netzwerke scheinen dem in der Vergangenheit häufig diagnostizierten "Rückzug ins Private" entgegenzulaufen und bewirken zugleich auch eine Veränderung in der Kommunikation, Verbreitung und Präsenz des Künstlerischen. Die Ausstellung The New Public geht den Auswirkungen dieser neuen Formen von Öffentlichkeit in Bezug auf die Institution Museum wie auch die Rezeption des Künstlerischen und den Einfluss auf die Kunstproduktion nach. Die Fragestellung wird anhand ausgewählter Werke von vierzehn internationalen Künstlerinnen und Künstlern reflektiert, für deren Beteiligung die Stiftung Museion herzlich dankt, namentlich Nina Beier, Rossella Biscotti & Kevin van Braak, Juliette Blightman, Valentin Carron, Matias Faldbakken, Petrit Halilaj, Christian Jankowski, San Keller, Klara Lidén, Helen Marten, Metahaven, Erik van Lieshout und Danh Vo.

Die Ernennung von Rein Wolfs als Gastkurator 2012 bekräftigt nochmals die Zusammenarbeit der Stiftung Museion mit der Kunsthalle Fridericianum in Kassel nach den bereits erfolgten Kooperationen im Rahmen der Ausstellungen von Micol Assaël und Teresa Margolles. Ein besonderer Dank gilt der Direktorin Letizia Ragaglia für ihr reges Engagement, welches das Museion Bozen und sein Programm in ein internationales Kunstnetzwerk einbindet. Zugleich bedankt sich die Stiftung bei Bernd Leifeld von der documenta und Museum Fridericianum Veranstaltungs-GmbH, die Rein Wolfs unterstützt hat, den Auftrag des Museion zu übernehmen.

Die von den jährlich wechselnden Gastkuratoren konzipierten Themenprojekte beinhalten nicht nur eine Ausstellung, sondern umkreisen die Fragestellungen in vorbereitenden Veranstaltungen und Gesprächen, die sich wie ein Leitfaden durch das Jahresprogramm ziehen. So präsentierte Rein Wolfs zu Jahresbeginn in der vom Designer Martino Gamper neu gestalteten Museion Passage eine Art Einführung unter dem Motto The New Public: Ein grafischer Kick-off: Vier europäische Grafikbüros, HIT aus Berlin, Lupo & Burtscher aus Bozen, Metahaven aus Amsterdam sowie Norm aus Zürich, setzten sich über das öffentlichkeitswirksame Medium Plakat mit dem Thema "New Public" auseinander und stellten ihre Gedanken in Form eines öffentlichen Gesprächs zur Diskussion. Im Mai forderte der Gastkurator im Rahmen eines Künstlergesprächs den Künstler Paweł Althamer anlässlich seiner von Letizia Ragaglia kuratierten Einzelausstellung im Museion wiederum dazu auf, seine Vorstellungen von Kunst und Öffentlichkeit zu erläutern. Einen genreüberschreitenden Blickwinkel bringt die Zusammenarbeit mit dem Festival Transart ins Spiel, mit dem Theater zwischen den Künsten: UNFUN, einer Kooperation der Kunsthochschule Kassel und des Staatstheaters Kassel, von Nils-Arne Kässens und Joel Baumann, in der Bühnenadaption des neuesten Romans UNFUN des norwegischen Autors und Künstlers Matias Faldbakken.

Die Stiftung Museion bedankt sich ganz herzlich bei Rein Wolfs für die bereits bewährte angenehme und konstruktive Zusammenarbeit, bei den Leihgebern für das Vertrauen in unser Haus sowie bei den verschiedenen Galerien für die Unterstützung. Ein Dankeschön gebührt auch Stephan Müller und Luise Bartels für die Kataloggestaltung sowie der Autorin Maria Lind und dem Autor Federico Campagna für die Textbeiträge. Gedankt sei nicht zuletzt allen Kooperationspartnern sowie dem gesamten Team des Museion, das mit seinem Engagement und Mitwirken zum Gelingen der Ausstellung und des begleitenden Kataloges beigetragen hat.

Das zeitgenössische Museum als Experimentierfeld

LETIZIA RAGAGLIA, Direktorin des MUSEION

Ein Museum, das zeitgenössische Kunstwerke sammelt, konserviert und ausstellt und sich zugleich als Experimentierfeld versteht, das aktuelle Arbeiten und Projekte hervorbringt, hat eine Verpflichtung gegenüber der Kunst wie auch gegenüber seinem Publikum, denn sie bilden die beiden wesentlichen Hauptgründe für seine Existenz.

Was die eigenen Aktivitäten betrifft, so ist bei einer Einrichtung für Gegenwartskunst die Bereitschaft, sich selbst zu hinterfragen, essenziell. Idealerweise wird ein Museum, das sich als Schnittstelle zwischen Kunst und der sich wandelnden Gesellschaft versteht, flexible Wege gehen und sich immer wieder neu definieren, und zwar nicht nur in der Präsentation der Sammlung und der Durchführung von Sonderausstellungen, sondern auch bei den Dienstleistungen für die Öffentlichkeit oder bei Publikationen sowie in der Kommunikation und Zusammenarbeit mit anderen.

Ein Gastkurator kann bei der Erfüllung dieser Ansprüche einen wichtigen Beitrag leisten, vor allem dann, wenn seine Arbeit im Sinne des Museums geschieht und damit eine Ergänzung und Intensivierung der Ziele darstellt, die sich die Institution für die Zusammenarbeit gesetzt hat. Für das Jahr 2012 wurde Rein Wolfs als Gastkurator vom Museion eingeladen. Er agierte auf der Grundlage seiner reichen kuratorischen Erfahrungen aus der Leitung des Fridericianum in Kassel. Sein Vorschlag, die eigenen Fragestellungen mit dem Ausstellungskonzept unter dem Motto *Von einer neuen Öffentlichkeit und einem neuen Publikum* zu bündeln, verbindet sich in sehr glücklicher Weise mit der Intention des Museion, durch die Eröffnung der Museion Passage im Jahr 2012 so etwas wie einen neuen öffentlichen Platz für die Stadt zu bieten. Einen Platz, der allen Akteuren und Kreativen der Kunstszene in der Region – doch nicht nur ihnen – offensteht.

Rein Wolfs entwickelt neue Strategien der Kommunikation, die von Museen und Kunstzentren genutzt werden, die aber ebenso künstlerische Sprachen und kuratorische Praktiken unserer Zeit kennzeichnen. Angesichts einer

Gesellschaft, in der das Intime fast zwangsläufig öffentlich wird, stützt er sich auf Boris Groys *Going Public* und dessen Analysen zu einer Öffentlichkeit, die immer weniger Interesse an Betrachtung und Konsum von Bildern zeigt, dafür aber zunehmend an ihrer Produktion Anteil nimmt. Aus Verantwortung gegenüber der Gesellschaft zielt Rein Wolfs mit seinem Projekt auf eine Verwandlung des Museums in eine Plattform der offenen Diskussion, um dort die Verschmelzung des Privaten mit dem Öffentlichen zum Thema zu machen.

Das Museion organisierte kürzlich die erste italienische Ausstellung mit Werken von Carl Andre, einem der bedeutendsten Vertreter der amerikanischen Minimal Art. Es gab verschiedene Gründe, eine so große Ausstellung zu realisieren: Einen Anstoß dazu gab die vorangegangene Ausstellungsreihe des Hauses, in der das Publikum an die Entwicklung neuer plastischer Sprachen in der Kunstgeschichte des 20. Jahrhunderts herangeführt wurde. Ein anderer Anstoß war der Wunsch, die physische und unmittelbare Anschauung in einer Einrichtung für Gegenwartskunst zu betonen. Carl Andre hat sich des Öfteren denn auch negativ zu Werkreproduktionen geäußert und sie als Antikunst oder sogar Pornografie der Kunst stigmatisiert, da sie eine direkte Erfahrung des Werkes verhindern.

Parallel zur Ausstellung *The New Public* entstand das Projekt *Museion Passage*: Für Rein Wolfs kann die Öffentlichkeit – laut Groys definiert als Bilderproduzent – im Museum einen realen wie symbolischen Raum der Begegnung entdecken. Physisch und virtuell offen, wird die Agora des Museums zur Metapher für die scheinbare Schizophrenie, die ein Museum für zeitgenössische Kunst bereithält: Es ist zum einen ein Ort, der eintritt für das unbedingte körperliche und sinnliche Erleben von Kunst in der Ära der Avatars und virtuellen Bilder, und zur gleichen Zeit eine nicht weniger virtuelle Plattform des kollektiven und partizipativen Dialogs – zwei Aspekte in steter wie auch notwendiger Bewegung, die letztlich nichts anderes sind als zwei Seiten ein und derselben Medaille.

Premessa

Marion Piffer Damiani, Presidente della Fondazione MUSEION

Ogni anno la Fondazione incarica un *guest curator*, affinché concepisca una mostra tematica che parallelamente definisca anche il filo conduttore della riflessione per l'anno in corso. Con queste mostre tematiche Museion contribuisce in modo attivo e intenso al dibattito contemporaneo – non soltanto sull'arte e gli artisti, ma anche sulla situazione sociale. Il dibattito affronta gli sviluppi e i cambiamenti attuali di natura politica, economica e sociale nel campo dell'arte e della cultura nel contesto della globalizzazione.

Nella mostra tematica del 2012 dal titolo *The New Public* concepita da Rein Wolfs, direttore artistico della Kunsthalle Fridericianum di Kassel e primo curatore ospite di questa nuova serie di esposizioni, viene posto, come espresso in modo esplicativo nel sottotitolo, il tema: *una nuova dimensione pubblica e un nuovo pubblico*. La globalizzazione e i network basati su internet sembrano andare in direzione inversa rispetto a quel "ritorno al privato" spesso diagnosticato in passato, generando al contempo anche una trasformazione nella comunicazione, nella diffusione e nella presenza dell'arte. La mostra *The New Public* indaga gli effetti di queste nuove forme assunte dalla dimensione pubblica in relazione all'istituzione museale, ma anche alla ricezione di arte contemporanea e all'influenza sulla produzione artistica. La riflessione si attua sulla base di opere selezionate di quattordici artisti ed artiste internazionali – Nina Beier, Rossella Biscotti & Kevin van Braak, Juliette Blightman, Valentin Carron, Matias Faldbakken, Petrit Halilaj, Christian Jankowski, San Keller, Klara Lidén, Helen Marten, Metahaven, Erik van Lieshout e Danh Vo – che la Fondazione Museion coglie l'occasione di ringraziare per la loro partecipazione.

La nomina di Rein Wolfs a curatore ospite per il 2012 rafforza ulteriormente la collaborazione tra la Fondazione Museion e la Kunsthalle Fridericianum di Kassel, dopo le precedenti cooperazioni per le mostre di Micol Assaël e Teresa Margolles. Un ringraziamento particolare va alla direttrice Letizia Ragaglia per il suo vivace impegno nell'integrare il Museion di Bolzano e il suo programma nella rete internazionale delle istituzioni d'arte. La Fondazione ringrazia inoltre Bernd Leifeld della documenta und Museum Fridericianum Veranstaltungs-GmbH, che ha sostenuto Rein Wolfs nell'accettare l'incarico di Museion.

I progetti tematici concepiti dai curatori ospiti che si alternano annualmente non comprendono soltanto un'esposizione: le tematiche affrontate si dipanano come un filo rosso attraverso il programma annuale in forma di iniziative collaterali e dialoghi. A inizio anno Rein Wolfs ha così presentato nella Museion Passage, allestita dal designer Martino Gamper, una sorta di introduzione al tema dal titolo *The New Public: un kick-off grafico*: quattro studi grafici europei, HIT di Berlino, Lupo & Burtscher di Bolzano, Metahaven di Amsterdam e Norm di Zurigo si sono confrontati, attraverso il mezzo pubblicitario del manifesto, con il tema del "New Public" offrendo il proprio pensiero alla discussione pubblica. In maggio, nell'ambito di un artist talk con l'artista Paweł Althamer in occasione della sua personale a Museion curata da Letizia Ragaglia, il curatore ospite ha invitato l'artista a esporre la sua concezione di arte e di pubblico. La collaborazione con il festival *Transart*, infine, offre uno sguardo da un'angolazione interdisciplinare con la rappresentazione *Teatro tra le arti: UNFUN*, una collaborazione tra la Kunsthochschule e lo Staatstheater di Kassel, di Nils-Arne Kässens e Joel Baumann, per l'adattamento scenico del più recente romanzo intitolato *UNFUN* dello scrittore e artista norvegese Matias Faldbakken.

La Fondazione Museion ringrazia sentitamente Rein Wolfs per la comprovata, piacevole e costruttiva collaborazione, i prestatori delle opere per la fiducia accordata alla nostra istituzione e le diverse gallerie per il loro sostegno. Un grazie va anche a Stephan Müller e Luise Bartels per la veste grafica del catalogo e agli autori dei testi Maria Lind e Federico Campagna. Ringraziamo inoltre tutti i partner del progetto e l'intero team di Museion che, con il proprio impegno e lavoro, ha contribuito alla riuscita di mostra e catalogo.

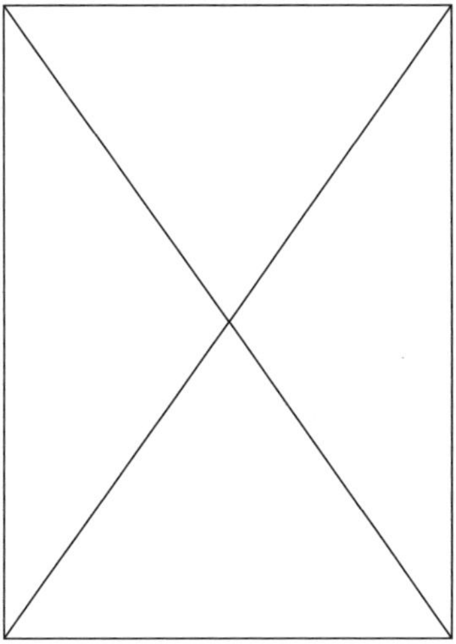

They'll never see you coming! The invisible camouflage costume is a full bodysuit. The zentai suit is made from a polyester-polyurethane blend which stretches to fit your body. It zips up the back and includes a matching mask that fits over your head. The mask doesn't hinder vision and can be easily seen through by the wearer. You'll really blend into your surroundings in this camo bodysuit. Check out our black, red, and green bodysuits for more invisible fun!

http://images.halloweencostumes.net/invisible-man-camo-costume.jpg

Il museo contemporaneo si mette in discussione

Letizia Ragaglia, Direttrice di MUSEION

Un museo che colleziona, conserva e presenta opere d'arte di un recente passato e che si pone al contempo come laboratorio che produce opere e progetti del presente ha un obbligo nei confronti dell'arte e del suo pubblico, che sono le sue due principali ragioni d'essere.

Nell'ambito delle proprie attività dovrebbe essere costitutivo di un'istituzione d'arte contemporanea mettersi costantemente in discussione: idealmente un museo che si pone come membrana tra l'arte e la società in continua mutazione ha percorsi flessibili e persegue un'incessante ricerca sia per quanto riguarda le mostre temporanee che le modalità di presentazione della collezione, sia nell'offerta dei servizi al pubblico così come nelle pubblicazioni, nella comunicazione e nelle collaborazioni che intrattiene.

Il lavoro di un curatore ospite può dunque avere un apporto significativo soprattutto se avviene nello spirito che si è prefisso il museo invitante e se serve a intensificare e ampliare il percorso intrapreso dall'istituzione nel periodo della collaborazione. Nel caso di Rein Wolfs, *guest curator* a Museion nel 2012, l'invito è stato innanzitutto motivato dalla sua grande responsabilità curatoriale e civica dimostrata alla direzione del Fridericianum di Kassel. La sua proposta di concentrare le proprie ricerche e il progetto di mostra sull'idea di "una nuova dimensione pubblica e un nuovo pubblico" si intreccia molto felicemente con la programmazione di Museion, che proprio nel 2012 con l'inaugurazione di Museion Passage ha voluto dotare la città di una sorta di nuova piazza pubblica aperta a tutti gli attori e i creativi della scena artistica del territorio, ma non solo.

La ricerca di Rein Wolfs prende le mosse dalle nuove strategie di comunicazione di cui si servono musei e centri d'arte, ma che caratterizzano anche i linguaggi artistici e le pratiche curatoriali attuali. In una società in cui l'intimo diventa quasi necessariamente pubblico Wolfs cita *Going Public* di Boris Groys e la sua analisi di un pubblico sempre meno contemplatore e consumatore e sempre più produttore di immagini. Consapevole del ruolo di responsabilità del museo nei confronti della società, attraverso il suo progetto Rein Wolfs cerca di trasformare il museo in una piattaforma di discussione aperta per tematizzare l'avvenuta fusione di privato e pubblico.

Museion ha recentemente ospitato la prima mostra in un museo italiano di uno dei più importanti esponenti del minimalismo americano, ovvero di Carl Andre. La scelta di fare una grande mostra di Carl Andre aveva diverse motivazioni, tra cui una serie di mostre precedentemente presentate dall'istituzione per avvicinare il pubblico alla trasformazione dei linguaggi plastici nella storia dell'arte del Ventesimo secolo. Ma c'era anche l'idea di affermare la necessità dell'esperienza artistica fisica e diretta all'interno dell'istituzione deputata all'arte contemporanea. A più riprese, infatti, Carl Andre si è addirittura espresso in termini negativi nei confronti delle riproduzioni di opere stigmatizzandole come anti-arte o addirittura pornografia artistica in quanto prive di esperienza diretta doll'opera.

Quasi parallelamente Museion ha messo in cantiere il progetto *Museion Passage*: per Rein Wolfs il pubblico, definito sulla scia di Groys produttore di immagini, può trovare nel museo uno spazio di incontro sia reale che simbolico. L'*agorà* (piazza) del museo, aperta fisicamente e virtualmente, diventa metafora dell'apparente schizofrenia che contraddistingue un museo d'arte contemporanea: sia luogo che propugna la necessaria esperienza fisica e sensoriale dell'opera nell'era degli avatar e delle immagini virtuali che piattaforma di dialogo collettivo e partecipatorio anche virtuale – due aspetti in costante e necessario movimento che in fondo non rappresentano altro che le due facce di una stessa medaglia.

Preface

MARION PIFFER DAMIANI, President of the MUSEION Foundation

Every year the Museion Foundation commissions a different guest curator with a themed exhibition which at the same time serves as the discussion motto for the current year. These themed exhibitions are a means for Museion to be actively and intensively involved in topical debates – not only about art and artists but also about conditions in society as a whole. The discussions focus on current political, economic and social developments and changes within the artistic and cultural field in the wake of globalisation.

The themed exhibition in 2012 was curated by Rein Wolfs, Artistic Director of the Kunsthalle Fridericianum in Kassel, as the first guest curator in this new series. The exhibition is entitled *The New Public* and deals, as its subtitle *Von einer neuen Öffentlichkeit und einem neuen Publikum* suggests, with a new public sphere and a new public. Globalisation and internet-supported networks seem to run counter to that «retreat into the private sphere» so often diagnosed in the past and, at the same time, these networks bring about a change in the communication, dissemination and presence of art. The exhibition *The New Public* examines the consequences of the new forms of the public sphere with regard to the museum as an institution as well as to the reception of art and the impact on art production. These issues are contemplated using selected works by 14 international artists whom the Museion Foundation cordially thanks for their participation – namely Nina Beier, Rossella Biscotti & Kevin van Braak, Juliette Blightman, Valentin Carron, Matias Faldbakken, Petrit Halilaj, Christian Jankowski, San Keller, Klara Lidén, Helen Marten, Metahaven, Erik van Lieshout and Danh Vo.

Appointing Rein Wolfs as the guest curator in 2012 once again reinforces the cooperation between the Museion Foundation and Kunsthalle Fridericianum in Kassel after previous collaborations as part of the Micol Assaël and Teresa Margolles exhibitions. Special thanks go to the director, Letizia Ragaglia, whose active involvement and dedication have brought Museion Bolzano and its programme into the international art network. At the same time, the foundation also thanks Bernd Leifeld from documenta und Museum Fridericianum Veranstaltungs GmbH for helping Rein Wolfs take on the Museion commission.

The themed projects devised by each year's new guest curator not only comprise an exhibition – they also relate to the issues in preparatory events and discussions which in turn run as a general theme throughout the annual programme. For instance, at the start of the year the new Museion Passage designed by Martino Gamper staged a kind of introduction entitled *The New Public: A Graphic Kick-off:* four European graphic design offices – HIT from Berlin, Lupo & Burtscher from Bolzano, Metahaven from Amsterdam and Norm from Zurich – explored the «New Public» theme via the effective poster medium and put their thoughts up for discussion in the form of a public debate. As part of an artist's discussion in May the guest curator invited the artist Paweł Althamer to expound on his ideas about art and the public sphere on the occasion of his solo exhibition curated by Letizia Ragaglia. Adding a cross-genre perspective here is the collaboration with the *Transart* Festival featuring *Theatre Between the Arts: UNFUN,* a cooperation between the Kunsthochschule Kassel and the Staatstheater Kassel by Nils-Arne Kässens and Joel Baumann, consisting of a stage adaptation of the latest novel *UNFUN* by the Norwegian author and artist Matias Faldbakken.

The Museion Foundation extends its heartfelt thanks to Rein Wolfs for the already existing pleasant and constructive collaboration, to the lenders for their confidence in our foundation as well as to the different galleries for their support. Thanks also go to Stephan Müller and Luise Bartels for the catalogue design and the authors Maria Lind and Federico Campagna for their text contributions. Last but not least, we thank all partners as well as the entire Museion team who, with their dedication and involvement, contributed to the success of the exhibition and the accompanying catalogue.

The Contemporary Museum as a Focus for Discussion

Letizia Ragaglia, MUSEION Director

A museum that collects, conserves and shows works of art from the recent past and also acts as a laboratory, producing contemporary works and designs, has a duty to art and to its public, which are the two main cornerstones on which its existence is built.

In the framework of its own activities, it is fundamental for a contemporary arts institution to engage in ongoing self-examination: ideally a museum that acts as a continually evolving membrane between art and society should follow flexible pathways and unstintingly pursue redefinition in regard to temporary exhibitions or modes of presentation of its collections, as well as its services to the public such as publications, communications and any collaborations it enters into.

What a guest curator achieves can therefore have a considerable impact, especially if executed within the spirit in which the inviting museum operates and if it bolsters and broadens the institutional canvas during the collaborative period. In the case of Rein Wolfs, guest curator at Museion in 2012, the invitation was primarily triggered by his tremendous curatorial achievements while at the helm of the Kassel Fridericianum. His proposal to focus his research and the exhibition project on the concept of "A new public dimension and a new public" marries very well with the programming at Museion, especially in the wake of the 2012 inauguration of the Museion Passage, conceived as a sort of new open public space for all the players and creative minds on the artistic scene, both locally and globally.

Rein Wolfs's project was sparked by the new communication strategies employed by museums and arts centres, which also inform current artistic vocabularies and curatorial practice. In a society in which the intimate is made public, almost of necessity, Wolfs cites Boris Groys's *Going Public* and his analysis of a decreasingly contemplative and consumerist and increasingly image-producing public. In an awareness of museums' responsibility towards society, through his project Rein Wolfs attempts to turn the museum into a platform for open discussion on the theme of the now-established fusion of private and public.

Museion was recently the first Italian museum to host an exhibition of the one the leading exponents of American minimalism, Carl Andre. There were several reasons behind the decision to hold a large Carl Andre exhibition, including a series of earlier exhibitions held to familiarise the public with the changing visual vocabularies in 20th-century art. But we also wanted to affirm the need for physical and direct artistic input within an institution built around contemporary art. Carl Andre frequently spoke disparagingly about reproductions of art, describing them as anti-art and even pornography of art on the grounds that art is a direct experience.

Almost contemporaneously, Museion embarked upon the *Museion Passage* project: Rein Wolfs believes that the general public, defined by Groys as producers of images, should experience museums as spaces conceived for and symbolic of gathering. The agora (public square) of the museum, open both physically and virtually, becomes a metaphor for the apparent schizophrenia that characterises the contemporary art museum: as a place that champions the physical and sensorial experience of works in the age of the avatar and virtual images and as a platform for collective, participatory and virtual dialogue – two aspects that are in constant and essential flux but which, in effect, merely represent two sides of the same coin.

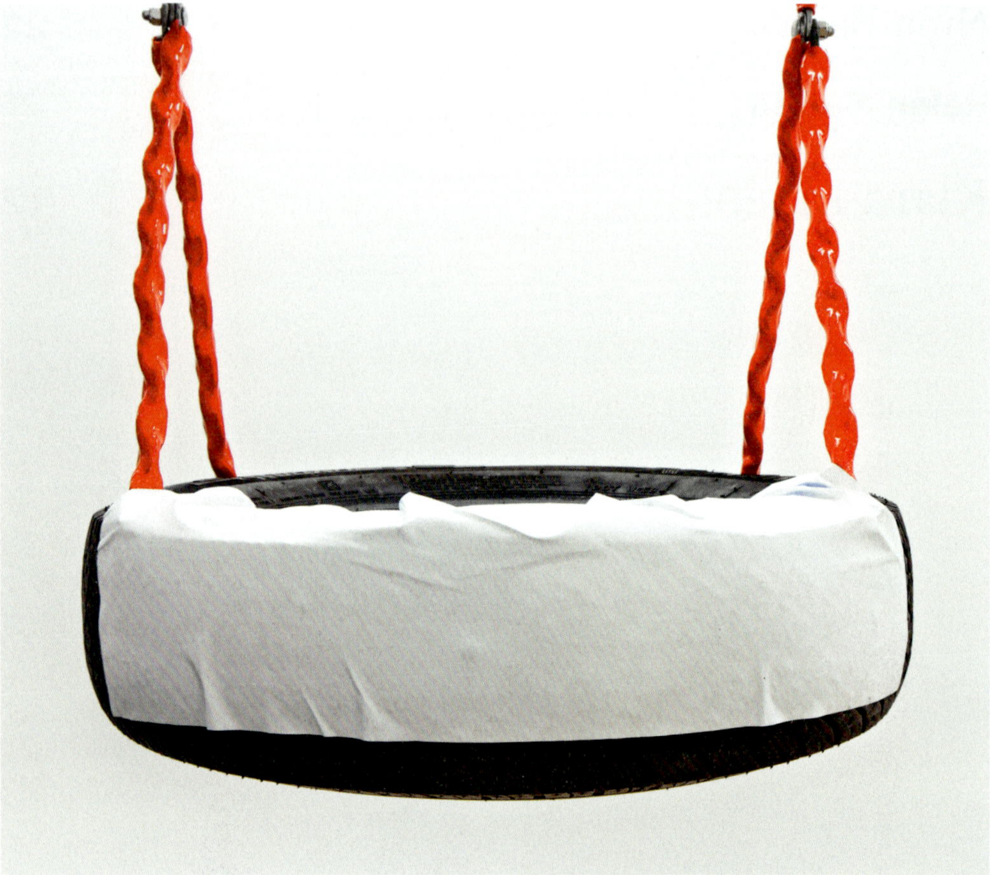

Nina Beier

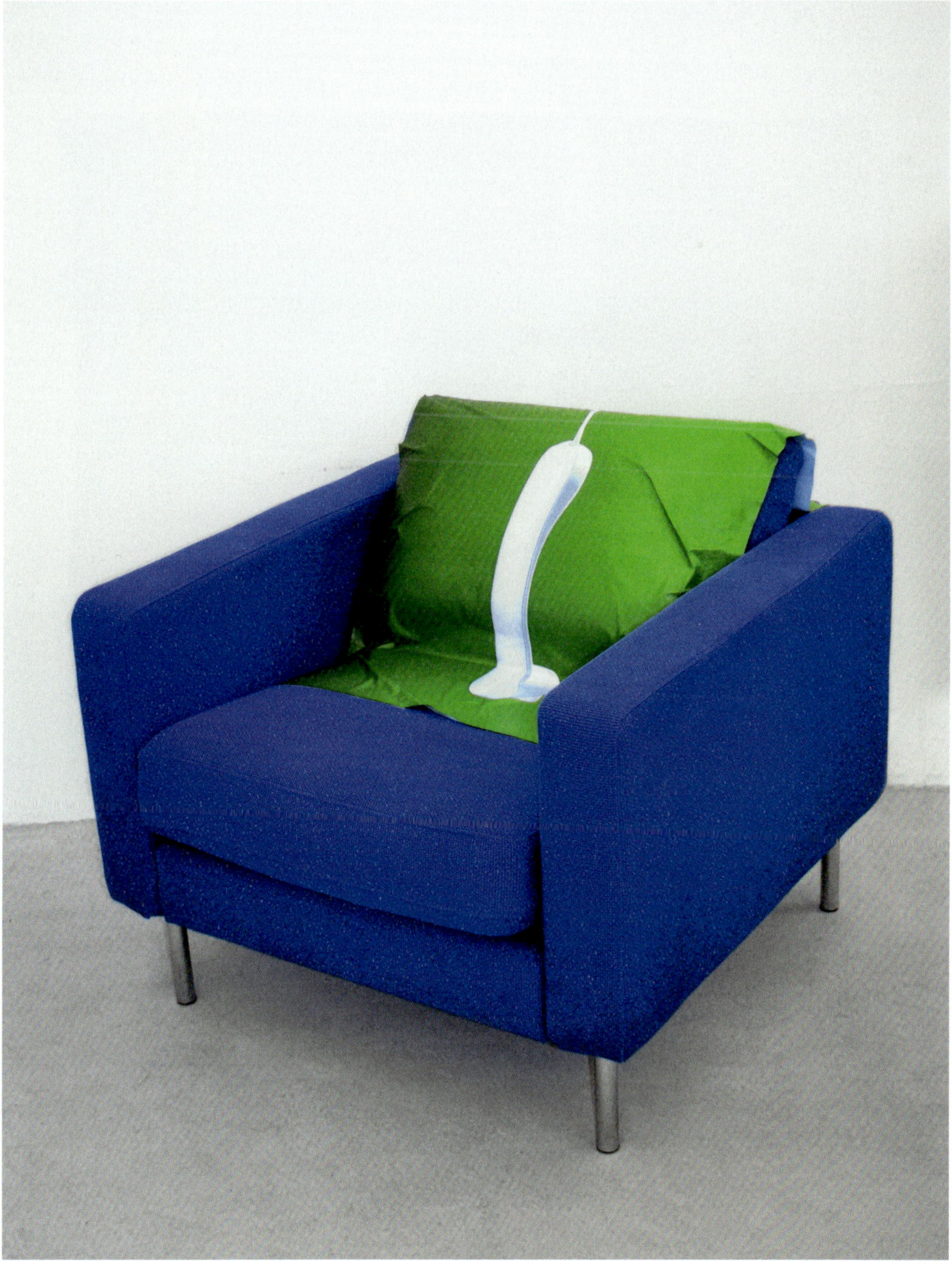

The Demonstrators (Drowning Coins), 2011, car tyre (Nankang Studable), rubber-covered steel chain, stock image poster, 210 x Ø 55 cm
The Demonstrators (Hanging Receiver), 2012, chair, stock image print on paper, 80 x 91 x 93 cm

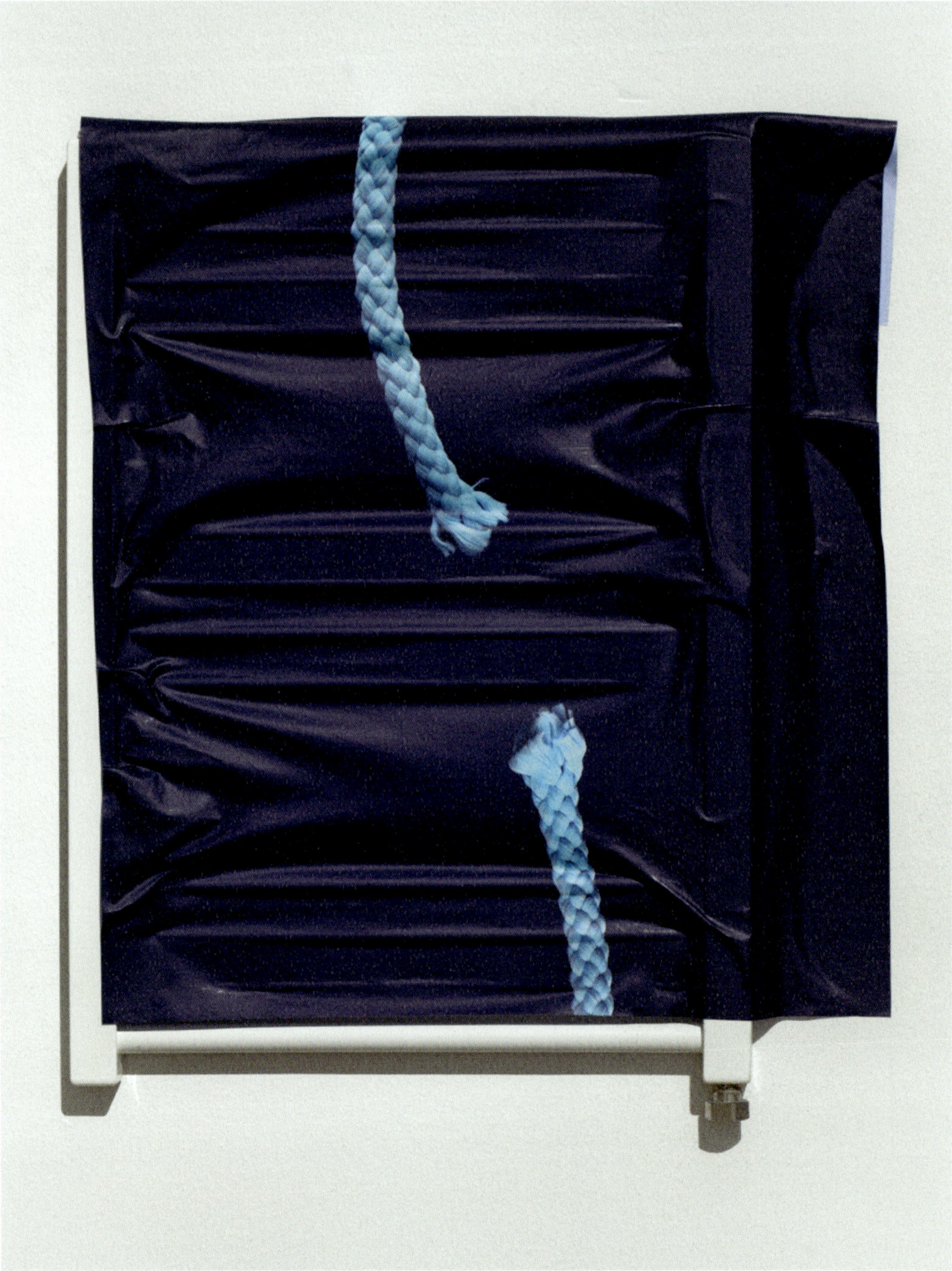

The Demonstrators (Broken Rope), 2011, radiator, stock image print on paper, 70 x 60 x 4 cm

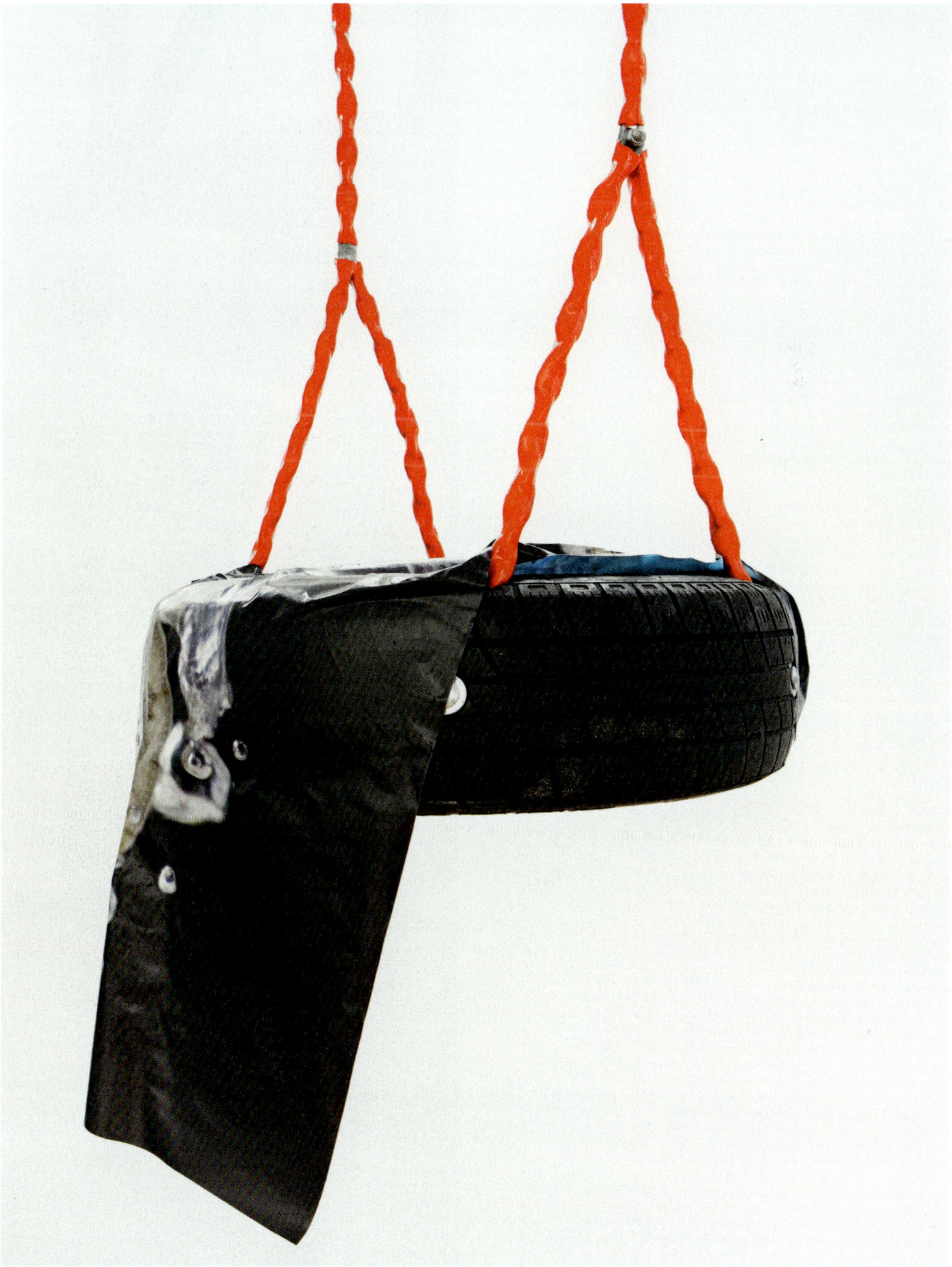

The Demonstrators (Drowning Coins), 2011, car tyre (Hankook Radial 884), rubber-covered steel chain, stock image poster, 237 x Ø 55 cm

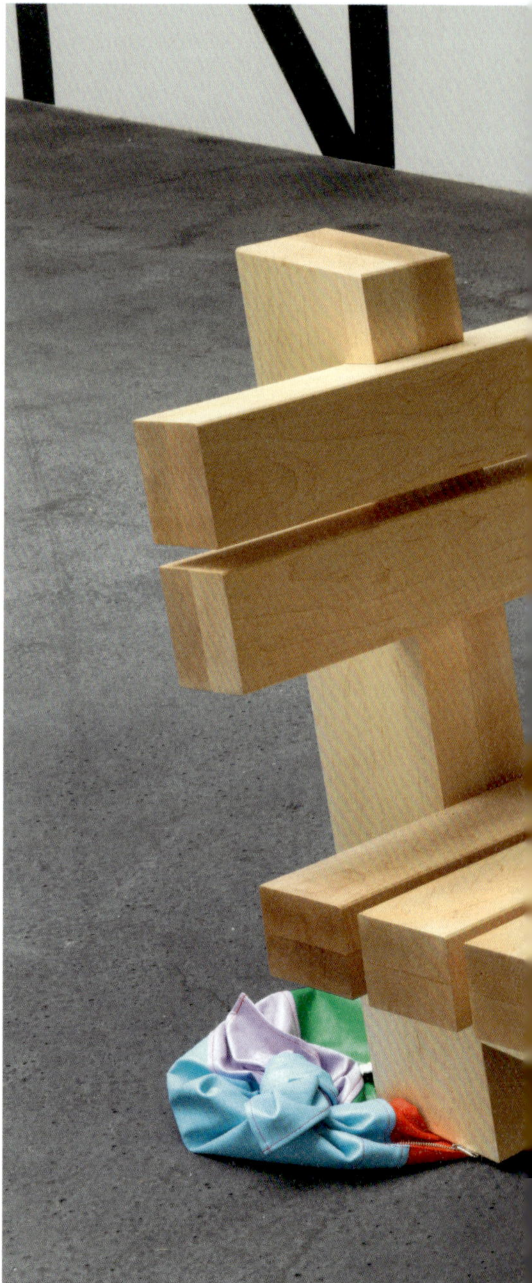

Helen Marten

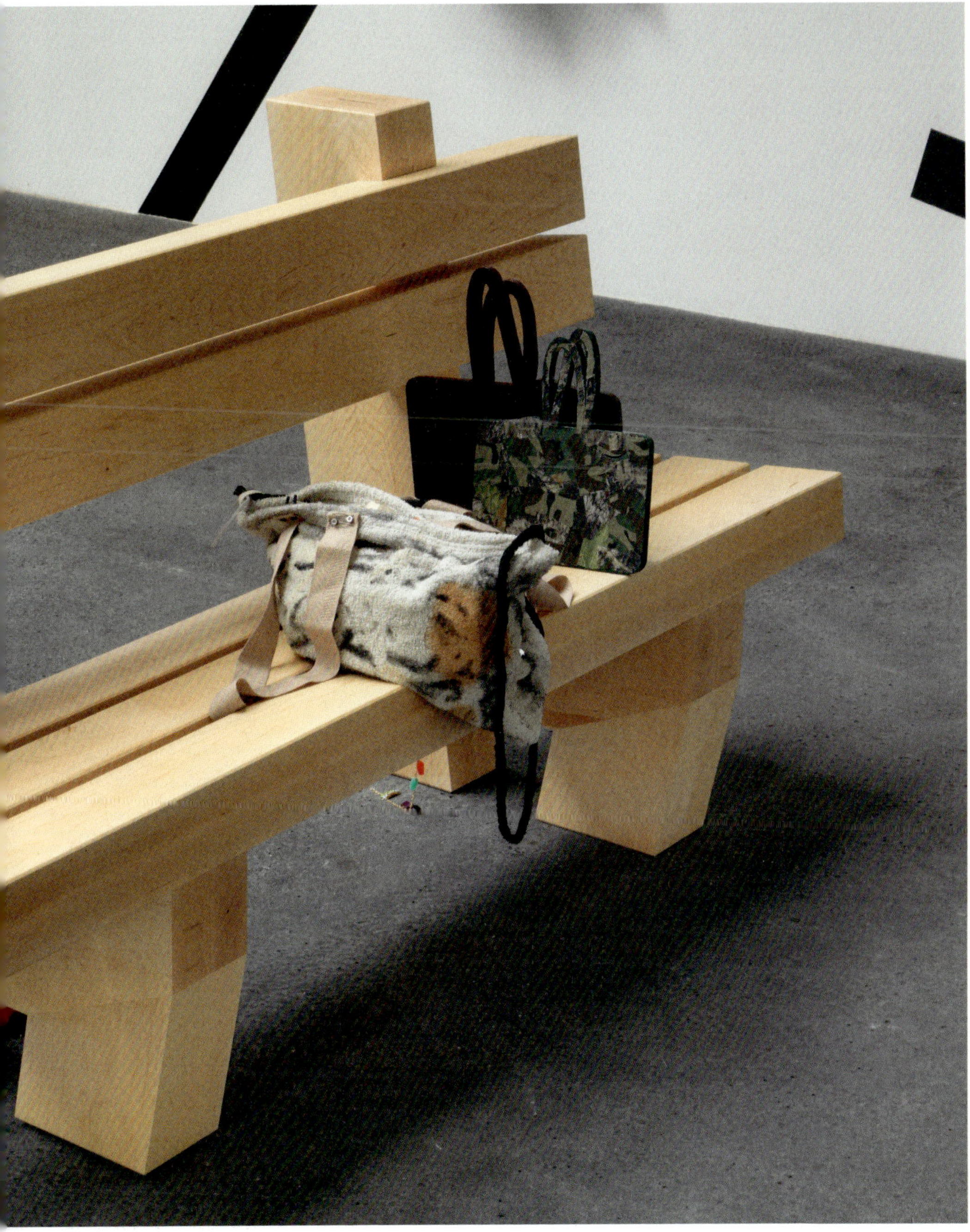

As modest as a maid (womenswear bench, or artisanal garments for a discerning lady), 2011, solid maple bench, stitched stained towel, camouflage tape, bondage rope, laser-cut and powder-coated steel, fake nails, gold chain, Comme des Garçons knot bag, 90 x 160 x 65 cm

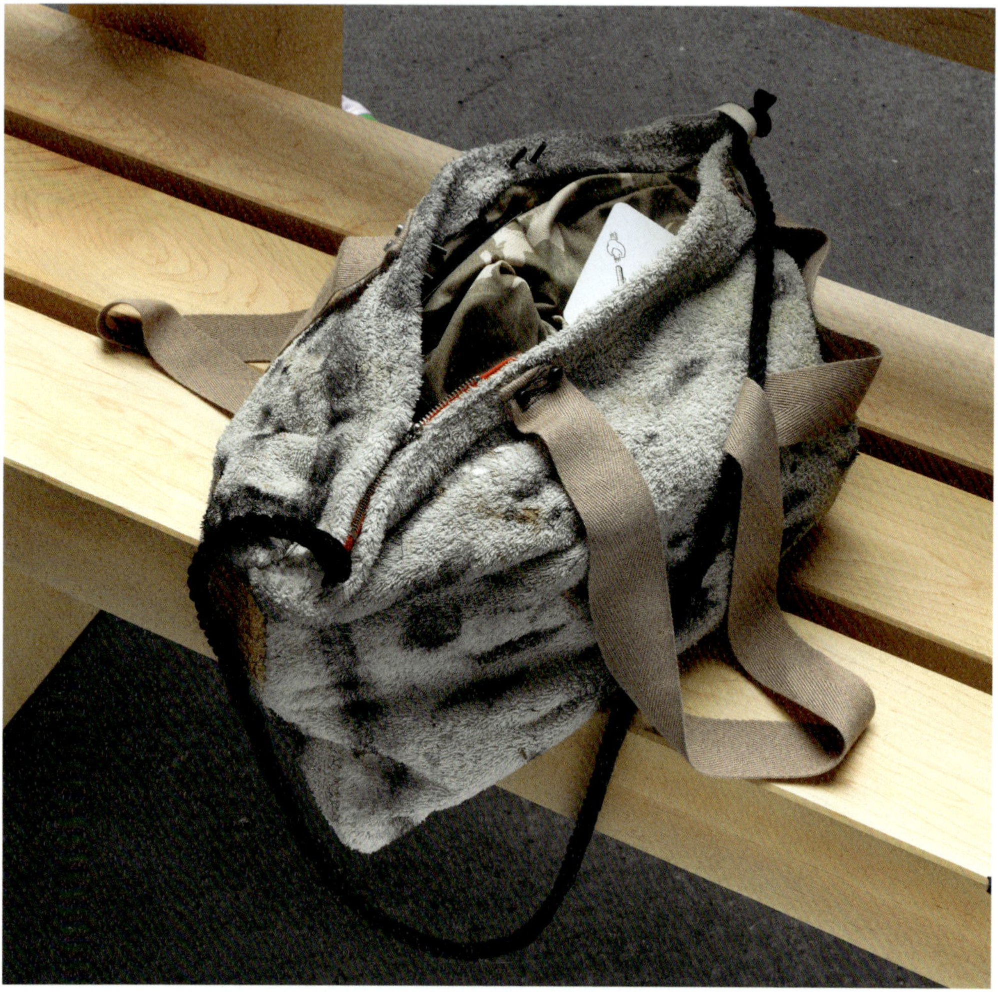

As modest as a maid (womenswear bench, or artisanal garments for a discerning lady) (detail), 2011
Solid maple bench, stitched stained towel, camouflage tape, bondage rope, laser-cut and powder-coated steel, fake nails, gold chain, Comme des Garçons knot bag, 90 x 160 x 65 cm

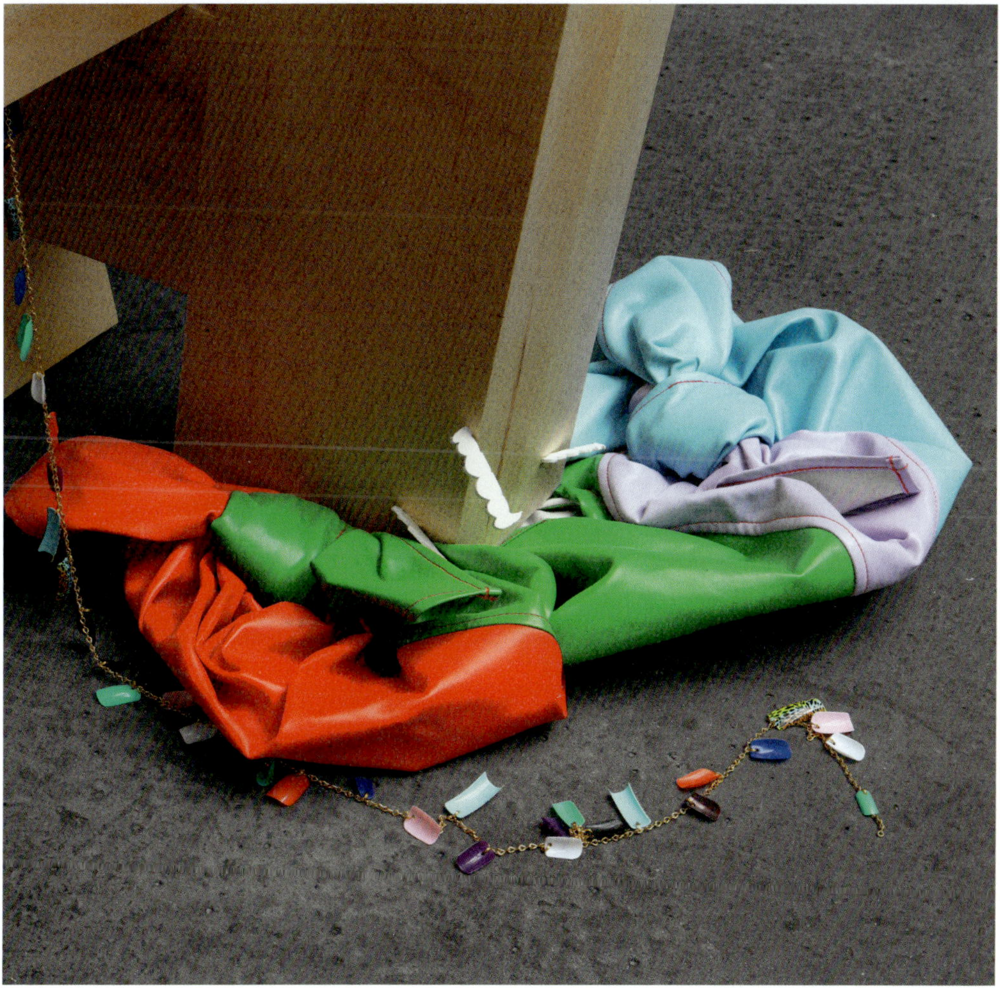

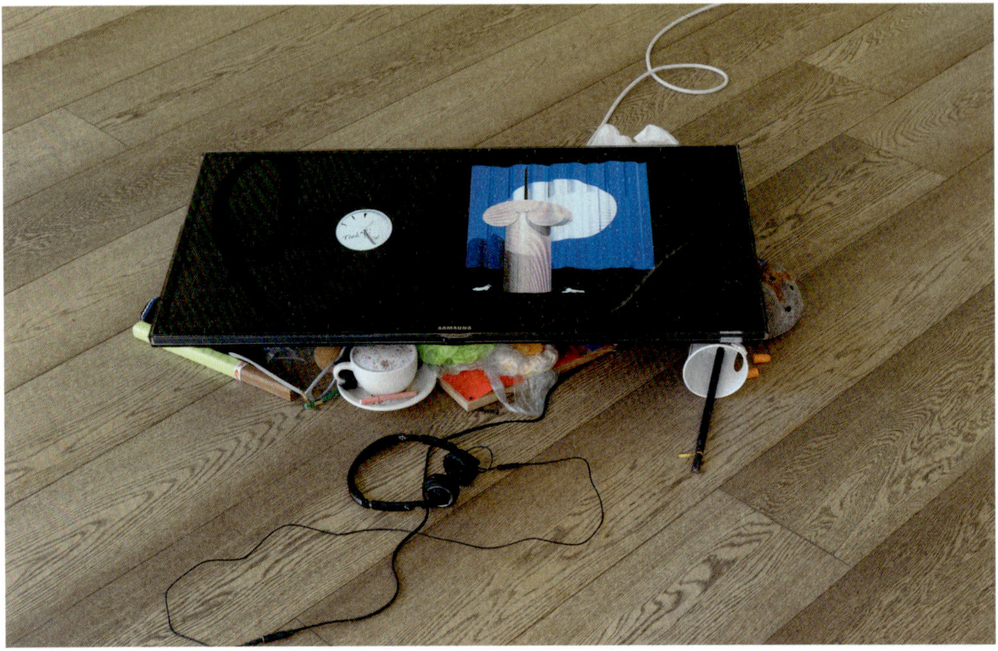

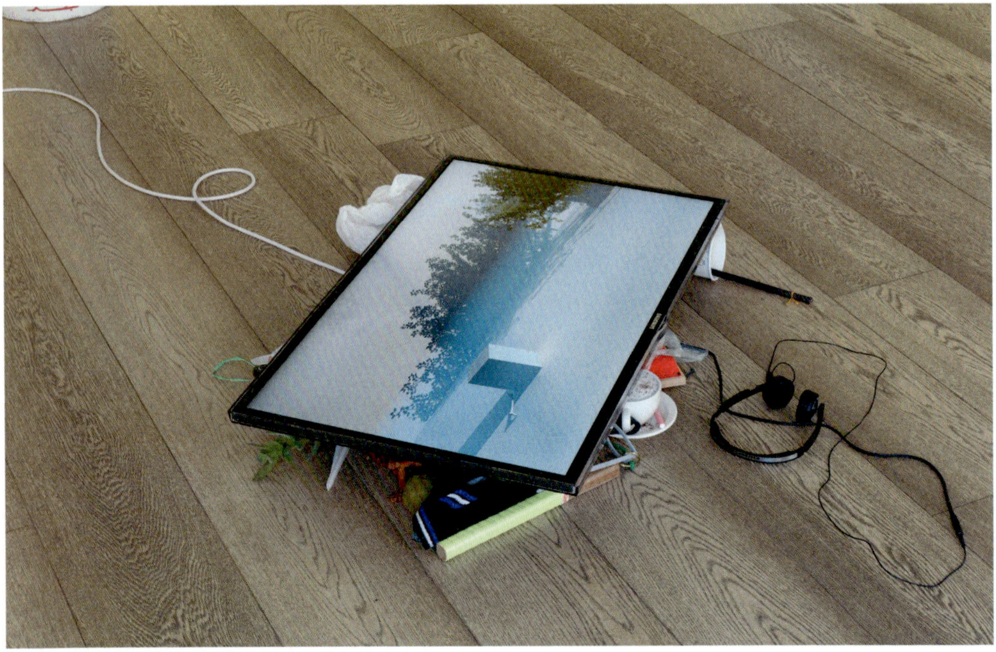

Dust and Piranhas, 2011, digital animation with sound on mix-media scaffolding

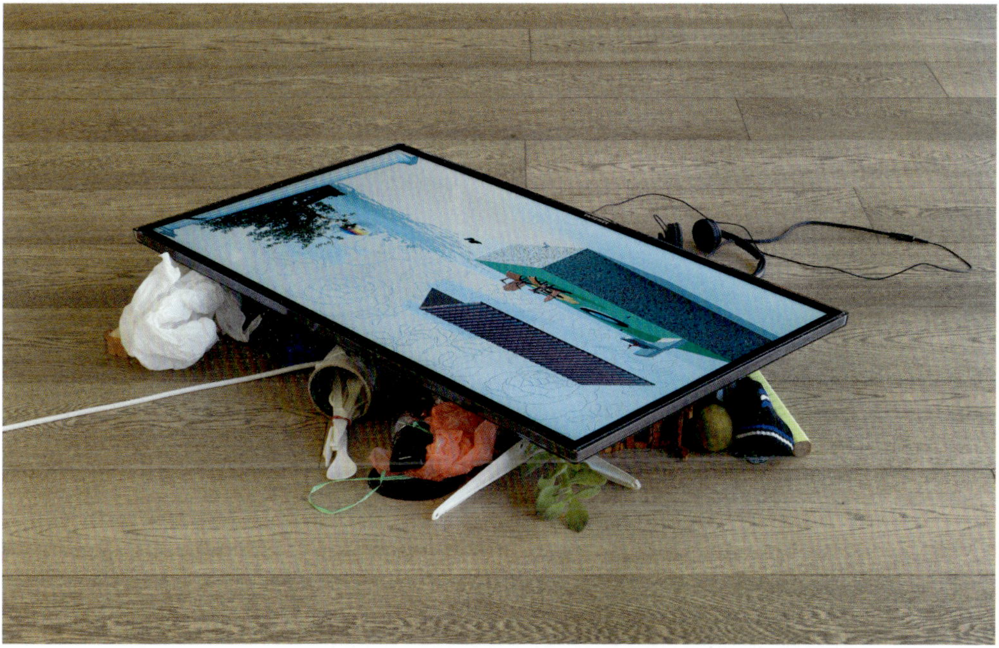

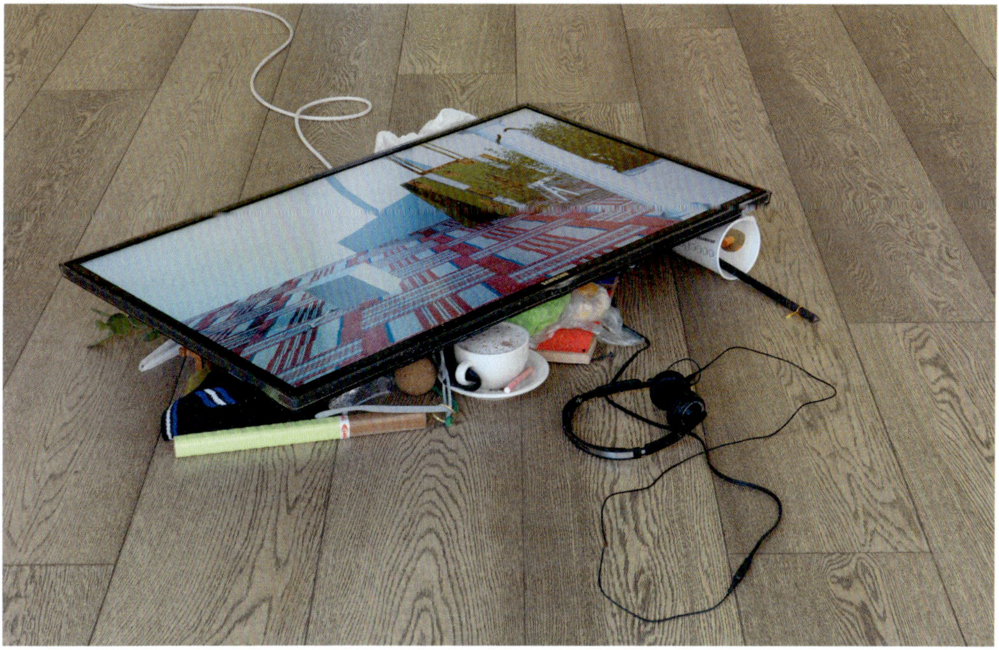

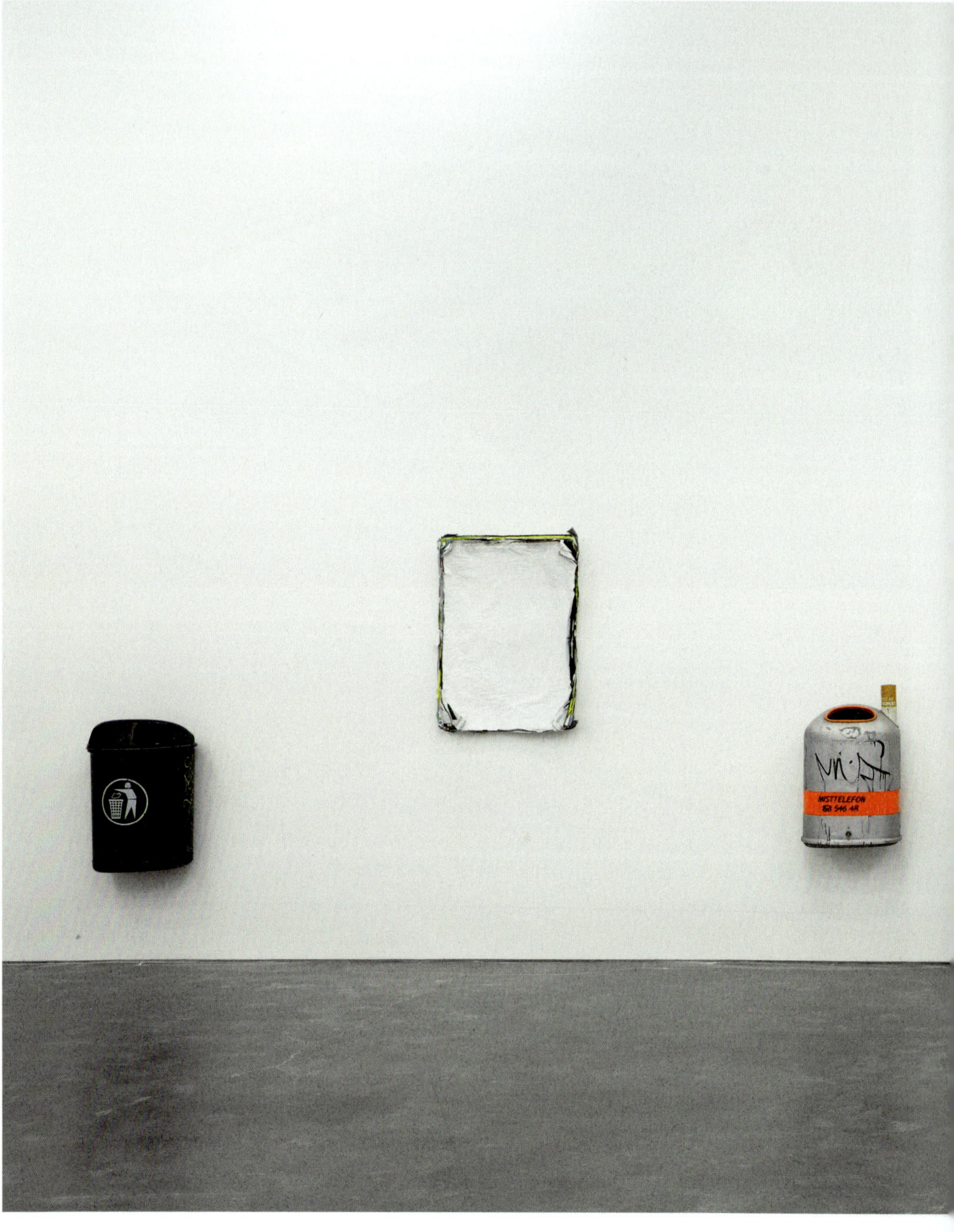

Klara Lidén

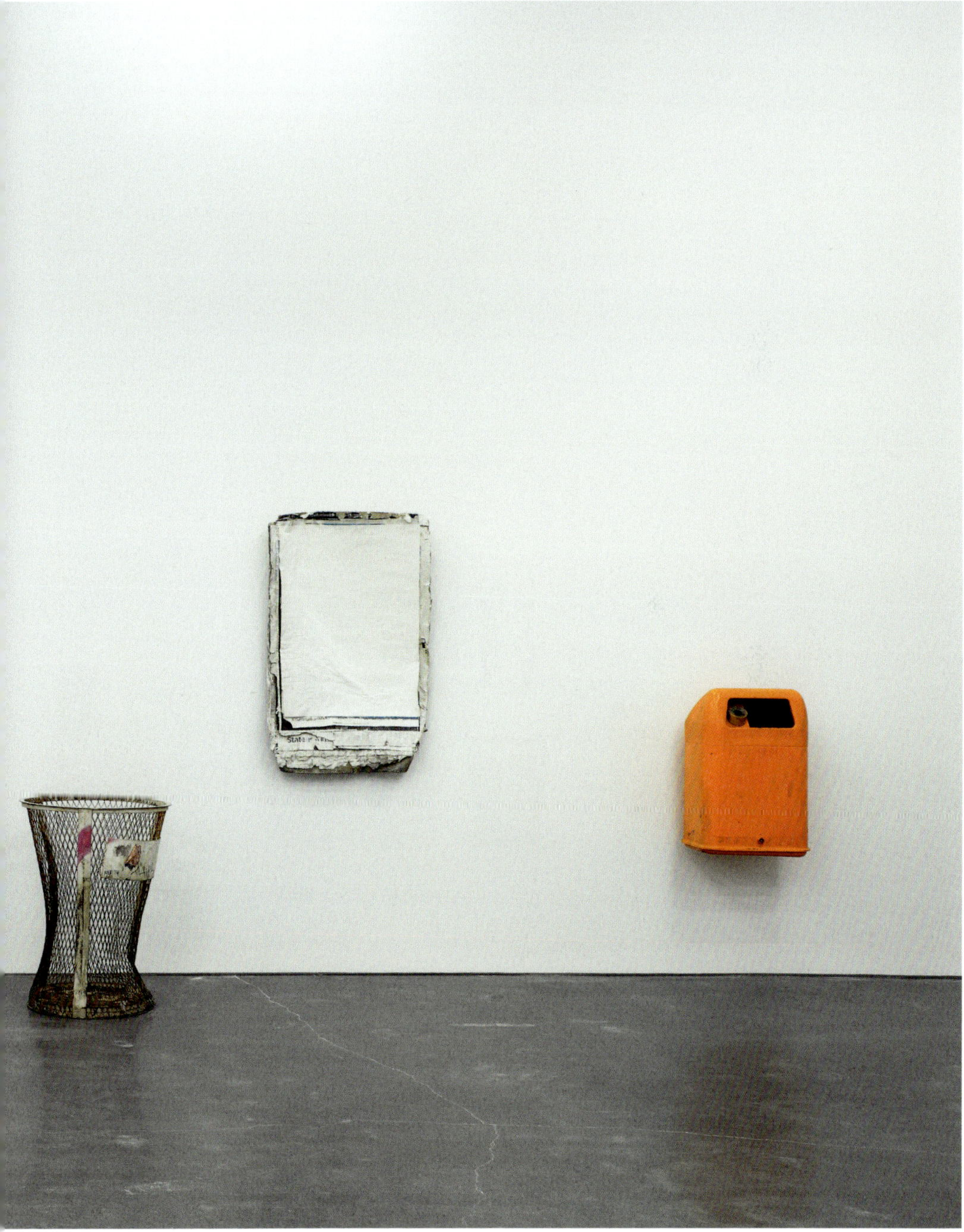

Exhibition view: *Bodies of Society*, incl. *Untitled (Trashcan)*, 2011, dimensions variable

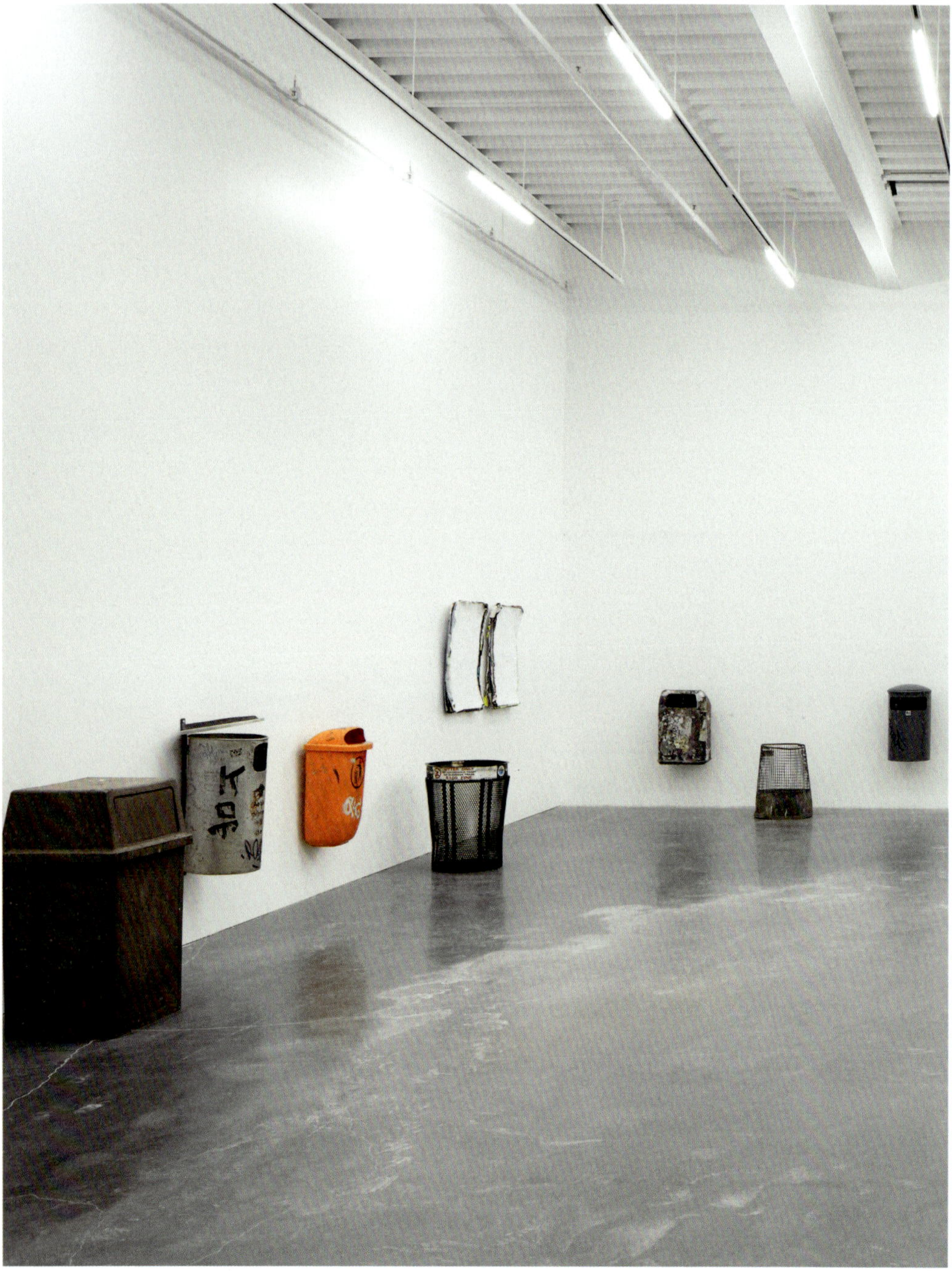

Exhibition view: *Bodies of Society,* incl. *Untitled (Trashcan),* 2010, dimensions variable

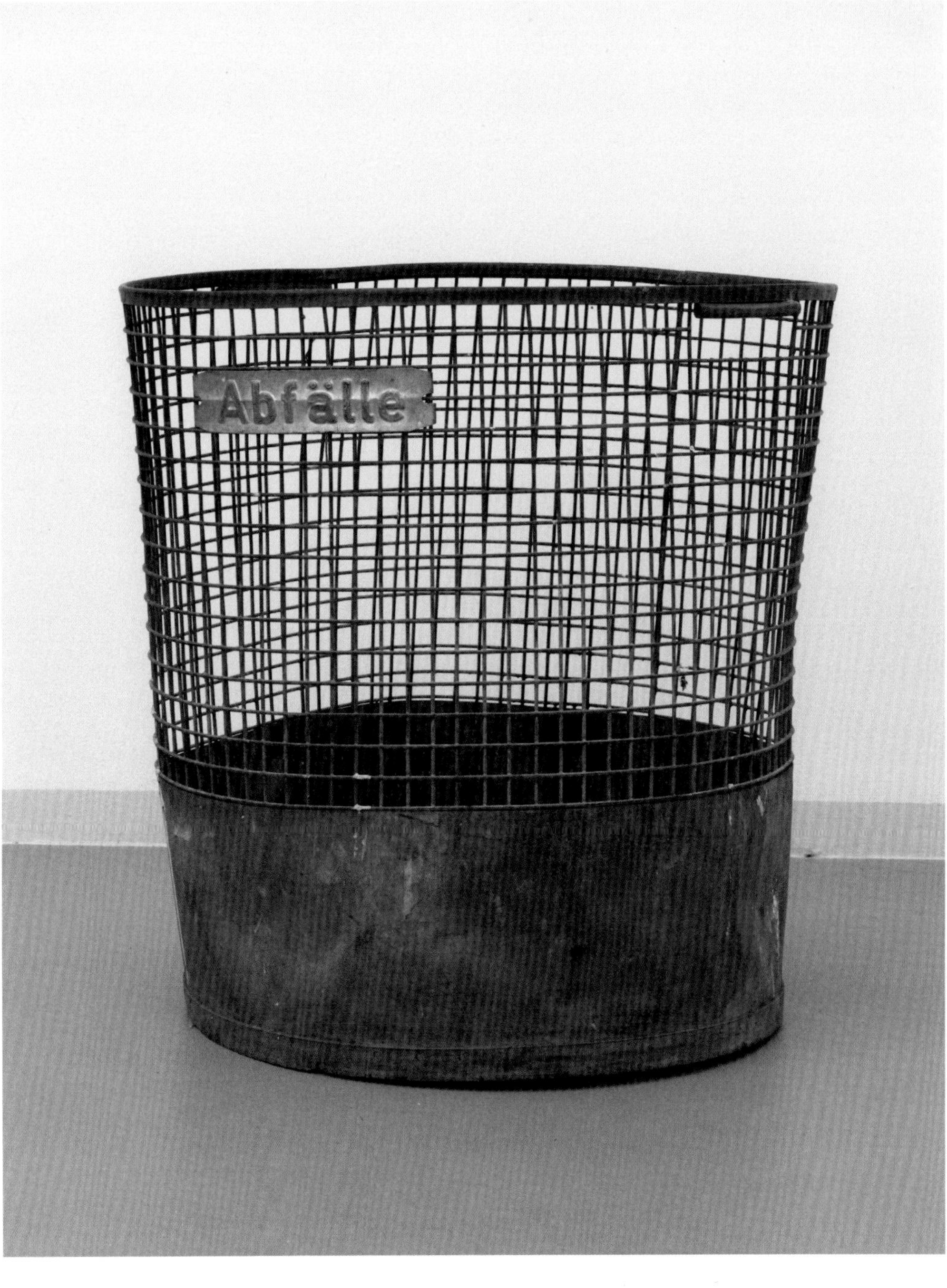

Untitled (Trashcan), 2010, mixed media, dimensions variable

The New Public

Rein Wolfs

"Eine Öffentlichkeit im römischen Sinne existiert nur dann, wenn der Staat seinen Bürgern gehört, wenn nach den Worten Ciceros gilt: 'res publica [est] res populi'." (1) Dan Hind

In den medialen Äußerungen unserer aktuellen Gesellschaft wird tagtäglich überall und über alles diskutiert. Zudem beleben unendlich viele Bilder die hochaufgelösten Bildschirme von Fernsehern, Computern, Laptops, Tablets, Smartphones und anderen Benutzeroberflächen. Dabei verfügt mittlerweile fast jeder Einzelne über schier endlose Möglichkeiten, Vorhandenes in höchstem Maße mithilfe von einfachster Software zu personalisieren und in der Folge mit individualisierter Bild- und Textproduktion medial in Erscheinung zu treten. Der Jetzt-Mensch veröffentlicht ständig seine Vorstellungen und Ideen und veräußert sich schamlos, visuell wie auch verbal, in unterschiedlichsten medialen Plattformen. 24/7 online und öffentlich!

In der neuesten Kunst wird diese Praxis der Verwertung vorhandener Bilder thematisiert, wie beispielsweise im Werk von Nina Beier oder von Helen Marten. Beier nimmt bestehende triviale grafische Bildvorstellungen aus kommerziellen Bilddatenbanken und präsentiert sie fast demonstrativ-programmatisch auf banalsten Gegenständen wie einem Sessel, einem Heizkörper oder Autoreifen, die in diesem Fall als reine Displayelemente zum Einsatz kommen. Sie domestiziert Bilder, die für Geld im Prinzip weltweit heruntergeladen werden können. Helen Marten lässt mit *computer generated imagery* historisierende Architekturversatzstücke in einer Mischung aus Diskurs, Rap und Slapstick eine philosophisch-poetische Liebeserklärung an Dinge und Artefakte evozieren. Alltagsschrott und Überreste der Konsumkultur

1 Übersetzt nach Dan Hind, *The Return of the Public*. Verso, London/New York 2010, S. 16.

werden in ihrer Arbeit hochstilisiert. Auf den Resten eines Frühstücks und weiterem Abfall glänzt ihr hochaufgelöster Flatscreen mit dem erstaunlichen Film *Dust and Piranhas*.

Das Öffentliche ist überall präsent, aber auch das Private ist nicht mehr der eigenen Atmosphäre vorbehalten. Meinungen sind publik, Scham scheint überwunden, und Emotionen werden auf den Bildschirmen der Öffentlichkeit breit ausgemessen. Die öffentliche Domäne hat in der aktuellen Gesellschaft einen weitaus größeren Stellenwert als je zuvor bekommen. Das Intime wird möglichst gleich auch veröffentlicht. Dabei unterscheidet sich die Art, der Stil der Veröffentlichung stark: Juliette Blightman verschafft uns sorgfältig stilisierte Einblicke in ihre Berliner Wohnung und stellt ihre Installation unmittelbar neben die große Glasfassade des Museion. Blightmans Privatraum kontrastiert im musealen Raum mit der erhabenen Alpenlandschaft draußen. Erik van Lieshout thematisiert dagegen das angespannte Verhältnis zwischen Öffentlichem und Privatem in der Medienlandschaft, indem er die tiefe Trauer der niederländischen Königin Beatrix nach dem Skiunfall ihres Sohnes fast lautschreierisch in überdimensionierten Kohlezeichnungen festhält. Der allgegenwärtige Hunger nach Emotionen wird expressiv und übergroß dokumentiert.

In don wertschöpfenden *white cubes* unserer öffentlichen Museen werden künstlerische Artefakte nobilitiert und unter optimalen, scheinbar neutralen Voraussetzungen auratisiert. Auch *readymades*, wie die Abfalleimer von Klara Lidén, oder scheinbare *readymades*, wie eine Fliesenwand mit weggeputzten Graffiti von Matias Faldbakken, werden innerhalb der weiß getünchten Museumsräume des Museion zu ästhetischen Artefakten aufgewertet, die aber ihre inhaltliche Verknüpfung mit dem öffentlichen Raum sowie auch ihre angewandte Herkunft im Sinne von benutzbaren Objekten keineswegs verneinen. Faldbakken und Lidén verkörpern beide mit ihren *(almost) readymades* eine Haltung der Negation und der Verneinung üblicher ästhetischer Prinzipien, werden aber vorbehaltlos ins Pantheon einer neuen Ästhetik aufgenommen. Und dies zu Recht!

Auch Christian Jankowski lässt mit seinen *Living Sculptures* die Grenzen zwischen öffentlichem Raum und musealem Raum, aber auch zwischen Kunst und Kitsch und zwischen Performance und Monument verschwinden. Durch ihre Platzierung im Museion stehen seine bronzenen Figuren als robuste, dauerhafte Kunstwerke für die Umkehrung der kommerziell-performativen Spielereien aus dem urbanen Raum und widersetzen sich der Zeit. Mit seinem Projekt *The Finest Art on Water* zieht er zudem die Auratisierung von *readymades* komplett ins Groteske und Karikaturale. Ursprünglich konzipiert für die *Frieze*-Kunstmesse, wird diese Arbeit im Museion, einem öffentlichen Kunstmuseum, zu einer wirksamen Metapher für die unaufhaltsame Durchdringung von Privatem und Öffentlichem und von Ideellem und Kommerziellem im heutigen musealen Betrieb.

Politisches und Apolitisches

Wo alles öffentlich ist und das Intimste unmittelbar veröffentlicht wird, kann auch das halb Ausformulierte sofort ausgesprochen und das Unmoralische sanktioniert werden. Pragmatismus wird dann leicht zum realitätsnahen Ideologieersatz. *Political correctness* droht in der Folge in den westlichen Demokratien mehr und mehr an Terrain zu verlieren, und Populismus entwickelt sich hier und da zu einer mehrheitsfähigen politischen Normierung. Die politische Öffentlichkeit ist tatsächlich auf breiter Ebene zu einer neuen politischen oder mitunter auch apolitischen Öffentlichkeit geworden. Ein interessantes Paradox dient sich an: Derweil fast alles Private veröffentlicht wird, zieht sich die altbewährte Öffentlichkeit, die sogenannte *res publica,* weitgehend zurück. Das traditionell Private wird zu einer neuen Öffentlichkeit; das traditionell Öffentliche dagegen zu einer neuen privaten Angelegenheit. In einem gewissen Sinne reflektieren die künstlerischen Praxen von Danh Vo und Petrit Halilaj metaphorisch diese scheinbar gegensätzlichen Entwicklungen. Vor allem bei Vo wird politische Geschichte in privaten biografischen Metaphern verschlüsselt. Bei Halilaj schließt sich mit seiner organischen Skulptur metaphorisch wie auch real der offene und gewissermaßen öffentliche Raum im Laufe der Ausstellung durch natürliches Wachstum zu einem geschlossenen Raum des Rückzugs.

Mit dem neoliberalen Rückzug ins Private verschwanden übrigens schon seit den späten 1970er-Jahren und verstärkt nach dem Mauerfall im Jahr 1989 die politischen und religiösen Ideologien aus unserer westlichen Öffentlichkeit. Dan Hind analysiert dies in seinem Buch *The Return of the Public* folgendermaßen: "Die Öffentlichkeit im Sinne einer informierten, eigenständigen Instanz, die Politik initiieren und Gesetzesänderungen durchsetzen kann, gibt es wohl, doch ihr gehört nicht die überwältigende Mehrheit von uns an. Im neoliberalen Lager gehören öffentliche Stellungnahmen fest in die Hände allein jener, die für eine Logik des Erwerbs durch Gewalt, Betrug und freien Austausch stehen. Eine als Instanz gedachte Öffentlichkeit, die durch den Besitz der Staatsbürgerschaft zur Bestimmung politischer Inhalte und einer Einschränkung der Eliten befähigt ist, existiert nicht. Die Strukturen von Wissen belassen die meisten doch unfähig, sich ein zutreffendes Bild von der Welt zu machen und dieses Bild mit anderen zu teilen."(2)

In der Arbeit von Rossella Biscotti und Kevin van Braak werden die schriftlichen Zeugnisse der verloren gegangenen kommunistischen Ideologie in den baltischen Staaten fast wie in einem Gefängnis konserviert. Hinter Gittern, aber für das Publikum zugänglich, ist eine kommunistische Bibliothek als Überlebende des ausradierten ideologischen Erbes mehr als präsent. Die post-1989er geopolitische Realität findet gerade auch in einem italienischen öffentlichen Museum eine passende vorübergehende Bleibe. Denn ist nicht Italien das prägnanteste Beispiel in Westeuropa für das Verschwinden der öffentlichen Verantwortung in Richtung einer – bis vor Kurzem – eher verantwortungslosen politischen Führung? Auch die Arbeit von Metahaven setzt sich mit derartigen Thematiken auseinander, derweil Valentin Carron in den geschlossenen, weltlichen *white cubes* des Museion ein monumentales Kreuz in direkter Beziehung zur Südtiroler Öffentlichkeit und zu einem realen Kreuz hoch oben in der Alpenlandschaft setzt. Vom Material her erweist sich das Kreuz dann als unmonumental, und einer anderen Arbeit des Künstlers gegenübergestellt, wird es in eine fast nostalgische Alltäglichkeit überführt.

2 Übersetzt nach Dan Hind, *The Return of the Public*. Verso, London/New York 2010, S. 97.

In den letzten Jahrzehnten hat sich vor allem die Wirksamkeit der Öffentlichkeit in der Politik wie auch in der Religion, im Alltag und in der Kunst stark verschoben. So hat im Zuge der neoliberalen Privatisierungen die öffentliche Kontrolle über die ökonomischen und anderen gesellschaftlichen Entwicklungen nachgelassen. Die bestehende *res publica* wurde weitgehend von einer neuen, eher privatwirtschaftlich gesteuerten Weltordnung abgelöst. In der momentanen Finanzkrise steht diese gesellschaftliche Entwicklung von verschiedenster Seite unter kritischer Beobachtung. Es werden, u.a. in der Occupy- und anderen Protestbewegungen, Rufe nach einer neuen Öffentlichkeit, nach einer neuen *res publica* laut. Dies ist nicht unbedingt gleichbedeutend mit einer rückwärtsgewandten Restaurierung von Ideologien, sondern eher, wie es beispielsweise Dan Hind in seinem neuesten Pamphlet *Common Sense* schreibt, eine neue Art von Common Sense: "Wenn wir das Prinzip der Versammlung nicht in unser Leben integrieren, so wie es uns richtig erscheint, dann war unsere Mühe vergeblich. Dies bedeutet nicht unbedingt eine Besetzung von öffentlichem oder privatem Raum. Es müssen allerdings Orte für wirksames Reden geschaffen werden. Solange wir aus den Besetzungen nur das Abhalten von Versammlungen lernen mit gleichen Chancen für alle, zu sprechen und angehört zu werden, dann haben wir doch, was wir brauchen zur Neugestaltung der Welt nach Vorgabe eines aufgeklärten Common Sense. Denn die Versammlung ist ein Instrument zur Verfeinerung und zum Austausch von Wissen – und damit auch zum Aufbau eines Gemeinsinns, der diesen Namen verdient. Sie ist zeitaufwendig und ungenau, aber zugleich flexibel und lässt sich den Gegebenheiten jeweils anpassen."(3)

Wissens- und Verhandlungsraum

Im vergangenen Jahrzehnt hat sich in der zeitgenössischen Kunst die Bedeutung des Publikums grundlegend verändert. Nicht nur haben sich viele Museen und Kunsthallen auf eine neue Art der Kommunikation, der Öffentlichkeitsarbeit und der Vermittlung eingeschworen, sondern haben

3 Übersetzt nach Dan Hind, *Common Sense. Occupation, Assembly, and the Future of Liberty*. New Left Project, March 2012. E-book edition, Position 627.

sich auch in der künstlerischen und kuratorischen Praxis selbst neue und ungeahnte Vermittlungsstrategien entwickeln können. Nicht nur in schuleähnlichen Kunstprojekten wie der *Manifesta 6* 2006 auf Zypern, die nie stattgefunden hat, oder auch in der Berliner *unitednationsplaza* (2006/07), bei der die Vermittlung selbst zum Kunstwerk avancierte, oder in *Night School* (2008/09) im New Yorker New Museum,(4) sondern auch in künstlerischen Einzelarbeiten wurde die Vermittlung, oft in Form einer *institutional critique*, inhaltlich thematisiert. So begleitete der Schweizer Performancekünstler San Keller über eine Periode von fast zwei Jahren (2009–2011) alle unsere Ausstellungsprojekte in der Kunsthalle Fridericianum kritisch, indem er die Besucher/innen zu kürzeren oder längeren *Verdauungsspaziergängen* über den Kasseler Friedrichsplatz lud. Dabei verführte er sie zu einer kritischen Auseinandersetzung mit den jeweils laufenden Ausstellungen; festgehalten wurden diese Diskussionen in Heften, die vom Künstler selbst herausgegeben wurden. Sie dienen der Kunsthalle zugleich als Rückkoppelung und eröffnen ein breites Feld an Interpretationen und Kritiken der Museumsbesucher/innen.

Die *normalen* Museumsbesucher/innen sind andere Museumsbesucher/innen geworden, das neue Publikum ist ein anderes als das alte Publikum. Die schier endlosen Möglichkeiten in der Bild- und Textproduktion, die am Anfang dieses Essays bereits angesprochen wurden, spielen hierbei eine entscheidende Rolle. Welche Folgen diese Entwicklungen für das neue Kunstpublikum hat, analysiert Boris Groys in *Going Public*: "Wer an die Öffentlichkeit gehen und heute in der internationalen Agora der Politik auftreten will, der hat für sich eine individualisierte öffentliche Persona zu erschaffen – und dies betrifft nicht allein politische und kulturelle Eliten. Mit dem relativ einfachen Zugang zu digitalen Foto- und Videokameras hat sich, in Verbindung mit der weltweiten Vertriebsplattform des Internets, auch das bisherige statistische Verhältnis zwischen Produzenten und Konsumenten von

4 Kuratoren der *Manifesta 6* waren Mai Abu ElDahab, Anton Vidokle und Florian Waldvogel. *unitednationsplaza* und *Night School* gelten primär als künstlerische Projekte Vidokles. Vgl. Anton Vidokle, *Exhibition to School*. unitednationsplaza. In: Paul O'Neill & Mick Wilson (Hrsg.), *Curating and the Educational Turn*. Open Editions/De Appel, London 2010, S. 148–156.

Bildern verändert. Inzwischen ist das Interesse an Bilderproduktion größer als das an Bilderbetrachtung."(5)

Wenn das aktuelle Museum sich als Produzent und Vermittler von Wissen verstehen will, muss es sich in diskursivem Sinne öffnen und der neuen Situation einer verloren gegangenen öffentlichen Sache und eines produzierenden statt nur konsumierenden Publikums entgegentreten. Wo Dan Hind von der *assembly* als Instrument spricht, verfügt das Museum über das wunderbare Instrument eines realen und zugleich symbolischen Raumes, in dem unterschiedlichste Wissensformen – wie dies beispielsweise die dOCUMENTA (13) klarmacht – verhandelt werden können. Mit Projekten wie *Night School* oder *unitednationsplaza* kann man Hinds *assembly* auch museal anwenden, allerdings muss man sich davor hüten, dieses Modell nur für eine kleine Szene von Künstler/innen, Kurator/innen und Theoretiker/innen zu öffnen, ohne dass das größere, nichtprofessionelle, aber trotzdem auch produzierende Publikum herangezogen wird. Denn sobald man sich im öffentlichen Museum befindet, hat man es mit einer breiteren Verantwortung der Gesellschaft gegenüber zu tun, als wenn man in einem kleineren, viel spezialisierteren Kunstraum agiert.

Noch in den 1990er- und frühen 2000er-Jahren wurde Partizipation des Publikums großgeschrieben und wurden Kunstwerke zu kontextuellen Werken, in denen weitgehende Beziehungsnetzwerke gesponnen werden konnten. Heute, ein Jahrzehnt später, ist die sogenannte *relational aesthetics* zu einer historischen Position geworden, die in der momentanen Verfassung des selbst produzierenden Publikums nicht so funktionieren kann, wie sie es damals konnte. In gewisser Hinsicht war die *relational aesthetics* das wirksamste und größte Experiment, um die Vermittlung in der Kunst selbst zu integrieren und Kunstwerke als Beziehungsnetzwerke zwischen Betrachter, Künstler, Vermittler und Außenwelt funktionieren zu lassen. In der jetzigen Zeit ist es deshalb weniger leicht, aus der Kunst selbst heraus eine Ausstellung zusammenzustellen, in der die einzelnen Werke zu ebenso vielen

5 Übersetzt nach Boris Groys, *Going Public*. e-flux journal, Sternberg Press, Berlin/New York 2010, S. 14–15.

assemblies wachsen, in denen Fragen der Öffentlichkeit fast intuitiv, auf jeden Fall kontextuell und partizipativ verhandelt werden. Was bleibt, ist der kuratorische Versuch, die Ausstellung als öffentliche Arena, als symbolische *assembly* im musealen Verhandlungsraum zu konzipieren und diskursiv zu begleiten und die prägnante Durchdringung von Privatem und Öffentlichem inhaltlich zu thematisieren.

Ende und Hoffnung

Kunst ist Kunst, Politik ist Politik, und Wissen ist Wissen. Aber in der heutigen Zeit sollten diese Bereiche möglichst nicht auseinanderdividiert werden, wenn sich die Kunst innerhalb der neuen politischen und ökonomischen Verhältnisse als überlebensfähig und bedeutsam behaupten will. Mark Fisher gibt uns in seinem Buch *Capitalist Realism* aber Hoffnung: "Die lange dunkle Nacht am Ende der Geschichte ist zu begreifen als eine ungeheure Chance. Die fast erdrückende Präsenz des kapitalistischen Realismus bedeutet, dass schon ein Funke von alternativen Möglichkeiten in Politik und Wirtschaft eine unverhältnismäßig große Wirkung entzünden kann. Womöglich wird noch das kleinste Ereignis ein Loch reißen in den grauen Vorhang der Reaktion, der die Horizonte des Möglichen unter dem kapitalistischen Realismus verdeckt. Aus einer Situation heraus, in der nichts geschehen kann, wird plötzlich alles wieder möglich."(6)

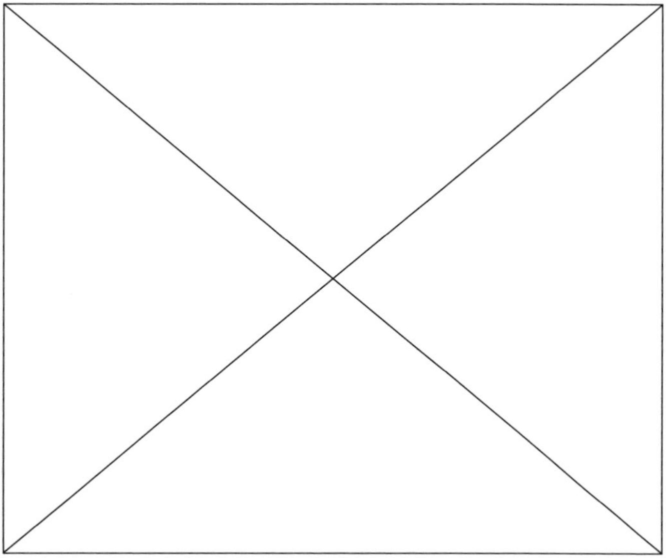

Some guy on a computer in a uni somewhere.
Just made a quick tutorial for people who dont know how to hack a CCTV camera, Well not hack i suppose but view or whatever lol.

http://img22.imageshack.us/img22/909/cctv3.jpg

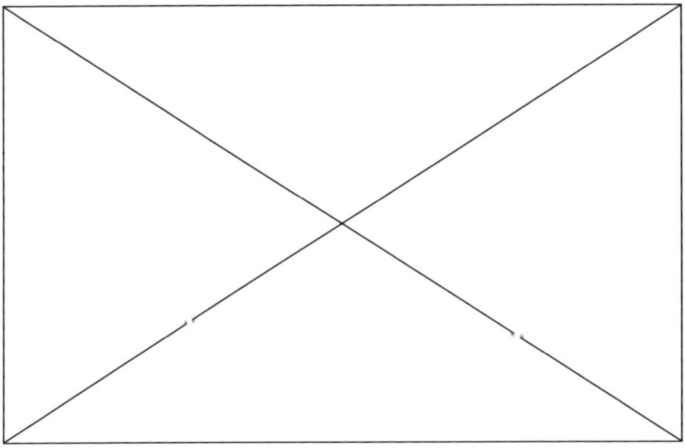

BirthorNot.com: Website Poll On Whether Woman Should Abort – Pete and Alisha Arnold are turning to the internet to help them making a literal decision of life and death concerning their current pregnancy.

http://www.healthrelatedinfos.com/wp-content/uploads/2010/11/birth.jpg

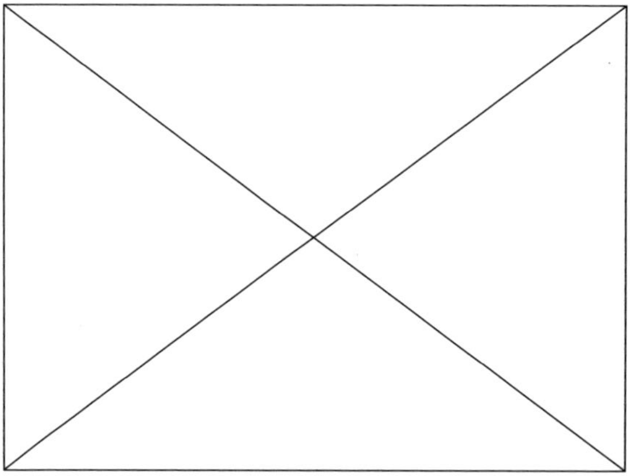

Privacy for everyone!
In Germany, Google takes the privacy protection obviously very serious. Even dogs like this copy to the victuals in Munich makes the Internet giant unrecognizable.

http://www.theasiasun.com/images/gallery/omg/Google-Street-View-Privacy-for-everyone.jpg

Vor den Göttern verborgen: Emanzipation und Öffentlichkeit

Federico Campagna

Strength through unity, unity through faith (Norsefire)
Action within unity! (British Union of Fascists, 1932–1940)

Die Rückwärtsbewegung

Zehn Jahre nach 1968 war Italien wahrscheinlich das einzige westeuropäische Land, in dem die Woge der Aufstände und gefährlichen Träume der 1960er-Jahre noch fortwirkte. Der Wunsch nach Autonomie, Kommunismus und Verstaatlichung schien in den Herzen der Fabrikarbeiter wie auch der Studenten tief verwurzelt. Der institutionelle Apparat der Kommunistischen Partei Italiens (Partito Comunista Italiano, kurz: PCI) verschanzte sich hinter der parlamentarischen Struktur und den Phrasen von sukzessiv fortschreitendem gesellschaftlichem Wandel, und unzählige andere Gruppen traten immer noch für die kompromisslose Strategie eines reinen Kommunismus „hier und jetzt" ein. Kollektiverfahrungen, freie Radiosender, Arbeiterverbände und sogar bewaffnete Gruppen waren zu dieser Zeit nach wie vor in fast jeder italienischen Stadt präsent.

Doch dann, als das nächste Jahrzehnt anbrach, änderte sich die Situation. Die außerparlamentarische Linke verlor schnell an Zustimmung, freie Radiosender und unabhängige Printmedien stellten dutzendweise den Betrieb ein, gegen bewaffnete

Gruppen ging der Staat militärisch vor, Heroin verbreitete sich wie eine Seuche unter den Jugendlichen, und sogar die damals berühmt-berüchtigt harten Metallarbeiterverbände scheiterten an der Neuordnung kapitalistischer Produktion.

Möglicherweise lässt sich der Anfang vom Ende des italienischen Weges zur Utopie auf ein lächerlich geringfügiges Ereignis zurückführen. Am 13. September 1978, einem Mittwoch, veröffentlichte die italienische Zeitung *Corriere della Sera* auf ihrer Titelseite den Brief eines 50-jährigen Mannes, der hin- und hergerissen war zwischen der schwindenden Liebe zu seiner Ehefrau und der Leidenschaft für eine jüngere Frau. Da er sich nicht entscheiden konnte, beschloss der Mann, Selbstmord zu begehen. Während eines der blutigsten Jahre, der sogenannten bleiernen Jahre mit über 30 von der Polizei oder von bewaffneten politischen Gruppierungen ermordeten Menschen, beschloss die größte italienische Zeitung, von der traurigen Chronik von Terrorismus und Repression abzurücken und ihren Lesern das zu bieten, was sie – vermutlich – wollten: kleine, harmlose private Geschichten. Zwei Jahre später – im Jahr 1980 – gab der Verlag Laterza *Il Trionfo del Privato* (Der Triumph des Privaten) heraus, eine Sammlung von Schriften, in denen verschiedene Kommentatoren das Ende von zwei Jahrzehnten gesellschaftlicher Rebellion als einen Weg vom „Öffentlichen" ins „Private" beschrieben.

Dieser offenkundige *riflusso* – „Rückfluss", wie die berühmte Definition 1980 in dem italienischen Magazin *Panorama* lautete –, die Rückkehr hin zum Privaten, wurde als Zeichen dafür gewertet, dass die italienische Bevölkerung der verschiedenen Richtungen und der Versprechungen radikaler Politik müde war. Statt einer zwingend geforderten „Öffentlichkeit“, die in den vorangegangenen Jahrzehnten mit Versuchen zu emanzipatorischem kommunalem Leben verbunden war, zog Italien in den 1980er-Jahren allem Anschein nach das „private“ Leben vor, das von dem damals neuen Kapitalismus verfochten wurde. Die Politikverdrossenheit der 1980er-Jahre wird heute als ein Prozess individueller Loslösung von der Volksparteienpolitik verstanden – mit dem Ziel, den Fokus auf persönliche und kurzlebige Freuden im Bereich des eigenen Privatlebens zu richten. Diese Lesart der Geschichte gesteht das Verschwinden des Gemeinwesens in den 1980er-Jahren ein und möchte glauben lassen, dass die Herrschaft des Kapitalismus jedem Menschen erlaube, sein eigenes Leben zu entfalten, und dies in gänzlicher und vollkommener Befreiung von gesellschaftlichen und politischen Kräftespielen.

Natürlich stellt diese Interpretation jener Zeit – welche in Italien bei beiden Fraktionen, den Linken und Rechten, allgemeine Zustimmung gefunden hat – eine sehr pauschale Vereinfachung dar, wenn nicht gar ein vollkommenes Missverständnis des Diskurses über Triebkräfte im Privaten und in der Politik. Ist diese historische Sichtweise aber wirklich überholt? Besteht ein Unterschied zu den heute verbreiteten Vorstellungen über Öffentlichkeit und Privates?

Wir wollen nun zwei der Thesen betrachten, die diesem erwähnten historischen Missverständnis zugrunde liegen.

Öffentlichkeit und Emanzipation

Beginnen wir mit der Konzeptualisierung des Gegensatzes zwischen Individuum und Kollektiv, Privatem und Öffentlichkeit im Sinne eines Ringens um Emanzipation. Den Linken zufolge ist ein emanzipatorischer Kampf außerhalb eines öffentlichen, kollektiven Rahmens nicht möglich. Vor allem in der kommunistischen Vorstellung, aber auch in den Ideen des Anarchosyndikalismus herrscht die Meinung vor, dass die einzige mögliche Rettung für ein Individuum darin bestehe, seine Forderungen innerhalb der Struktur eines gemeinschaftlichen Kampfes öffentlich zu machen. Dieses Verständnis von Emanzipation als eine ausschließlich kollektive Möglichkeit, die nur an einem öffentlichen Schauplatz verwirklicht werden kann, findet sich auch in feministischen Abhandlungen und vor allem in solchen, die einen besonderen Akzent auf die öffentliche Relevanz des weiblichen Körpers als Schauplatz legen, wo Emanzipation und Repression aufeinandertreffen. In ähnlicher Weise sollten wir das Motto „Das Private ist politisch" als einen Versuch werten, der Privatsphäre öffentliche Konnotationen zu verleihen – ein Prozess, der als der einzig mögliche Weg verstanden wird, das emanzipatorische Potenzial des eigenen individuellen Lebens zu steigern. Es ist in diesem Sinne aufschlussreich, dass die Niederlage der radikalen Bewegungen in Italien Ende der 1970er-Jahre als ein Übergang vom öffentlichen Terrain des Kollektivs hin zum persönlichen Bereich des Individuums beschrieben wurde – als könnte ein solcher Übergang nichts anderes sein als eine Niederlage aller emanzipatorischen Bestrebungen.

Doch ist das wirklich der Fall? Ist der öffentliche Bereich das einzig mögliche Terrain, auf dem ein Mensch sich zur Wehr setzen und Emanzipation erlangen kann? Kann man nur als Teil einer größeren Gemeinschaft – oder, wie in den Debatten über die weltweite Emanzipierung, als Teil der gesamten Menschheit – für die eigene Unabhängigkeit kämpfen?

Bereits Max Stirner hat uns in seiner Schrift *Der Einzige und sein Eigentum*(1) vor den Risiken gewarnt, die das Ringen um Emanzipation begleiten, das auf einer überindividuellen Ebene im Rahmen einer abstrakten gesellschaftlichen Kategorie ausgetragen wird. Die „Gespenster", wie er sie bezeichnete, Abstrakta wie Menschheit, Land oder Ethnizität – aber auch Revolution oder Klasse –, werden immer dazu neigen, diejenigen zu Sklaven zu machen, die in ihrem Namen kämpfen, und schließlich ihr Ringen um Emanzipation in einen Prozess zur Konsolidierung ihrer tyrannischen, abstrakten Existenz verkehren. Die Auffassung von Öffentlichkeit als einzig möglichem Wirkungsbereich für emanzipatorisches Handeln scheint genau in diese Kategorie von „Gespenstern" zu fallen. Tatsächlich ist Öffentlichkeit nur ein anderer Begriff für Gesellschaft, das heißt für die häufig mächtige Vereinigung von Individuen unter der Flagge eines beliebigen Gemeinwesens. Das ist bei nationalen, ethnischen oder identitätsbasierten Gesellschaften besonders offensichtlich, doch es findet ebenso Anwendung bei populistischen Debatten, wie sie beispielweise durch den jüngst von der Occupy-Bewegung geprägten 99-Prozent-Slogan ausgelöst wurden.

1 Max Stirner, *Der Einzige und sein Eigentum*, Otto Wigand, Leipzig 1845.

Was würde passieren, wenn ein Italiener es ablehnen würde, sich selbst als Italiener zu betrachten? Was, wenn ein Homosexueller sich nicht als Teil der Schwulengemeinde ansehen wollte? Was, wenn ein Arbeiter sich nicht an einem Streik beteiligen wollte? Was, wenn ein Armer nicht zu den 99 Prozent gehören möchte? In all diesen Fällen würden wir einen Verrat sehen. Dieser Art von Verrätern kommt der Status von Armeedeserteuren zu: Der Einzelne, der sich weigert, innerhalb des vorgegebenen Terrains der einen oder der anderen abstrakten Gemeinschaft zu leben und zu kämpfen, findet nicht nur die Missbilligung derer, die an ein Abstraktum glauben, sondern wird auch aktiv von diesen verfolgt.

Diese Form der Verfolgung gleicht jedoch nicht der traditionellen Vorgehensweise gegen Ketzer. Während ein Ketzer ein parteiischer Verräter ist – der sich von einem Abstraktum zugunsten eines anderen abwendet –, ist der Deserteur ein Individuum, das allen kollektiven Abstrakta misstraut. Wenn er/sie einem Abstraktum den Rücken kehrt, dann hat er/sie kein anderes abstraktes „Mutterland“ als Zufluchtsort. Aufschlussreich ist, dass Ketzer Jahrhunderte nach ihrer Exekution häufig genau von den Gesellschaften, die für ihren Tod verantwortlich sind, aufgrund eines neuen Respekts oder einer neuen Toleranz gegenüber ihren „anderen“ Wertvorstellungen mit Statuen und Ehrenzeichen bedacht werden. Für Zweifler werden dagegen nie Statuen errichtet: Ein Denkmal für Soldaten, die in der Vergangenheit gegen unsere Nation gekämpft haben, ist denkbar und gibt es, doch wurde jemals ein Denkmal für die Deserteure unserer Armee errichtet?

Die Möglichkeit des Verrats durch das Individuum – oder, um genauer zu sein, der ständige Verrat des Individuums als solcher – leitet sich von dem Verhältnis von Gehorsam und Ergebenheit zwischen einem durch eine gemeinsame Idee vereinten Kollektiv und seinem zentralen Abstraktum ab. Solche Kollektive sind naturgemäß religiöse Gruppen, die den Grund für ihre Einheit – und die Bedeutung der individuellen Lebenswege ihrer Mitglieder – in der gemeinsamen Verehrung ihres ideellen Vorbilds finden. Jedes Verhältnis zwischen den Mitgliedern dieser Kollektive, zwischen ihnen und den Mitgliedern anderer Gemeinschaften oder auch zwischen ihnen untereinander, entsteht durch dieses abstrakte dritte Element, das ständig sowohl als Bezugselement als auch als Filter fungiert. Dieser Bezug wird beispielsweise deutlich bei Personen, die sich gleichzeitig als Atheisten und als der jüdischen Religion zugehörig betrachten, oder bei Personen wie in einigen Teilen Nordirlands, die sich zugleich als Katholiken und als Atheisten ausweisen. Die Koexistenz von sich offensichtlich gegenseitig ausschließenden Definitionen wird durch das heutige Zusammentreffen von Religion, Volkszugehörigkeit und Gesellschaft ermöglicht: Sie alle befinden sich im gleichen Kreis, versammelt um ein „drittes" abstraktes Herzstück.

Die Bedeutung dieses dritten Elements in der heutigen Welt und seine anscheinend universelle und kritiklose Akzeptanz werden durch Debatten über den Multikulturalismus exemplarisch belegt. Die Diskussionen drehen sich sowohl in ihren positiven Formen als auch in ihren gegenteiligen

Auswüchsen um das Verständnis von „Kultur“ als unvermeidlicher Filter, durch den Individuen innerhalb der Gesellschaft verstanden werden – und sich selbst verstehen – können. Das offenkundige Wohlwollen des Multikulturalismus gegenüber Individuen ist untrennbar verbunden mit ihrer Zugehörigkeit zu einem abstrakten Wertekanon – oder Kultur –, der das Herzstück des einen oder des anderen Kollektivs bestimmt. Für all jene, die Kulturen ganz einfach entkommen möchten, wie auch für jene, die nicht in das Kontrollsystem der Nationalitäten passen, bleibt nichts anderes als ein Zustand „bloßen“ Lebens.

Wie der allgemeingültige Kulturbereich ist die Öffentlichkeit – oder die Öffentlichkeiten – ein religiöser Bereich, in dem Einzelpersonen durch einen gemeinsamen Schwur miteinander verbunden sind. Der Gegenstand ihres Schwurs mag entsprechend der verschiedenen Situationen variieren, doch er ist immer präsent: Es kann das stille Dasitzen eines Theaterpublikums sein, der Kleidungs- und Tanzstil einer Menschenmenge in einer Diskothek, die sachlich begründete Entrüstung der öffentlichen Meinung, die Position gemeinsamer Eigentümerschaft derer, denen die gemeinsamen Besitztümer gehören sollen, usw. Genau wie in jeder Kirche sind auch die Mitglieder der Öffentlichkeit dazu aufgerufen, spezielle Regeln zu respektieren, und sehen ihre Mitgliedschaft gefährdet, wenn sie gegen eine davon verstoßen. Das ist beispielsweise das, was in sozialen Netzwerken wie Twitter oder Facebook geschieht: User, die nicht das grundlegende Gelübde der dort versammelten Gemeinschaft respektieren – zum

Beispiel indem sie rassistische Kommentare posten –, werden nicht nur mit dem Ausschluss von Seiten der Netzwerkmanager konfrontiert, sondern auch mit einer aktiven Verfolgung durch alle anderen Mitglieder.

Hier offenbart die Öffentlichkeit ihre tiefe Verbindung mit einem anderen kollektiven Handlungs- und Kommunikationsrahmen: der Masse. Wie die von Elias Canetti in *Masse und Macht* (2) beschriebene offene Masse kennt auch die Öffentlichkeit keine Grenzen und strebt nach ständiger Expansion. Solange sie sich ausbreitet, besteht die Öffentlichkeit gefahrlos weiter fort. In dem Augenblick, in dem ihre Ausbreitung endet, beginnt sie sich aufzulösen. Während dieses Prozesses bemüht sich die Öffentlichkeit wie eine Masse, in jeden Menschen und jeden geschlossenen Raum einzudringen und jeden, der ihr im Weg steht, zu besiegen oder zu vernichten: Alles soll öffentlich, jeder soll Teil der Öffentlichkeit sein. Ebenso wie Massen erreicht auch die Öffentlichkeit ihren Höhepunkt – die „Entladung" in Canettis Sprachgebrauch – durch Akte der Zerstörung. Tatsächlich ist der immer hochgelobte Prozess öffentlicher Kritik – der im Übrigen kaum je ein konstruktives Moment ist – die besondere Bezeichnung des destruktiven „Entladungs"-Moments innerhalb der speziellen Masse der Öffentlichkeit. Seit die Substanz dieser Masse häufig aus virtuellen Stimmen besteht – wie am Beispiel des Internets besonders deutlich wird –, ist auch die Zerstörung ihres „Entladungs"-Moments virtuell: Wir haben es eher mit einem verbalen Feuer in den

2 Elias Canetti, *Masse und Macht*, Claassen, Hamburg 1960.

Kommentarseiten der Website einer Zeitung zu tun als mit einem realen Feuer, das Menschenmassen aus Fleisch und Blut an Gebäuden von Zeitschriftenverlagen gelegt haben.

Unter diesem Blickwinkel betrachtet, gleicht der emanzipatorische Horizont, der von der Öffentlichkeit vorgeschlagen wird, wie der von der Politik der Massen dargebotene allzu sehr dem erdrückenden Absatz, unter dem Individuen seit den Anfängen der Zivilisation zermalmt worden sind. Die Bewegung der Öffentlichkeit ist genau wie die der Kirchen oder Staaten, Massen oder politischen Parteien eine zyklische Bewegung, die um sich selbst kreist. Ein endloser Tanz um ein ideales Totem. Die Illusion einer Bewegung, die auf Kosten zahlloser Leben aufrechterhalten wird, welche mit harter Arbeit damit verbracht wurden, abstrakten Identifikationssymbolen zu huldigen. Welche Art von Emanzipation hat die Öffentlichkeit den zerbrechlichen, sterblichen Leben der Individuen zu bieten?

Privatsphäre und Kapitalismus

Die zweite These, die dem historischen Missverständnis bezüglich Entwicklung in den 1970er- und 1980er-Jahren in Italien zugrunde liegt, hat mit dem Zusammenhang zwischen Privatsphäre und Kapitalismus zu tun.

Wie oben bereits kurz erörtert, wird heute allgemein – sowohl beim rechten wie auch beim linken Flügel des politischen Spektrums – akzeptiert, dass der Kapitalismus der letzte

Wächter der Privatsphäre und der Interessen des Einzelnen ist. Wenn Individualismus politisch und wirtschaftlich eingeordnet werden müsste, würde man ihn heute zweifellos als ein philosophisches Protektorat des Kapitalismus bezeichnen. Die Fürsprecher des Kapitalismus lassen keine Gelegenheit aus, ihre vermeintliche Konzentration auf die treibenden Kräfte und Bedürfnisse der Individuen geltend zu machen. Von Werbe- bis hin zu Finanzdiensten scheint die gesamte Kapitalismusdebatte den Einzelnen direkt anzusprechen. Zugleich gibt der Kapitalismus vor, ohne Ideologien und abstrakte „Gespenster" zu agieren, die er als typisch für die antiquierte Politik des 20. Jahrhunderts ansieht. Doch ist das wirklich der Fall?

Es wurde bereits viel über die Ideologie des Kapitalismus gesagt und geschrieben, unter anderem von Denkern wie Mark Fisher oder Slavoj Žižek. Der Kapitalismus pflegt eine ideologische Selbstsicht, eine theoretische Vorstellung des Individuums und eine ganze Reihe von abstrakten, feststehenden Werten, die er als seine eigene Kultur bezeichnet. Dies bedarf keiner weiteren Diskussion. Was jedoch bislang kaum bemerkt wurde, ist, dass der Kapitalismus in Bezug auf seinen Anspruch, den eigentlichen Fokus auf das Individuum auszurichten, systematisch versagt. Wenn der Individualismus politisch und wirtschaftlich einem Ort zugewiesen werden müsste, würde er mit Sicherheit vor dem des Kapitalismus fliehen. Um diese Behauptung zu erklären, müssen wir den Status der Einzelperson innerhalb des kapitalistischen Systems als Gegensatz zu dem, was für sie Freiheit und Unabhängigkeit bedeuten würde, betrachten.

Den Ausgangspunkt bildet zweifellos das Arbeitssystem. Nach Jahrhunderten technologischer Entwicklung, teuer bezahlt von Generationen von Arbeitern und Sklaven, in einem Zeitalter, in dem Maschinen nahezu gänzlich die Menschen bei der Warenproduktion und bei den meisten Dienstleistungen ersetzt haben, bilden Arbeitsbedingungen und -leistungen immer noch ein Problem. Nicht nur die Gesamtarbeitsstundenzahl des Einzelnen ist, auf sein ganzes Leben umgerechnet, in den letzten Jahrzehnten konstant gestiegen – und wird aller Wahrscheinlichkeit nach auch in absehbarer Zeit nicht sinken –, sondern auch der Arbeitslosenstatus wird immer noch als Minderheitenstatus wahrgenommen und erfahren, der mit der Missbilligung anderer und mit eigener persönlicher Armut einhergeht. Was hat die sogenannte Entwicklung der letzten fünf Jahrhunderte genutzt, wenn ihr Aufrechterhalten mindestens ebenso viel Anstrengung erfordert wie ihr Aufbau?

Sogar noch offensichtlicher erprobt sich der Kapitalismus an den Interessen der Einzelpersonen, indem er ihnen Arbeit als das eigentliche Ziel im Leben eines Menschen aufzwingt. Das ist das Gespenst einer Karriere, das „Muss" einer jeden Ambition, das bei der Arbeit zu erfüllen ist. Wie Charles Bukowski es in *Faktotum* genau formuliert hat: „Sicher, ich hatte keinen großen Ehrgeiz, aber es sollte auch für Menschen ohne Ehrgeiz einen Platz geben; ich meine, einen besseren als den, den man ihnen gewöhnlich reserviert. Wie zum Teufel sollte man morgens um halb sieben, wenn der Wecker schrillte, gutgelaunt aus dem Bett springen, sich anziehen, hastig was runterschlingen, scheißen, pissen, sich die Zähne putzen und die Haare kämmen und sich dann durchs Verkehrsgewühl kämpfen, nur um rechtzeitig an einem Arbeitsplatz zu erscheinen, wo man für einen anderen einen Haufen Geld erwirtschaften durfte und dafür auch noch dankbar sein sollte?“(3) Wie sich in den letzten Jahren gezeigt hat, hat das Versprechen einer Karriere paradoxerweise zunehmend die grotesken Züge einer typischen Metaerzählung des 20. Jahrhunderts angenommen: ein dürftiges Versprechen, das noch nicht einmal eingehalten wurde. Wo althergebrachte Meta-Erzählungen das Opium fürs Volk waren, kann der Kapitalismus interessanterweise seine eigenen wackligen Versprechen nur durch den intensiven Einsatz von Antidepressiva und Angst lösenden Mitteln aufrechterhalten.

Doch die Selbstbezogenheit des kapitalistischen Arbeitssystems und seine Missachtung des Einzelnen werden noch offenkundiger, wenn wir den vermeintlichen Nutzen dessen, was produziert wird, mit dem Aufwand vergleichen, den der einzelne Arbeiter zu dessen Herstellung aufzubringen hat. Wie können wir den Zusammenhang zwischen der Erblindung von Arbeitern durch Sandstrahlgeräte und der Produktion von künstlich verblichenen Jeans verstehen? Wo ist der zwingende Zusammenhang zwischen der Leukämieerkrankung von Arbeitern durch den Einsatz chemischer Farben und der Herstellung von grünen, froschförmigen Latschen, die in Geschenkartikelläden verkauft werden? Wenn wir die Definition „Arbeiter“ von der arbeitenden Person loslösen, dann

3 Charles Bukowski, *Faktotum*, Deutscher Taschenbuch Verlag, München 1983, S. 127 f.

ist es das Individuum – eine große Zahl von ihnen –, die unter der Herrschaft kapitalistischer Arbeit leidet.

Die durch den Kapitalismus verursachte Armut trifft den einzelnen Armen und nicht etwa den abstrakten Namen „des Armen“. Es ist das einzelne biologische Geschöpf und nicht die abstrakte Bezeichnung eines „Wesens“, das von den „Kollateralschäden“ kapitalistischer Produktion vergiftet und auseinandergerissen wird. Die individuelle Seele und nicht das Totem der Öffentlichkeit wird von der von allen kapitalistischen Medien verbreiteten übermächtigen Informationsflut verschmutzt. Und gegen das Individuum gerichtet ist auch die sich ständig verändernde kapitalistische Debatte über Identität, Selbstwert und Anerkennung. Nur wenn ein Individuum akzeptiert, sich mit dem einen oder anderen verfügbaren Modell zu identifizieren – gelegentlich auch Märkte, Volksstämme, Subkulturen usw. genannt –, oder sich anbietet, ein neues Modell zu entwerfen, wird es das Objekt wohlwollender Zuwendung vonseiten des Kapitalismus. Mit anderen Worten, nur wenn das Individuum aufhört, ein Individuum zu sein, und der einen oder anderen kapitalistischen Öffentlichkeit beitritt, wird es ein gutes kapitalistisches Individuum. Es gibt nichts „Persönliches“ oder „Privates“ im System des Kapitalismus: Alles ist öffentlich, unter dem wachsamen Auge des Kapitals.

Außerdem wäre es ein Irrtum, den Kapitalismus als ein autonomes System zu betrachten, das der Hilfe anderer, von Haus aus öffentlicher und antiindividualistischer Organisationen wie etwa des Staates nicht bedarf. Der

Kapitalismus und der Staat spielen ein endloses Spiel vom schlechten Polizisten und guten Polizisten, der den Kopf des Individuums abwechselnd schlägt oder streichelt. Was einer dem Individuum wegnimmt, scheint der andere ihm feilzubieten, bis sie wieder irgendwann die Rollen in ihrem Tanz tauschen. Und im Zentrum ihres Menuetts steht die Öffentlichkeit mit all ihren Namens- und Formvarianten: Alle zusammen müssen wir dem Staat gehorchen, alle zusammen müssen wir für das Wohl des Kapitals arbeiten. Alle zusammen sollen wir aufmerksam verfolgen, kommentieren, voranschreiten oder rebellieren, sodass wir alle zusammen einmal mehr einem neuen, universalen System unterworfen werden. Sowohl das System des Staates als auch das System des Kapitalismus gründen auf universaler Kommunikation: Ihre Debatten müssen jeden erreichen, und jeder muss ihnen erwidern, gleich, ob positiv oder negativ. Die Öffentlichkeit muss aufmerksam, immer in Alarmbereitschaft sein, und möglicherweise muss sie das bisschen Energie, das ihr nach einem Tag mühsamer, sinnloser Arbeit bleibt, dafür aufwenden, ihre Meinung zu einer mühsamen, sinnlosen Diskussion beizusteuern.

Lathe biosas – Lebe im Verborgenen

Was soll ein Einzelner angesichts der allumfassenden Ambitionen der Öffentlichkeit tun? Gewiss ist ein Individuum kaum in der Lage, einem anderen zu sagen, was es zu tun hat. Folglich liegt es an mir selbst, diese Frage zu stellen: Was soll ich angesichts der Öffentlichkeit tun?
Wenn die Öffentlichkeit ein unermesslicher, unersättlicher

Rachen ist, der ewig durch die Wüsten und Städte der Welt jagt nach immer mehr Beute, sollte ich zu mir selbst sagen: „Lebe im Verborgenen" – *lathe biosas*, wie Epikur es kurz und bündig formuliert hat. Sich vor dem Rachen der Öffentlichkeit zu verbergen, bedeutet vor allem, die eigenen Augen vor den Augen der Öffentlichkeit zu schützen. Den Blick, den die Öffentlichkeit auf einen wirft, nicht zu erwidern. Genau wie der Blick Medusas ist der Blick der Öffentlichkeit machtvoll und schrecklich genug, um jedes Individuum in einen weiteren leblosen Felsen im Felsengarten der Gesellschaft zu verwandeln. Jeder Stein unterscheidet sich nicht vom anderen und gibt keinen Laut von sich, bis einer gegen den anderen in der zyklischen Flut von Meinungen schlägt.

Sich vor der Öffentlichkeit verbergen bedeutet, sich aus der gemeinschaftlichen Verehrung von Abstraktionen zurückzuziehen, die uns zusammenhalten. Auszubrechen aus der Opferreligion, die das Repräsentieren als einzige Existenzmöglichkeit betrachtet: entweder die physische Repräsentation gewisser Politiktypen oder die Semiotik eines Lebens, das im Namen von etwas „Größerem als man selbst" gelebt wird. Sich vor der Öffentlichkeit verbergen, das bedeutet, ohne die Art von Bedeutung auszukommen, die ihre Stärke und Rechtfertigung im Medium ihrer Reflexionen über die gläserne Schale steinharter Individuen findet. Diejenigen, die sich vor der Öffentlichkeit verbergen, weisen sich selbst als undurchsichtige Erscheinungen aus, die nichts und niemanden um sich herum mit dem gleichen Licht erhellen, das sie auf sich selbst geworfen hatten. Solche Individuen weigern sich,

Relaisstationen des öffentlichen Kults ihrer gemeinsamen Namen zu werden.

Diese Kollektiva von sich verbergenden Menschen, wie die von Max Stirner behandelten „Vereine der Egoisten“, sind weitestmöglich entfernt von der Entstehung einer Gesellschaft oder einer Öffentlichkeit. Anders als die Gesellschaft haben sie keinerlei Ambition, sich selbst als dauerhafte Institutionen zu etablieren, die schließlich die individuellen Lebensweisen ihrer Mitglieder übernehmen. Anders als die Öffentlichkeit haben sie nicht die Gestalt eines Personenkreises, der aufgrund der gemeinsamen Wahnvorstellung einer zentralen Abstraktion zusammengekommen ist. Das Herzstück und der Grund für solche Gruppierungen ist einfach die Verfolgung der Ziele ihrer Mitglieder – etwas, das kaum etwas zu tun hat mit der ortsgebundenen Passivität des Publikums bei einem Schauspiel oder mit dem tragischen Lauf kopfloser Feiglinge der gesellschaftspolitischen Öffentlichkeit.

Wenn man verborgen vor den wertlosen Göttern der Gesellschaft und der Öffentlichkeit lebt, hat man die Gelegenheit, die unsichtbare Realität einer gottlosen, erbarmungslosen Welt zu enthüllen, in der das Leben mit dem Tod endet, ohne irgendeine Möglichkeit der Rückkehr oder von Unsterblichkeit. Für diejenigen, die sterben müssen, bleibt keine Zeit für die kindische Verehrung irgendwelcher Meister und vor allem nicht von unsichtbaren. Sie haben keine Zeit, um Totems zu errichten und ihre Häupter vor diesen zu verbeugen. Sind sich die Individuen einmal ihrer Sterblichkeit bewusst geworden, dann haben sie sich auch die Dringlichkeit von Freude und Glück in ihrem Leben vor Augen geführt. Und folglich auch die Bedeutung von Freundschaft für diejenigen, die sich verstecken, von Schönheit, von Vergnügen und Ausschweifung: Keine Abstraktion oder Fiktion kann Freude aus sich selbst heraus beziehen, wie es bei den sich aufopfernden Mitgliedern der Gesellschaft und der Öffentlichkeit geschieht. Wofür sie nicht empfänglich sind, ist für immer verloren, etwas ohne „größeren Nutzen“ oder ein unsichtbares Publikum, das Beifall klatscht, um ihre Pein zu lindern. Was ihnen zur Verfügung steht, das muss sofort an sich gerissen und sofort verschlungen werden. Es ist von geringer Bedeutung, wenn man dabei nicht die Regeln einer Kultur beachtet oder die launenhaften Wünsche eines der zahllosen Götter.

Denjenigen, die sterben müssen, denjenigen, die sich vor den Göttern verstecken, bleibt keine Zeit für eine Kommunikation, die nicht die Konsistenz von Fleisch hat. Sie stellen nichts dar, sie haben keine Meinungen: Repräsentation und Meinungen sind der Stoff, aus dem Götter gemacht sind. Wann immer sie das Wort ergreifen, schildern sie einen Plan. Wann immer sie mit ihrer Rede innehalten, kommen sie zur praktischen Anwendung. Und wann immer sie agieren, erwarten sie keinen Dank: in der Tat, „das Vergnügen ist ganz auf ihrer Seite“. Sie frönen keiner Form von Selbstlosigkeit und Nächstenliebe, nicht aus Hass anderen gegenüber, sondern aus Liebe zu sich selbst. Sie sind alles, was sie je haben können, und so glauben sie, dass das auch für andere gilt.
Das sind die wahre Bedeutung und die wahre Anwendung von Emanzipation.

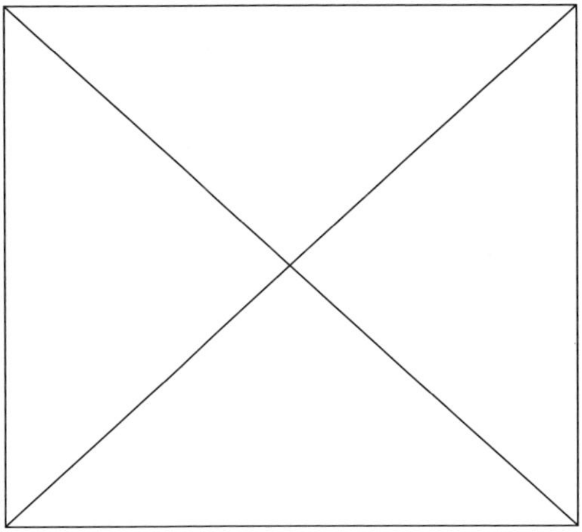

Roughly 60 hours of video is now uploaded to YouTube every minute.

http://www.impactlab.net/wp-content/uploads/2012/01/YouTube.jpg

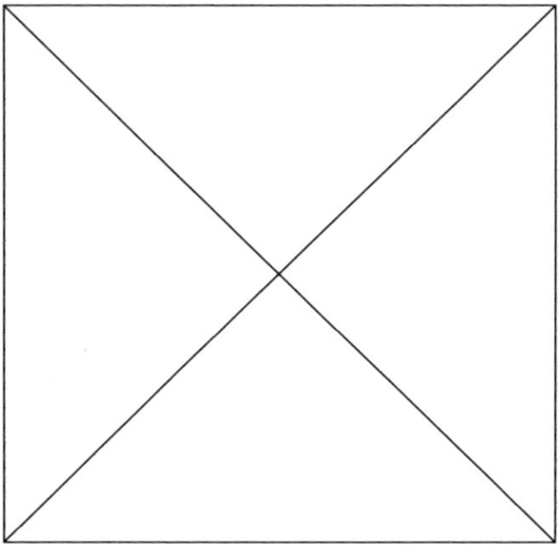

Mrs Clinton to Chinese Government: (Pointing by one hand) What you are asking Google to do is suppression of democracy; (pointing by the other hand) Google censorship in the US and rest of the 'free world' is for our own good. Google is trying to protect our way of life. Image source unknown. Image may be subject to copyright.

http://feww.files.wordpress.com/2010/01/hillary-clinton.jpg

Schwere Zeiten: gleich und doch anders

MARIA LIND

In einem Essay vertrat Olav Velthuis kürzlich die Ansicht, der kommerzielle Kunstmarkt sei gleich geblieben seit seiner Herausbildung im 19. Jahrhundert, und dies ungeachtet des enormen Booms der Kunst während der letzten 15 Jahre. Galerien kleiner und mittlerer Größe werden weiterhin als Geschäftsbetrieb geführt, operieren mit begrenzten Gewinnspannen und verkaufen an Privatpersonen, Institutionen und Unternehmen, die das Sammeln um des Sammelns willen betreiben. Dieser Kundenkreis baut Sammlungen auf und unterstützt Künstler und Galeristen, denn er hat ein Interesse an Kunst und eben nicht an Sport, Inneneinrichtung oder anderen Lifestyle-Aspekten. Und trotzdem ist nicht zu übersehen, dass der kommerzielle Kunstmarkt sich in mancher Hinsicht von Grund auf wandelt, und diese Veränderungen sind sehr deutlich sichtbar. Sie haben Auswirkungen sowohl auf den privaten als auch auf den Non-Profit-Bereich und sind intrinsisch begründet in dem globalen Strukturwandel, den wir derzeit in der Welt der Kunst erleben.

Seit den späten 1990er-Jahren verzeichnet der kommerzielle Kunstmarkt enorme Zuwachsraten im Hinblick auf Umsatzvolumen und Preisniveau. So haben beispielsweise die Erlöse bei Auktionen zwischen 1998 und 2008 um das Achtfache zugenommen. Deutlich bemerkbar macht sich dies auch bei den Kunstmessen, deren Anzahl von zwei im Jahr 1970 binnen vier Jahrzehnten auf nahezu 200 gestiegen ist. Velthuis bezeichnet diesen Ort des Wachstums als das »top segment« des Kunstmarkts, also die Ebene oberhalb der Mehrzahl der Händler, die Kunsthandel mehr oder weniger als gewöhnliches Geschäft betrachten. Und in jenem obersten Segment zeigen sich auch die obszönen Seiten des Booms: Kunst als Investition und als Lifestyle-Accessoire. Dieser Trend hin zu Asset-Klasse und Glamour-Faktor wird verstärkt von den Megareichen als dem Personenkreis, der heute keinen unwesentlichen Einfluss auf den Ausbau von Sammlungen und die Programmgestaltung in

Museen nimmt. In der Film- und Modebranche schon seit Langem etabliert, ist die Celebrity-Kultur nunmehr ein fester Bestandteil auch dieses obersten Segments der Kunstwelt, das aktuell große Aufmerksamkeit in der Nichtfachpresse auf sich zieht.

In ähnlicher Weise hat sich in Westeuropa auch die Ökonomie von Kunsteinrichtungen, wie Museen, Kunsthallen, Kunstvereinen und anderen künstlerischen Zentren, merklich verändert. Dem nicht gewinnorientierten Bereich in der Kunstwelt kommt hier die Rolle des zweieiigen Zwillings zu, denn anders als der kommerzielle Sektor hat er gerade keinen Boom erlebt, sondern sieht sich im gleichen Zeitraum durchweg mit sinkenden Budgets konfrontiert. In der Reduzierung von Fördergeldern und in wachsenden Empfängerkreisen für die bestehenden Ressourcen liegen die Hauptgründe für diese Entwicklung. Es sei denn, Institutionen haben sich der Vorstellung von Kunst als Spektakel und leicht verdaulicher Unterhaltung verschrieben. In diesem Fall konnten sie aller Wahrscheinlichkeit nach Einnahmen aus Eintrittskarten, Sponsorenverträgen und diversen lukrativen Partnerschaften erzielen. Die anderen begeben sich notgedrungen auf die Suche nach zusätzlichen Finanzmitteln bei Stiftungen, Fonds und privaten Spendern oder reduzieren die Kosten, um den eigenen Weiterbestand zu sichern. Allen Umbrüchen zum Trotz sind sie zwar weiterhin existent, können den laufenden Betrieb aber oft nur mühsam aufrechterhalten.

Nun sind aber einige Regionen der Welt besser auf die Beschaffung zusätzlicher Mittel eingerichtet als andere. Zudem variieren von Land zu Land auch Anforderungsgrad und Möglichkeiten zu einer breiten Erschließung von Geldquellen. So besteht mancherorts ein Umfeld, wo die Gegenwartskunst nur selten oder sogar nie Unterstützung durch Stiftungen erfährt und wo das Phänomen des Privatspenders erst im Entstehen begriffen ist, denn der Non-Profit-Bereich ist noch weitgehend entlang der nationalstaatlichen Grenzen ausgerichtet. Im Jargon der öffentlichen Hand spricht man hier in einem Land wie Schweden von einer »Verbreiterung der Finanzierungsquellen«. Wenn in Stockholm eine solche Diversifizierung zustande kommt und man Gelder aus anderen Quellen generieren kann oder aber es gelingt, zahlreiche Besucher – vor allem Kinder und Jugendliche –

anzuziehen, so gibt es eine Belohnung dafür in Form eines zusätzlich gewährten »Trinkgelds« zum Ende des Geschäftsjahres. De facto hat sich ein solch ideologisch aufgeladener Anreiz für einige als hilfreich bei der Erhöhung von Budgets erwiesen, während andere leer ausgehen.

Diese Kleinorganisationen im Bereich der bildenden Kunst mögen nach außen hin zwar unverändert erscheinen, doch haben sie seit den 1990er-Jahren erhebliche Umstrukturierungen im Ablauf des Tagesbetriebs erfahren. Sie führen einen mühseligen Kampf, um mit öffentlichen Zuschüssen über die Runden zu kommen, die vielfach nur Strukturausgaben abdecken wie Mieten und Gehälter postfordistischer Vertragsarbeiter – wenn sie Glück haben. Darüber hinaus müssen Gelder für die Programmgestaltung noch von den unterbezahlten Mitarbeitern selbst bei zusätzlichen Sponsoren besorgt werden. Typischerweise entsprechen die Aktivitäten jener Institutionen nur selten den gängigen Bewertungskriterien des Neoliberalismus. Weder können sie auf imponierende Besucherzahlen verweisen noch auf eine rege Berichterstattung in den Medien. Ihr Wert ist auch nicht direkt in Ziffern ausdrückbar und nur bei komplexerer Betrachtung zu ermessen. Generell bedeutet diese spezielle Art der Wertschöpfung eine Verzögerung von bis zu 15 Jahren. In der Gegenwart haben sie zumeist positive Auswirkungen auf das lokale Umfeld durch die Funktion als Treffpunkt, Referenzort und Identitätsstifter. Ihre Investitionen in die Jetztzeit, etwa mit der Vergabe von Aufträgen an Nachwuchskünstler und dem Erproben neuer kuratorischer Ansätze, kommen erst Jahrzehnte später zum Tragen. Just dann setzen größere Institutionen und der kommerzielle Bereich an und verdienen gutes Geld an den Experimenten der Pioniere, laden dieselben Künstler ein und greifen dieselben Kuratorenmodelle auf, die ihnen nun Geld, Besucherscharen und das Interesse der Medien sichern. Derweil kämpfen die kleinen Kunstorganisationen weiter mit prekären Arbeitsbedingungen und niedrigen Gehältern und sind quasi ohne Möglichkeit zu Investitionen in ihre Infrastruktur.

Eine weitere charakteristische Änderung besteht darin, dass der jüngste Boom im kommerziellen Kunstmarkt mit einer Verlagerung der Plattformen für Präsentation und Verkauf von Kunst einhergeht.

Die Grenzen zwischen Primär- und Sekundärmarkt, beispielsweise zwischen Galerien und Auktionswesen, sind verwischt. Auktionshäuser haben Galerien in ihre Strukturen eingebunden und so die primären und sekundären Tätigkeiten faktisch in einer einzigen Organisation zusammengeführt, durch die Künstler ihre Arbeiten direkt verkaufen können. Inzwischen machen Galerien ihre Umsätze weniger am eigentlichen Standort als beim vorübergehenden Besuch anderer, oft ferner Marktkontexte auf den Kunstmessen. Kleine und mittelgroße Galerien schließen sich zusammen und schaffen Netzwerke, durch die Arbeiten bestimmter Gruppen von Künstlern zirkulieren, während führende Großgalerien ein globales Monopol auf ihre Künstler haben. Überhaupt ist die Globalisierung ein Stichwort hier, doch bei näherem Hinsehen kann sie kaum halten, was sie verspricht. Wenn überhaupt, so ließe sich nur von wachsenden Regionalmärkten wie China und Indien sprechen, doch neigen diese zum Handel mit Kunstwerken aus heimischen Gebieten. Genauso halten sich die meisten westlichen Galerien lieber an Kunst der eigenen Hemisphäre.

Folglich sind die Bedingungen für die Produktion von Kunst im Wandel begriffen. Um ein entsprechendes Angebot für die neue Nachfrage zu schaffen, werden vermehrt Großateliers üblich mit bis zu 100 Angestellten und Wartelisten für Sammler, die partout nach Werken eines bestimmten Künstlers verlangen. Andere Kunstschaffende greifen in einer eher einfachen Produktionssituation gern zur Wiederholung, sowie sie erkannt haben, dass sie über eine profitable Marke verfügen. In Regionen ohne öffentliche Förderung ist dies allgemein üblich. Es ist ja verständlich, dass auch diese Künstler ihr Auskommen haben und sich einen Namen machen wollen. Eine Alternative bildet die gute alte Lehrtätigkeit, die viele Kunstschaffende in ein Angestelltenverhältnis bringt. Zugleich bieten formalisierte akademische Programme wie die sogenannte praxisbasierte Forschung mehr und mehr Künstlern eine Einkommensquelle und eine Arena für Produktion und Vertrieb ihrer Werke. Dank Promotionsstipendien und späteren Forschungsgeldern aus der akademischen Welt können sie überleben und sich zur gleichen Zeit ihrem Schaffen widmen. Sie laufen jedoch dabei Gefahr, sich in neuen problematischen Evaluierungs- und Nachweissystemen zu verstricken. Wo der *educational turn* sich auf selbst organisierte Initiativen bezieht, bei denen die Produktion von Wissen an das Bildungsmodell von Schulen, Universitäten und Akademien mit ihren traditionellen, nun hinterfragten Formen und Methoden geknüpft ist, da verfolgt der *discursive turn* eine integrative Ausrichtung. Er kann auch die Pädagogik im allgemeinen Sinn umfassen. Die diskursive Wende meint eine Einbeziehung des mündlichen Austauschs, was in Form von Symposien, Seminaren, Workshops oder Diskussionen erfolgen kann. Sie alle wären ebenfalls als Kunstprojekt denkbar oder aber als kuratierte Projekte neben Formaten wie der Ausstellung. Nur in seltenen Fällen lässt sich jedoch von ihnen der Lebensunterhalt bestreiten.

Während manche Künstler prächtig am Boom im kommerziellen Markt verdienen, haben andere keinen Anteil daran oder auch gar kein Interesse an einem solch profitgesteuerten Umfeld. Sie verweigern sich der Vorstellung von Unterhaltung und Kommerz, um sich stattdessen selbstbestimmten Praktiken mit einem geringeren Sensationspotenzial zuzuwenden. Somit können wir von einer Polarisierung sprechen oder besser von einer Gabelung zwischen einer kommerziellen, vorwiegend objekt- und bildbasierten Kunst einerseits und von den Künstlern selbst organisierten Initiativen andererseits mit Tendenz zum weniger Materiellen oder zumindest schwer Greifbaren. Für Letztere hat der Diskurs eine Schlüsselrolle auf vielerlei Ebenen, ist aber bei Ersterer auch nicht unbekannt. Der sogenannte *educational turn* spielt hierbei zusammen mit dem *documentary turn* eine wichtige Rolle, indem sie so etwas wie einen Motor für die Projektion von Ideen und Arbeitsweisen bilden. Die partizipative Praxis ist irgendwo zwischen beiden angesiedelt, wobei sie sich nach der einen Seite hergibt für Spaß- und beruhigende Aktivitäten, zur anderen Seite hin aber auch größere Herausforderungen in Form von Debatten und Forschungsarbeiten bietet.

Diese Gabelung können wir uns denken als einen Bereich mit »großen« und »kleinen« Strängen, in Analogie zur Linguistik wie auch zur Studie zur »kleinen Literatur« von Gilles Deleuze und Félix Guattari. Sie befassen sich dort mit dem Schreiben Kafkas in Deutsch, dem das Erschaffen eines subversiven imaginären Raumes in einem Kontext gelang, wo die tschechische Sprache dominierend war. Als etwas Marginales und doch Kraftvolles, das die Fähigkeit zu einer Verschiebung der Perspektive in sich birgt. Das Bild der Gabelung kann freilich die momentane Lage der Gegenwartskunst nur unter Weglassung zahlloser Nuancen und Mischformen skizzieren. Gleichwohl zeigt es manche bedeutsamen Veränderungen und Dauererscheinungen auf. Wichtig ist zudem der Hinweis, dass interessante und relevante Arbeiten in beide Richtungen hin entstehen. Künstlerisch wie kuratorisch. Tendenziell gehören sie zu jener Sorte Werke, die sich spekulative Aspekte bewahrt haben, sei es durch Materialismus oder aber durch Magie.

Aus der Sicht einer Person, die seit anderthalb Jahren in Stockholm lebt, scheint die Schere mit jedem Monat weiter auseinanderzugehen. In Schweden ist die Berichterstattung der Tageszeitungen über zeitgenössische Kunst erstaunlich oberflächlich, und diese Abwärtskurve zeichnet sich bereits in vielen Bereichen ab. Lokale Ausstellungen, die besprochen werden – denn um diese handelt es sich im Wesentlichen und nicht um andere Arten von kuratierten Projekten, die unserer Zeit ja doch eher entsprechen als die meisten Ausstellungen –, sind nicht allein provinziell, sondern geben obendrein oft bloß vor, Kunst zu sein. Ein Verdienst der aktuellen dOCUMENTA (13) ist ihre konsequente kuratorische Haltung, ihr Beharren darauf, dass Kunst eine notwendige Ergänzung zu Wissenschaft und Kultur ist. Für die Entwicklung in diesen Bereichen bleibt Kunst als Impulsgeber unentbehrlich, in der direkten Nachkriegszeit genauso wie heute. Diese dOCUMENTA (13) ist eine Verteidigung der Autonomie der Kunst, ihrer strukturellen Bedeutung an und für sich und zugleich des Stimulationspotenzials, das eine solch entfesselte Existenz – wird sie einmal zugelassen – auf das Denken und Handeln an anderer Stelle entfalten kann. Für jemanden wie mich, der 60 Prozent der wöchentlichen Arbeitszeit auf die Akquise von Geldern verwendet, scheint die diesjährige dOCUMENTA (13) ein guter Anlass für ein Plädoyer zugunsten der bedrohten Vereinbarung zwischen den Nationalstaaten Westeuropas und ihren Bürgerschaften. Denn nach dem Zweiten Weltkrieg wurde eine Übereinkunft getroffen, wonach Kultur eine unabhängige Kraft in der Gesellschaft sein soll – frei von politischen und anderen Einflussnahmen. Dort ist auch festgehalten, dass die Finanzierung durch den Staat erfolgt, damit ihre Unabhängigkeit garantiert ist.

Seit den 1990er-Jahren wird diese Vereinbarung immer weiter ausgehöhlt und ist zurzeit im Begriff, gänzlich verloren zu gehen. Wie auch die massiven Etatkürzungen in den Niederlanden deutlich machen, sind radikale Umbrüche im Finanzierungssystem zuweilen mehr ideologisch als wirtschaftlich motiviert. Wenn Autonomie auch eine philosophische wie empirische Unmöglichkeit ist, kann man doch weiterhin von Handlungsspielräumen sprechen. Hier müssen wir stärker daran arbeiten – zusammen mit den Künstlerinnen und Künstlern und für sie –, dass diese Handlungsspielräume hier und jetzt geschaffen werden, damit Kunst und Kunstschaffende unter vernünftigen Bedingungen bestehen können, ohne in einen ökonomischen Determinismus zu verfallen. Manche Dinge ändern sich und andere eben kaum.

Bibliografie

Mai Abu ElDahab, Binna Choi, Emily Pethick (Hrsg.), *Circular facts*, Sternberg Press, Berlin/New York 2011

Maria Lind, Olav Velthuis (Hrsg.), *Contemporary Art and Its Commercial Markets: A Report on Current Conditions and Future Scenarios*, Sternberg Press, Berlin/New York 2012

Sarah Thelwall, *Size Matters: Notes Towards a Better Understanding of the Value, Operation and Potential of Small Visual Arts Organisations*, Common Practice, London 2011, www.commonpractice.org.uk

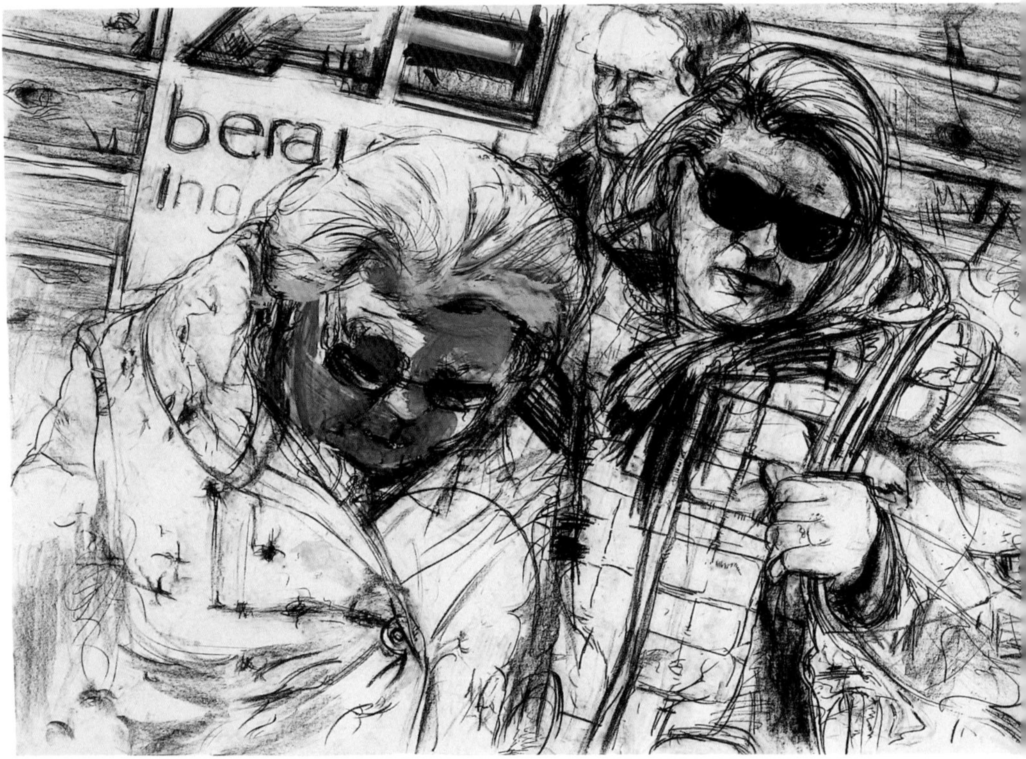

Erik van Lieshout

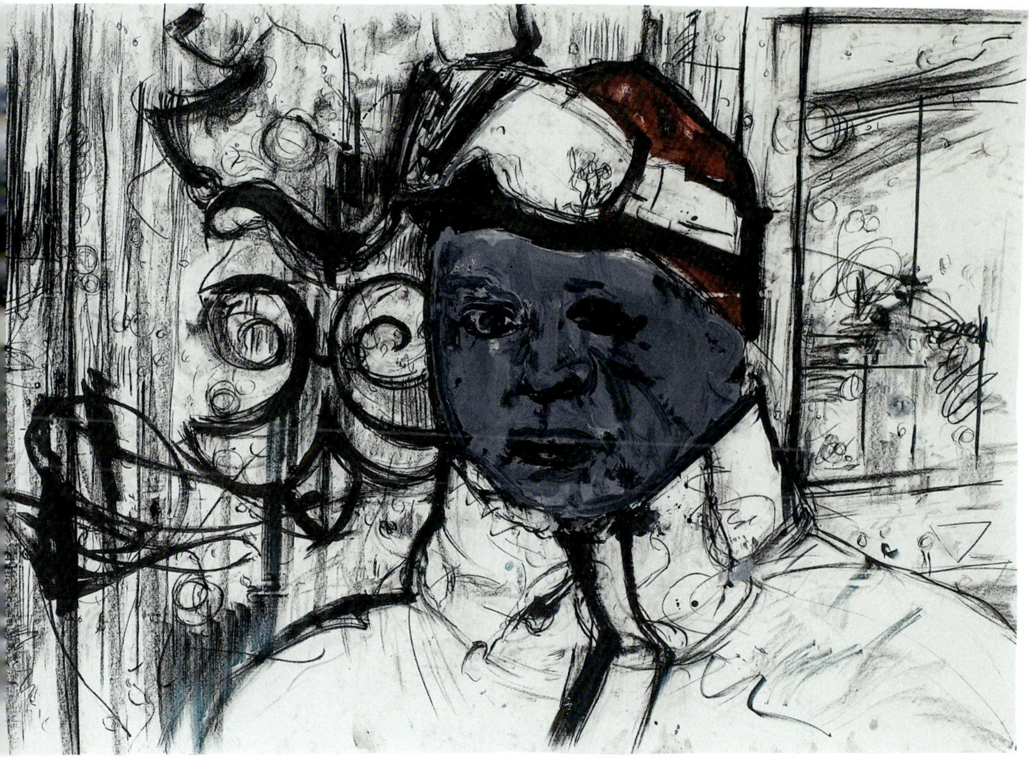

Untitled, 2012, mixed media on paper, 150 x 428 cm

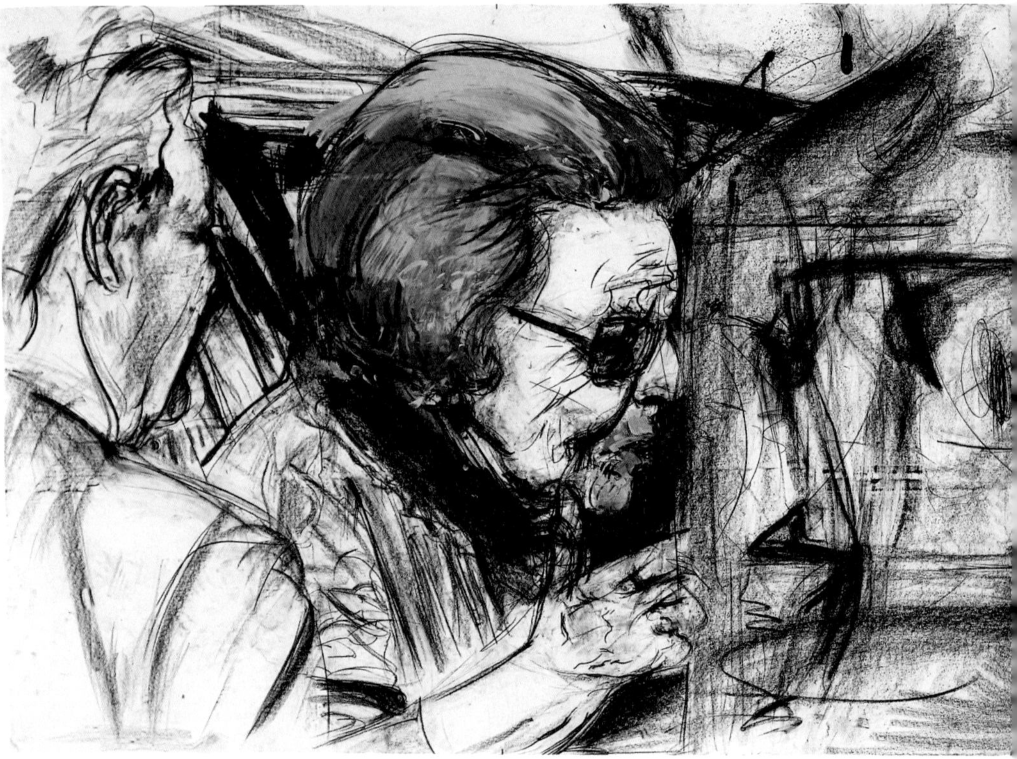

Untitled, 2012, mixed media on paper, 150 x 424 cm

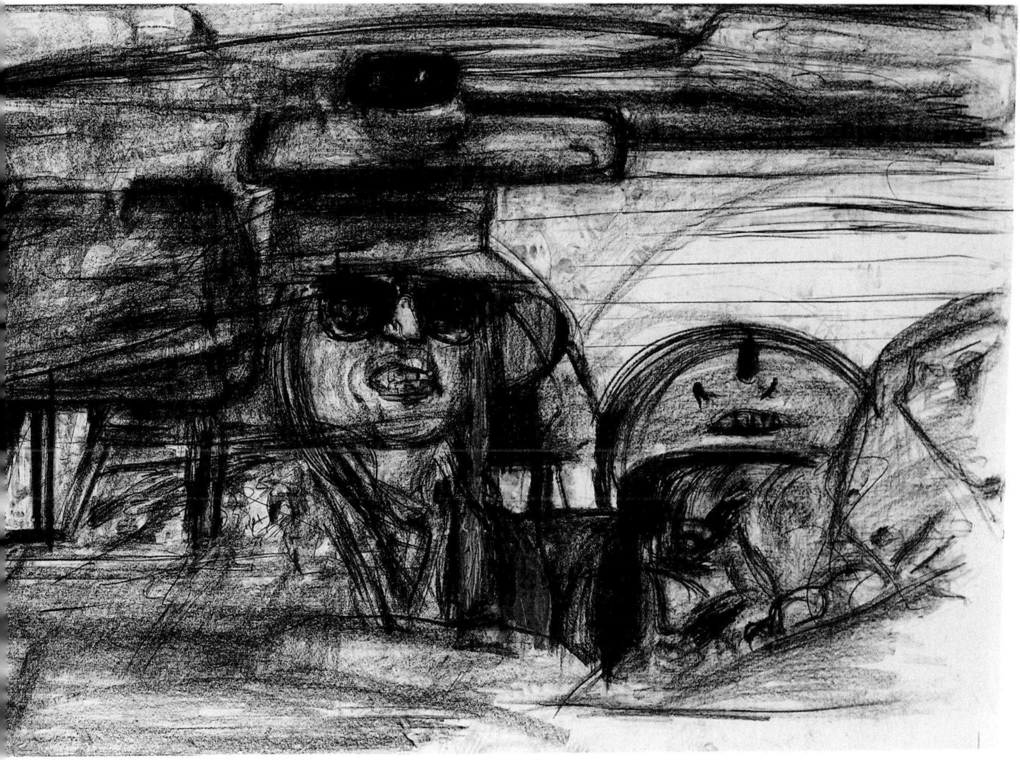

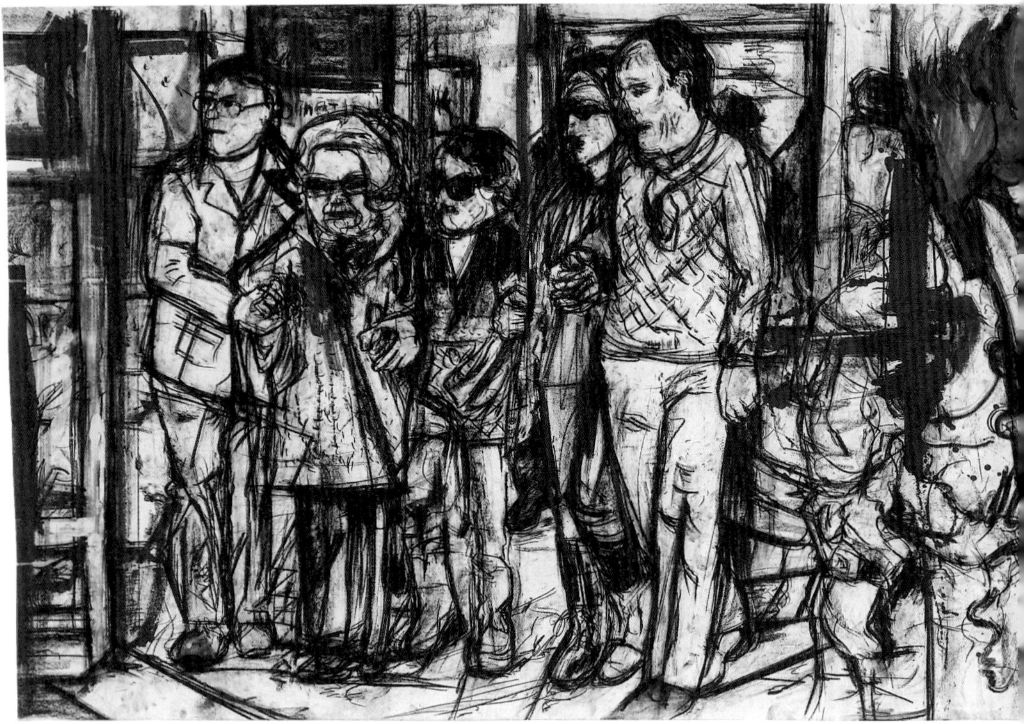

Untitled, 2012, mixed media on paper,150 x 440 cm

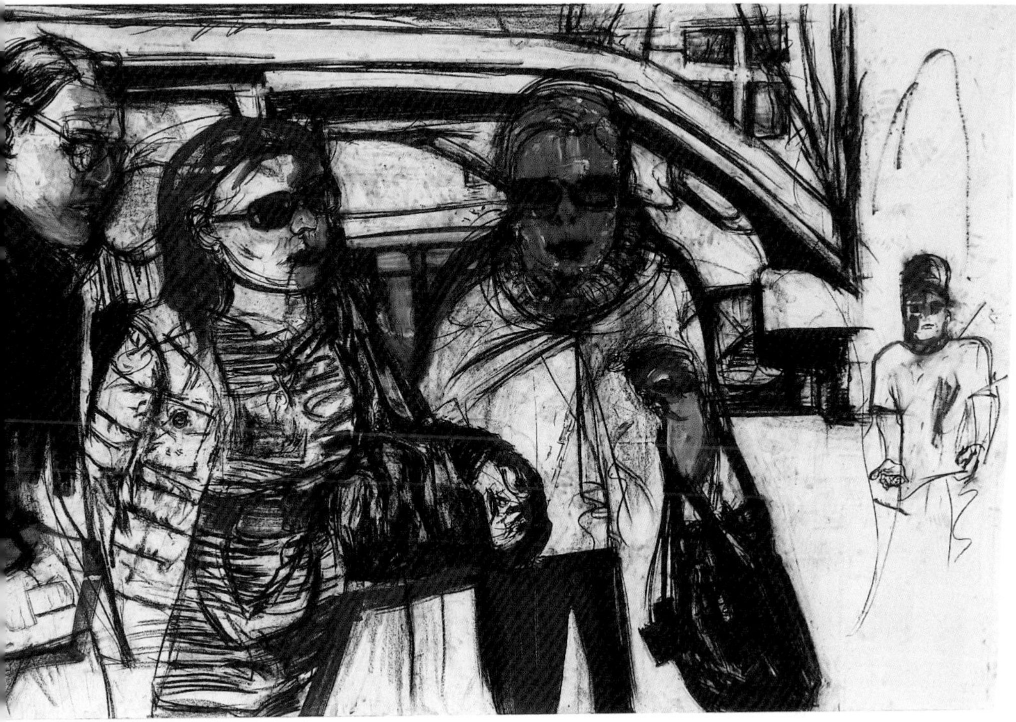

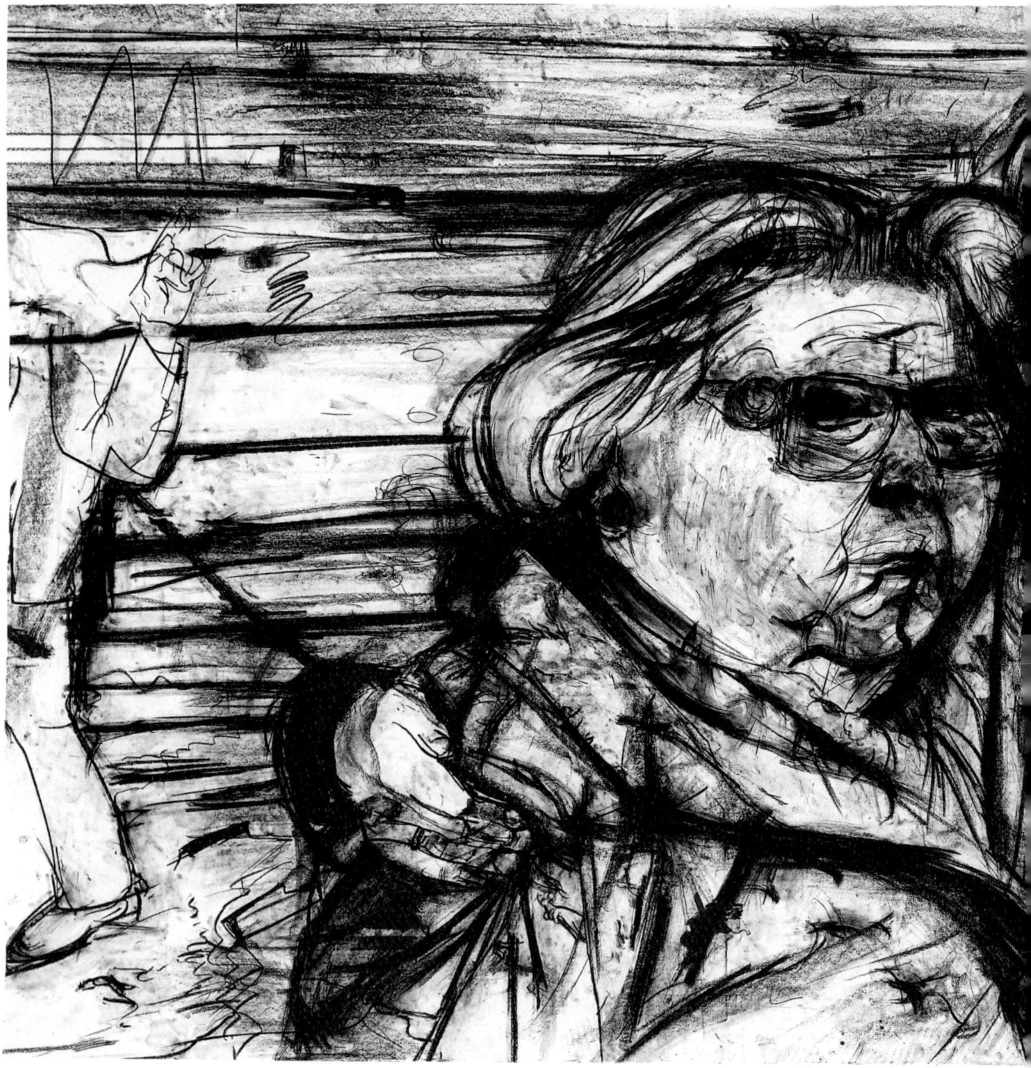

Untitled, 2012, mixed media on paper, 150 x 303 cm

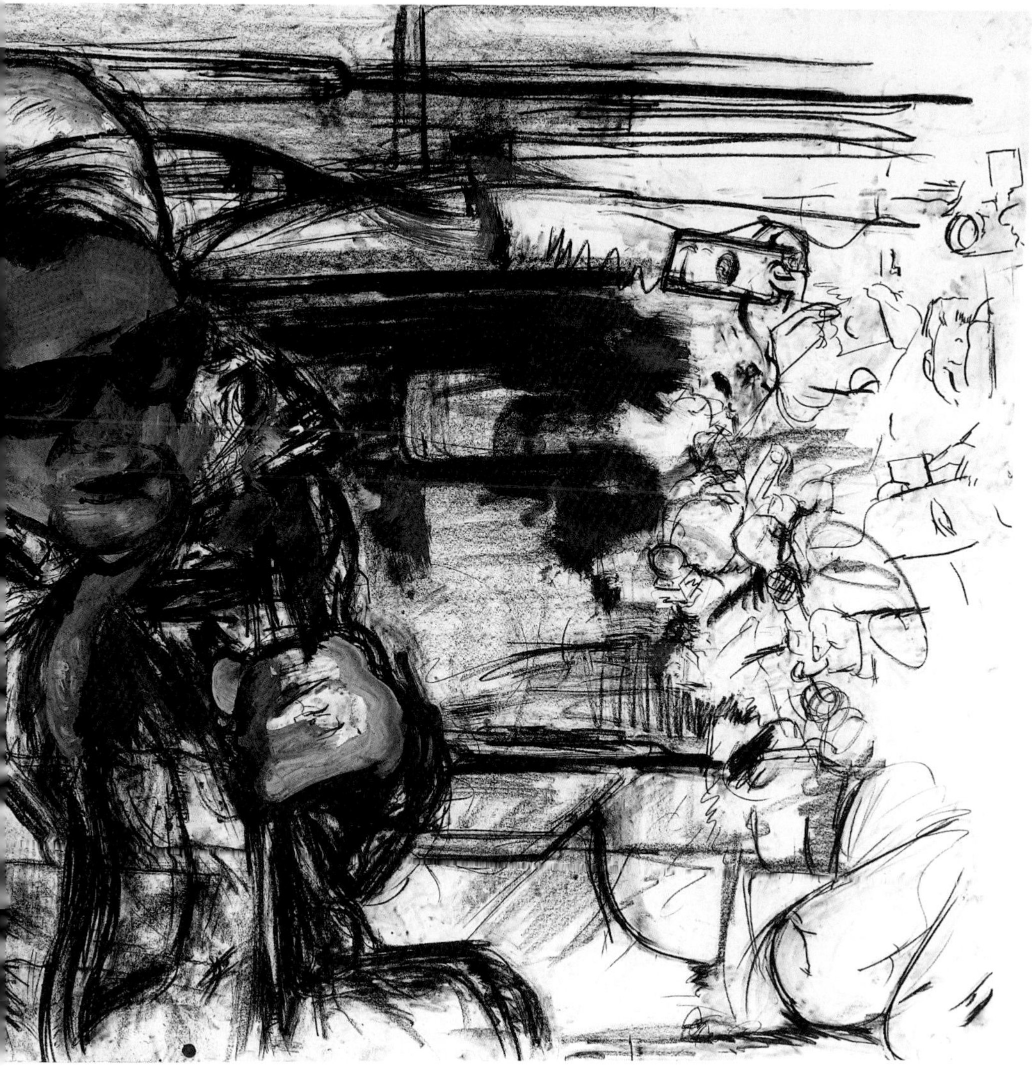

Juliette Blightman

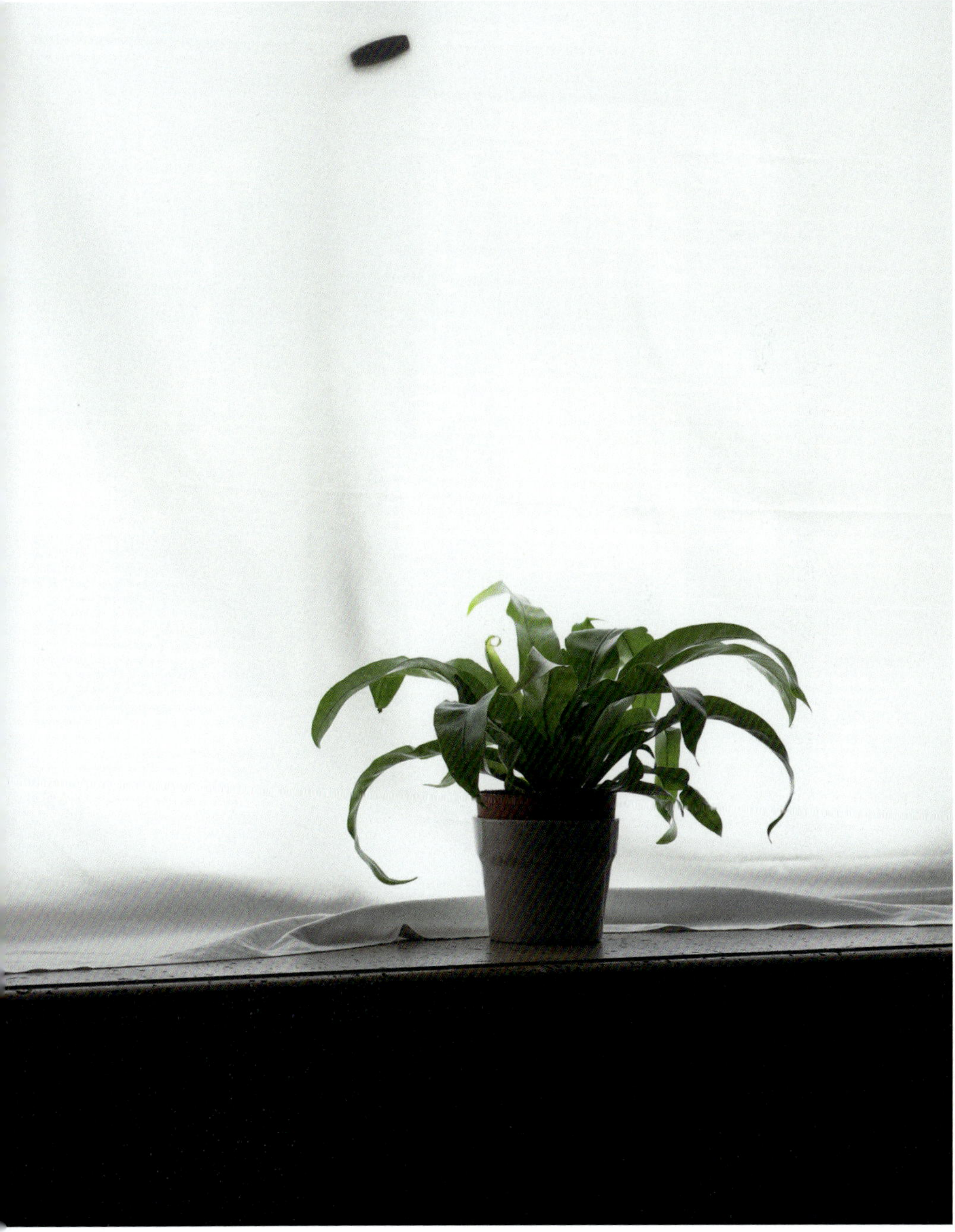

London, 2011, 2011, curtain, natural light, Asplenium, wall label, dimensions variable

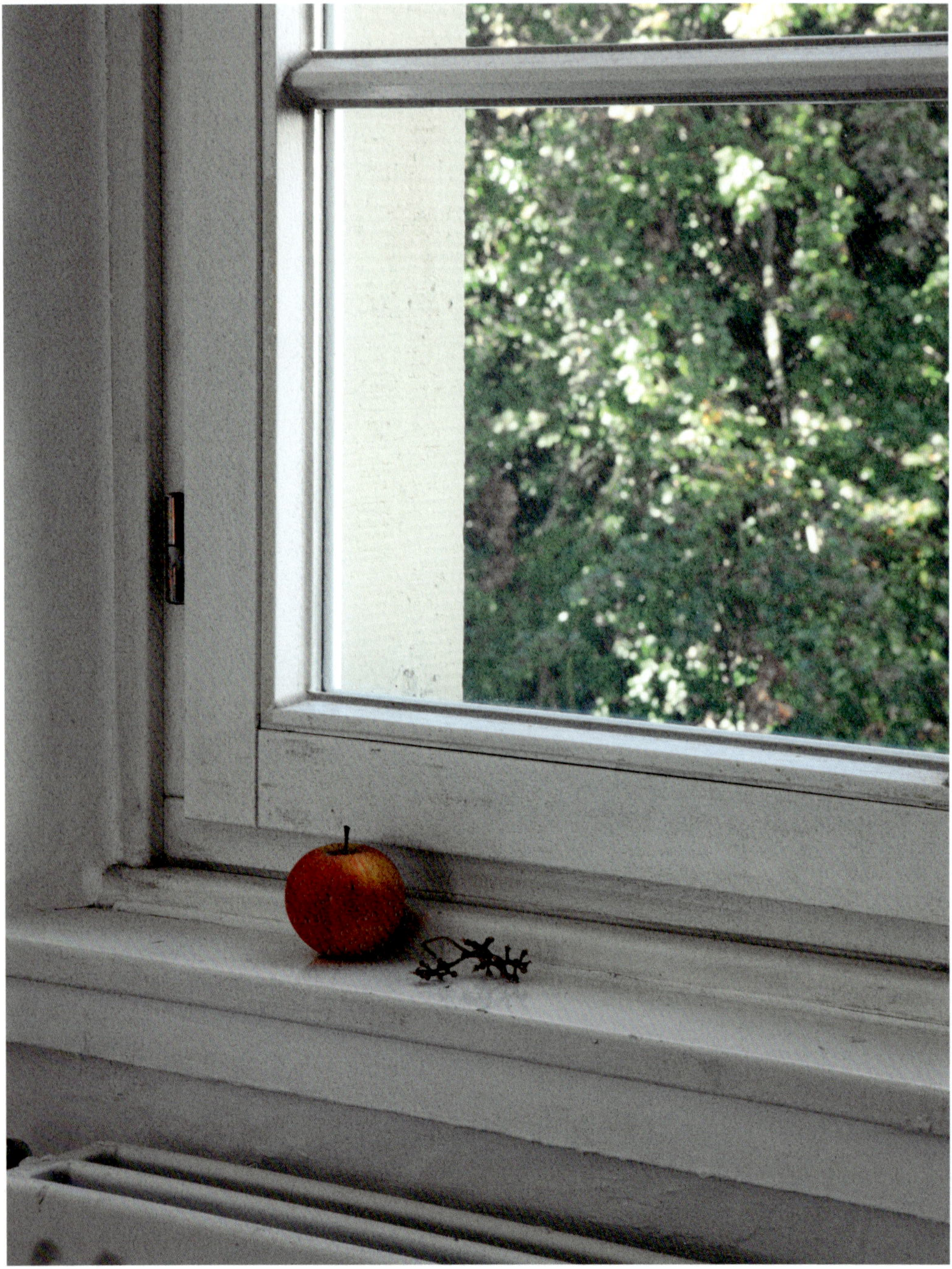

(F)air, 2010, ceiling fan, apple and grape stem placed on window sill, dimensions variable

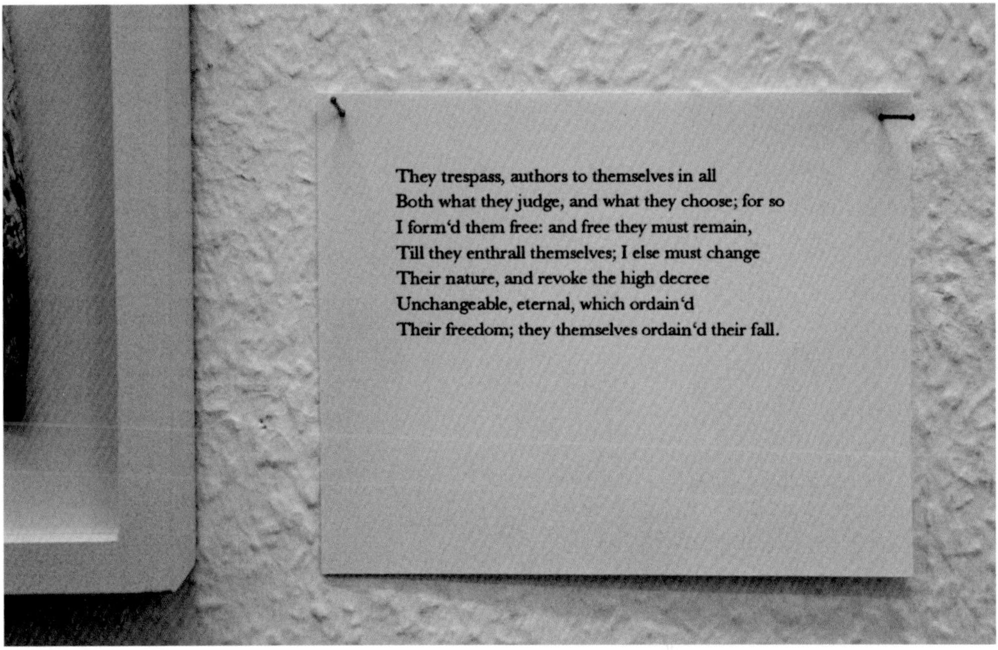

Paradise Lost, 2010, wall labels, dimensions variable

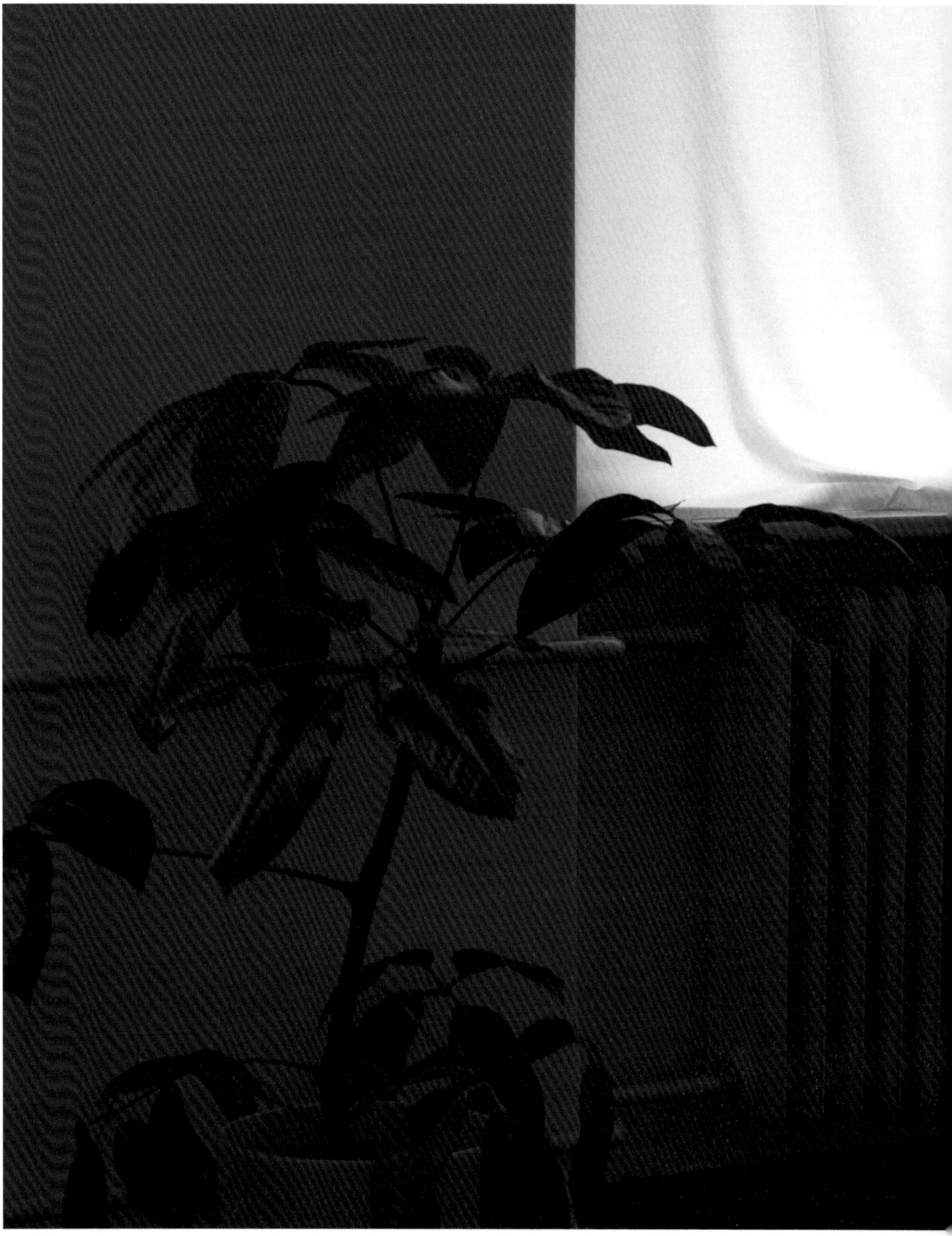

Lucca, 2008, 2011, curtains, natural light, houseplant, wall label, dimensions variable

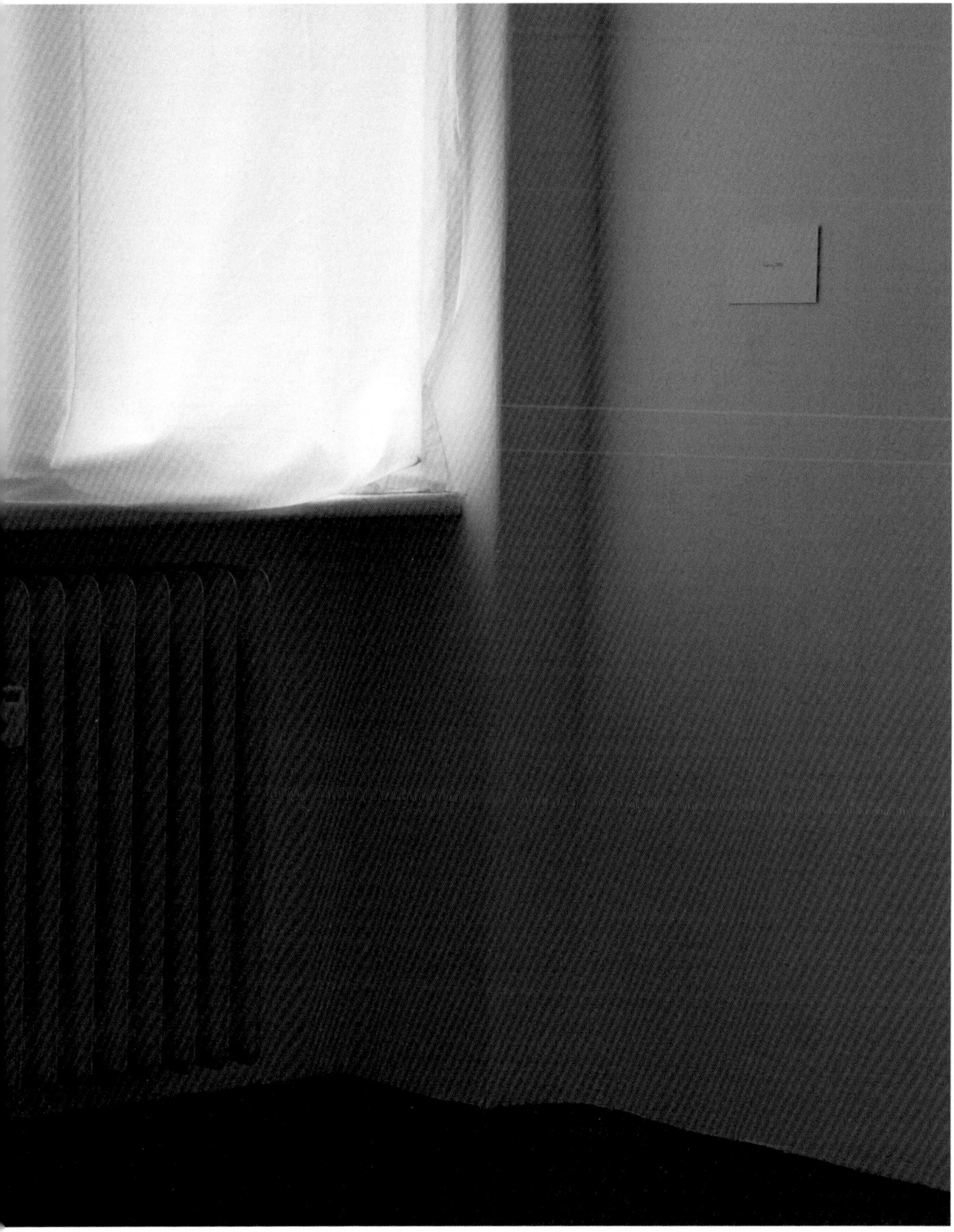

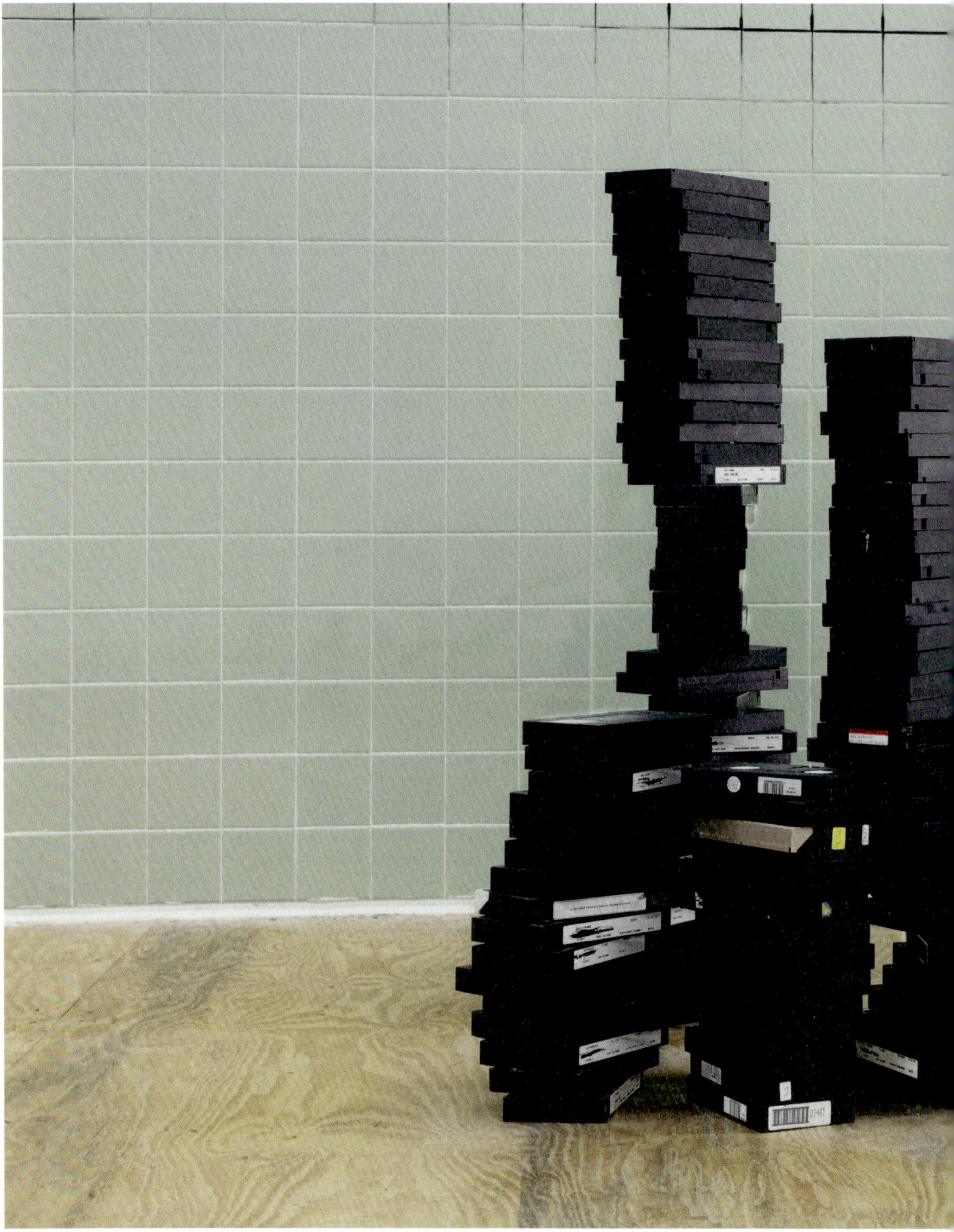

Matias Faldbakken

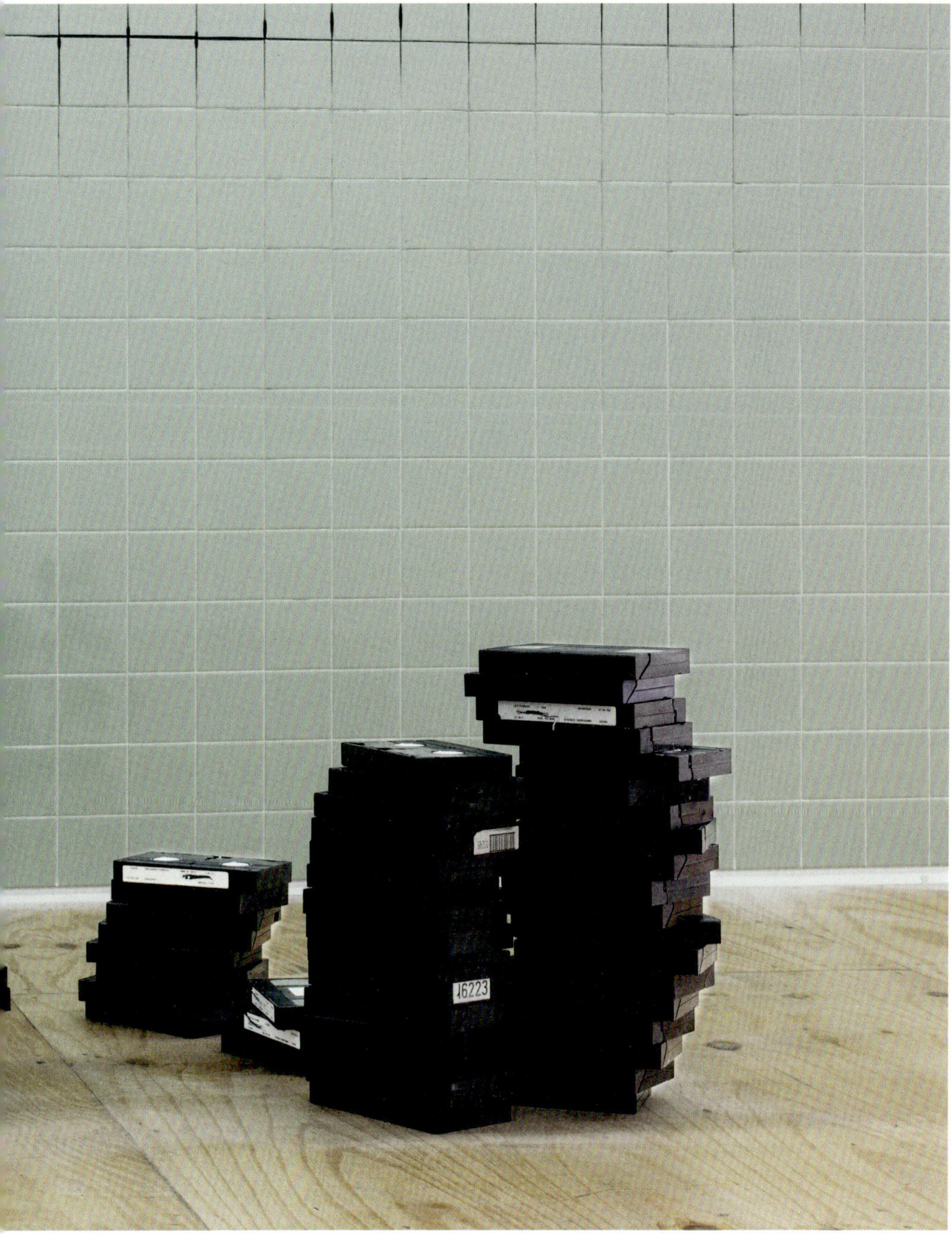

Remainder #4, 2009, green tiles, spray paint, 244 x 580 cm

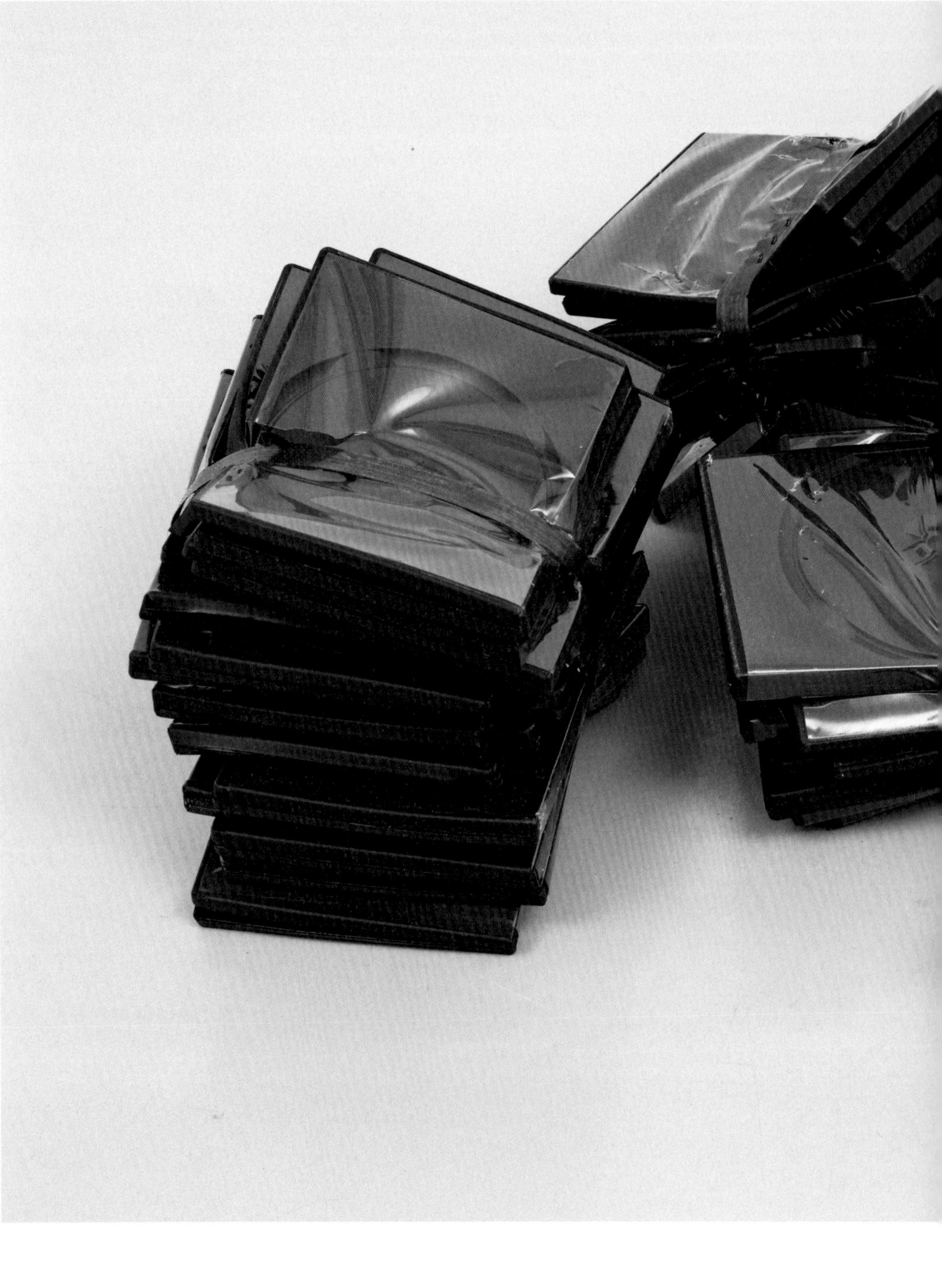

Untitled (DVD Squeeze #01-#05), 2010, DVD covers and metal lever straps, dimensions variable

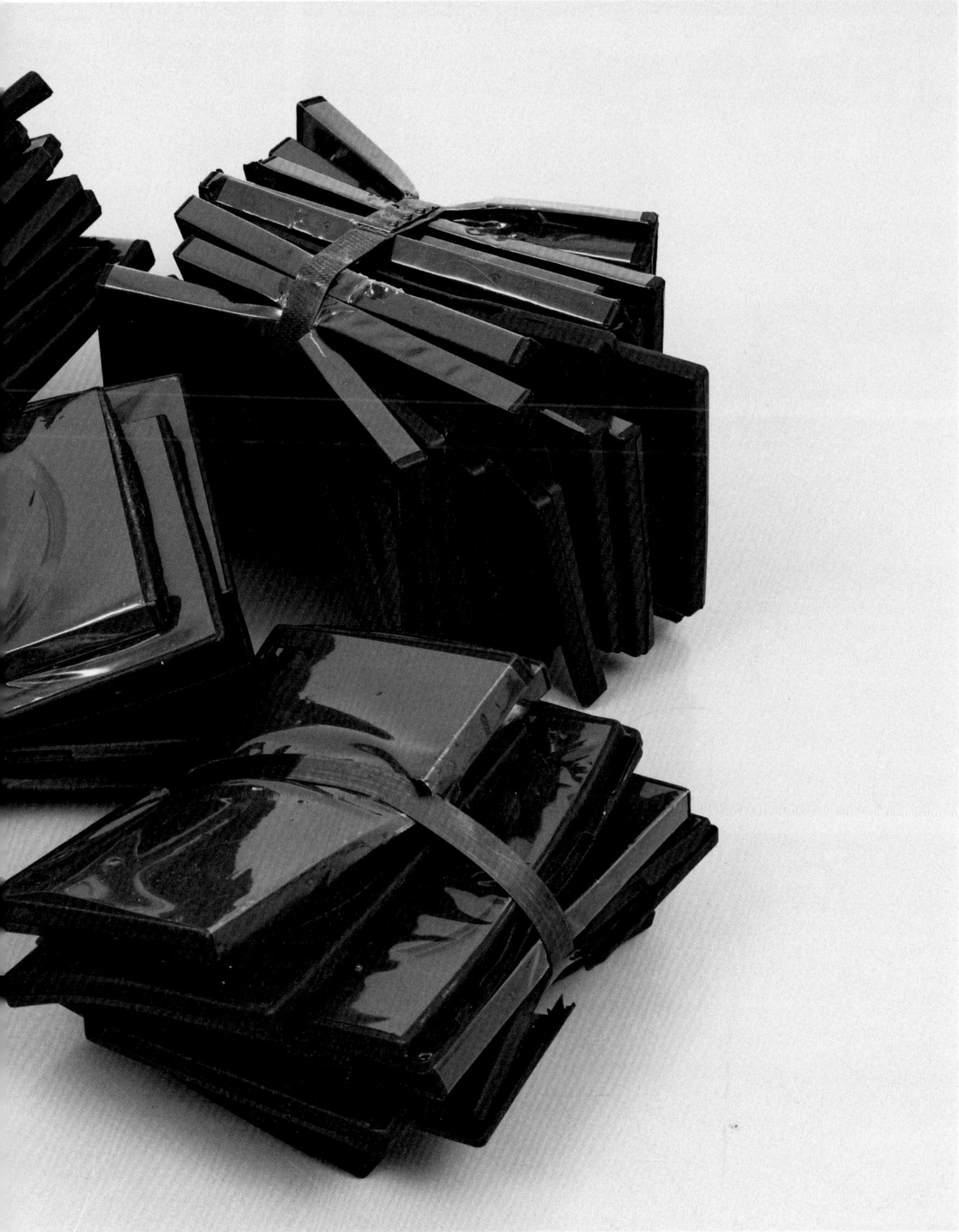

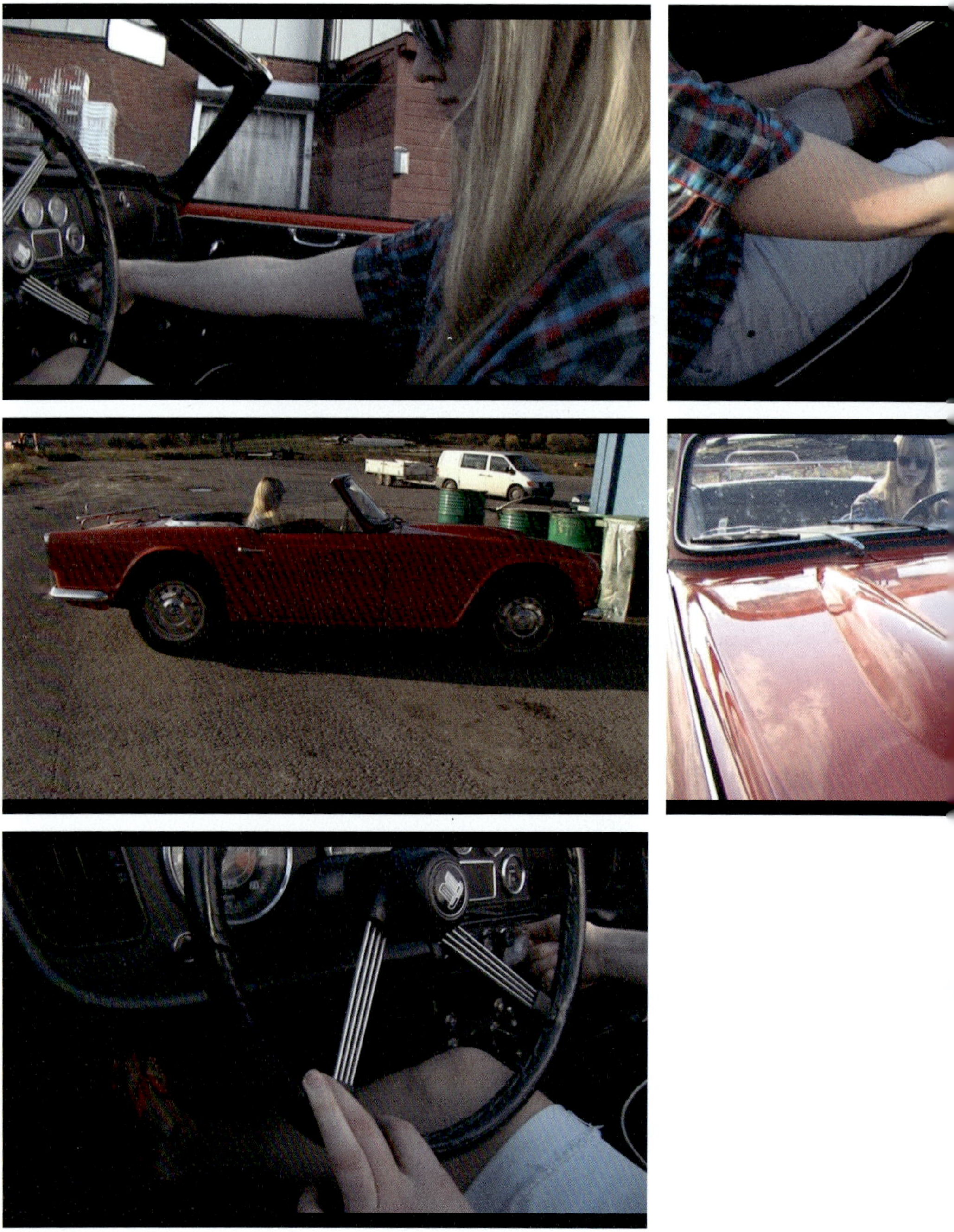

Matias Faldbakken (with Lars Brekke), *Untitled (Pedal Pumping)*, 2009, HD video, 10'31"

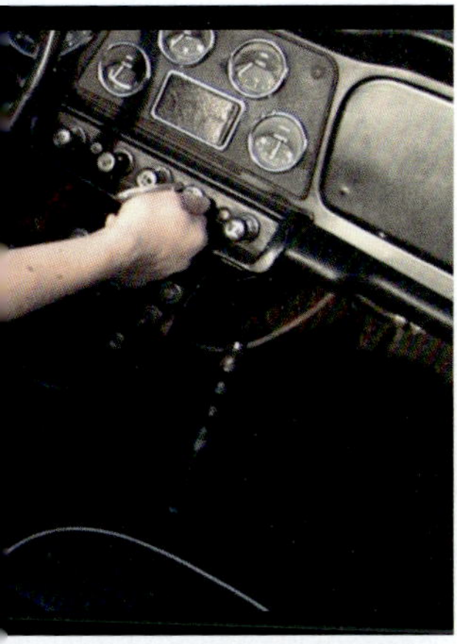
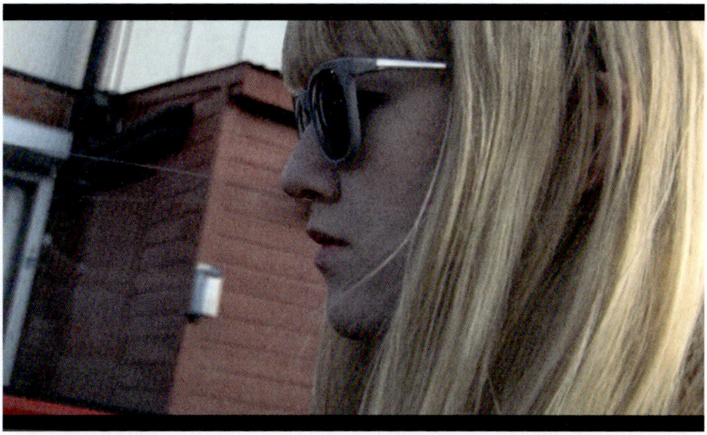
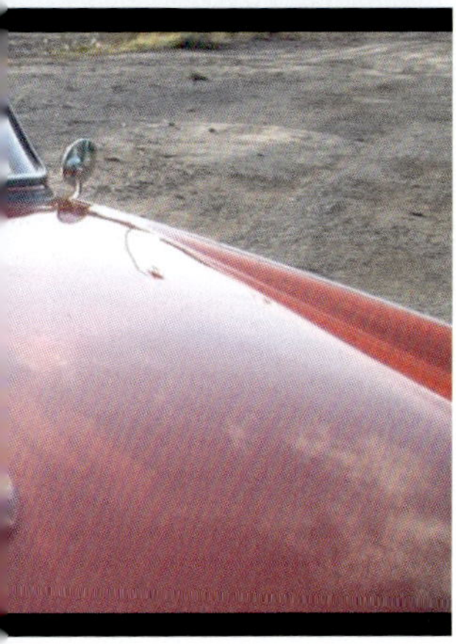
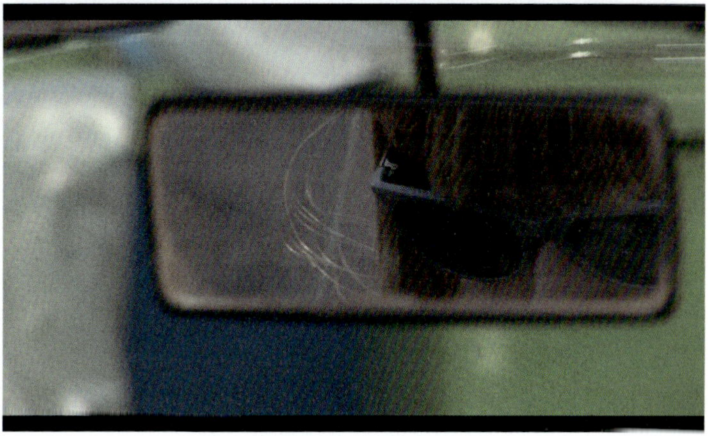

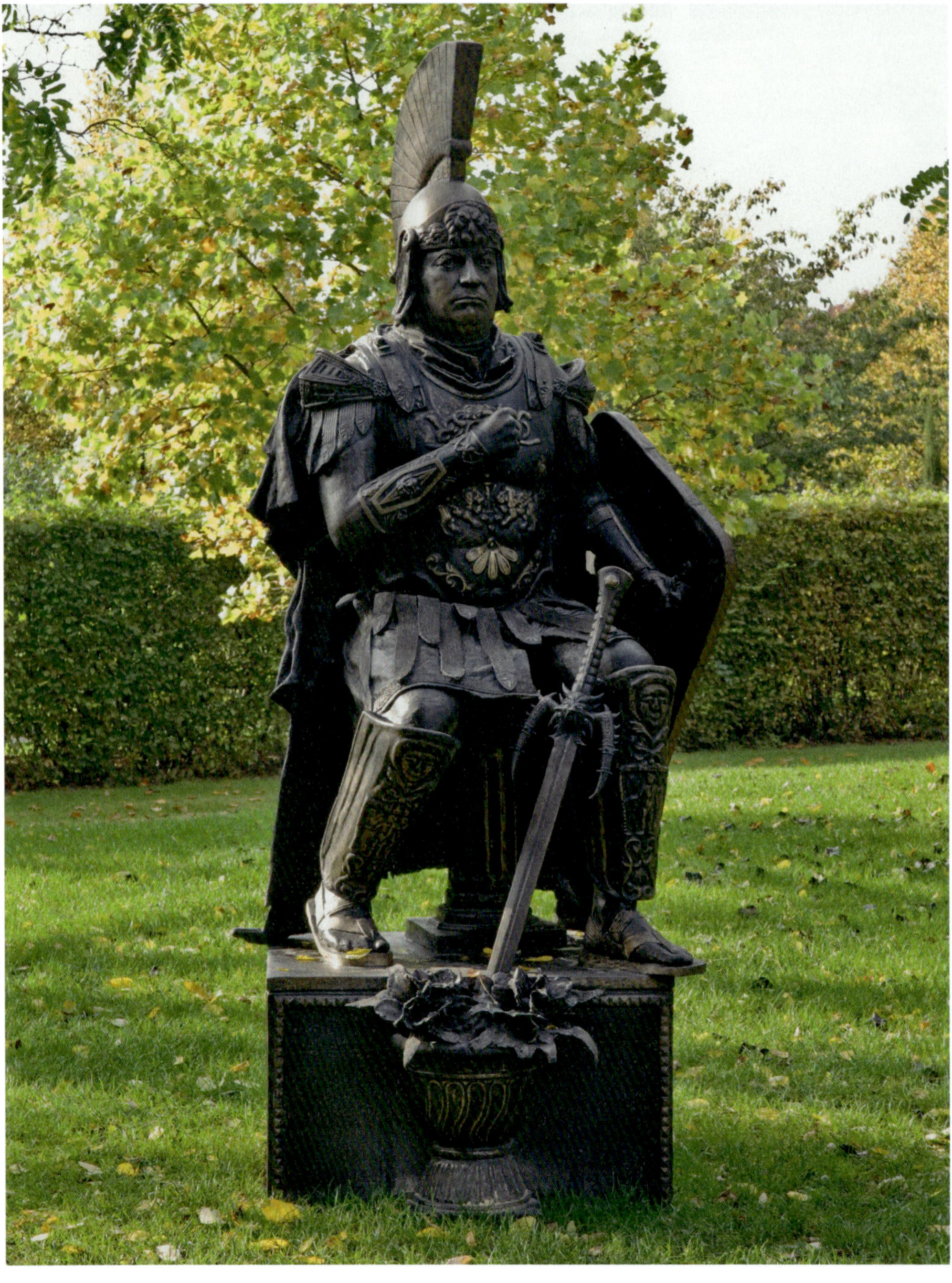

Christian Jankowski

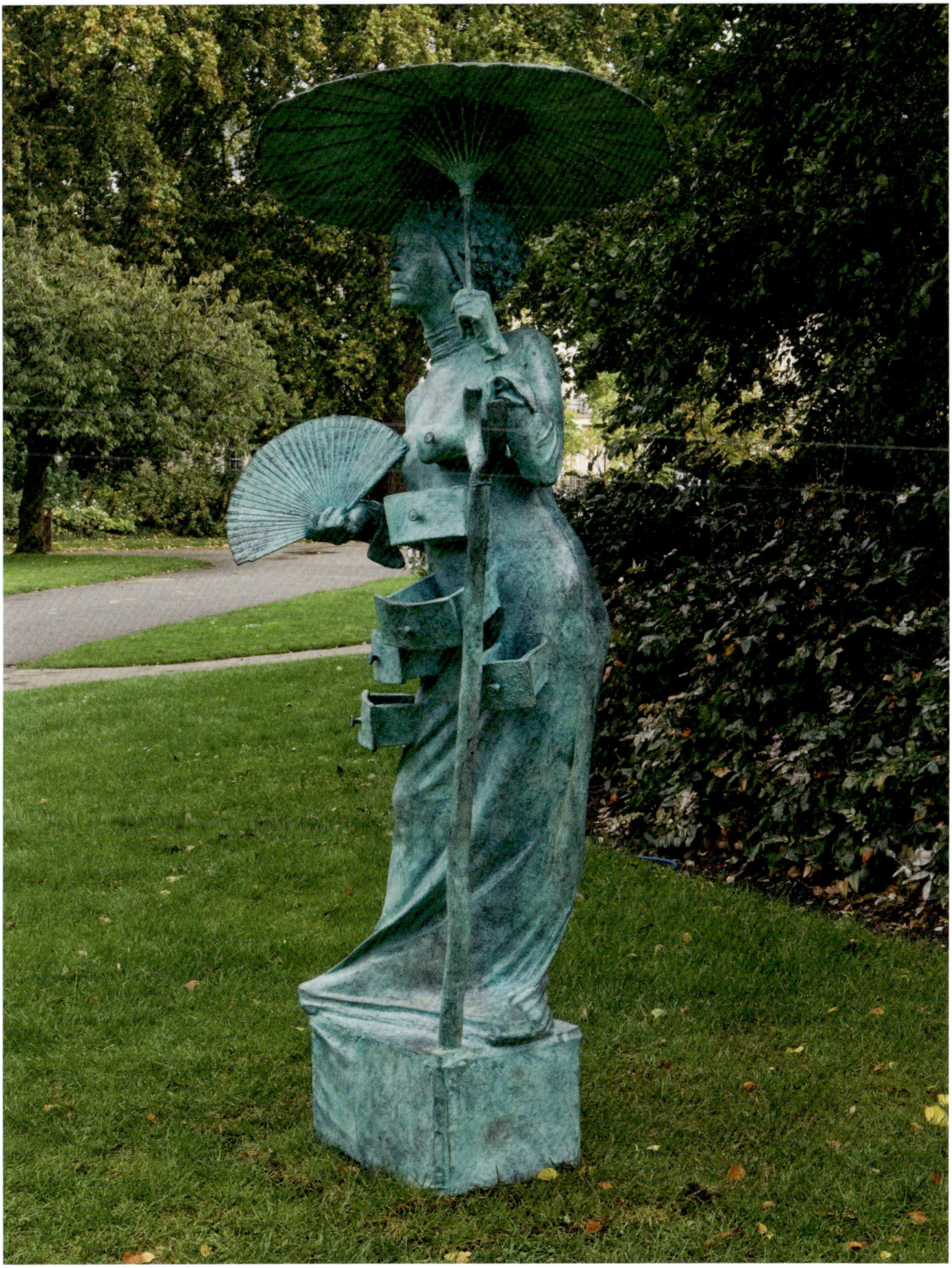

Caesar, 2007, bronze, 215 x 90 x 90 cm

Dali Woman, 2007, bronze, 220 x 90 x 80 cm

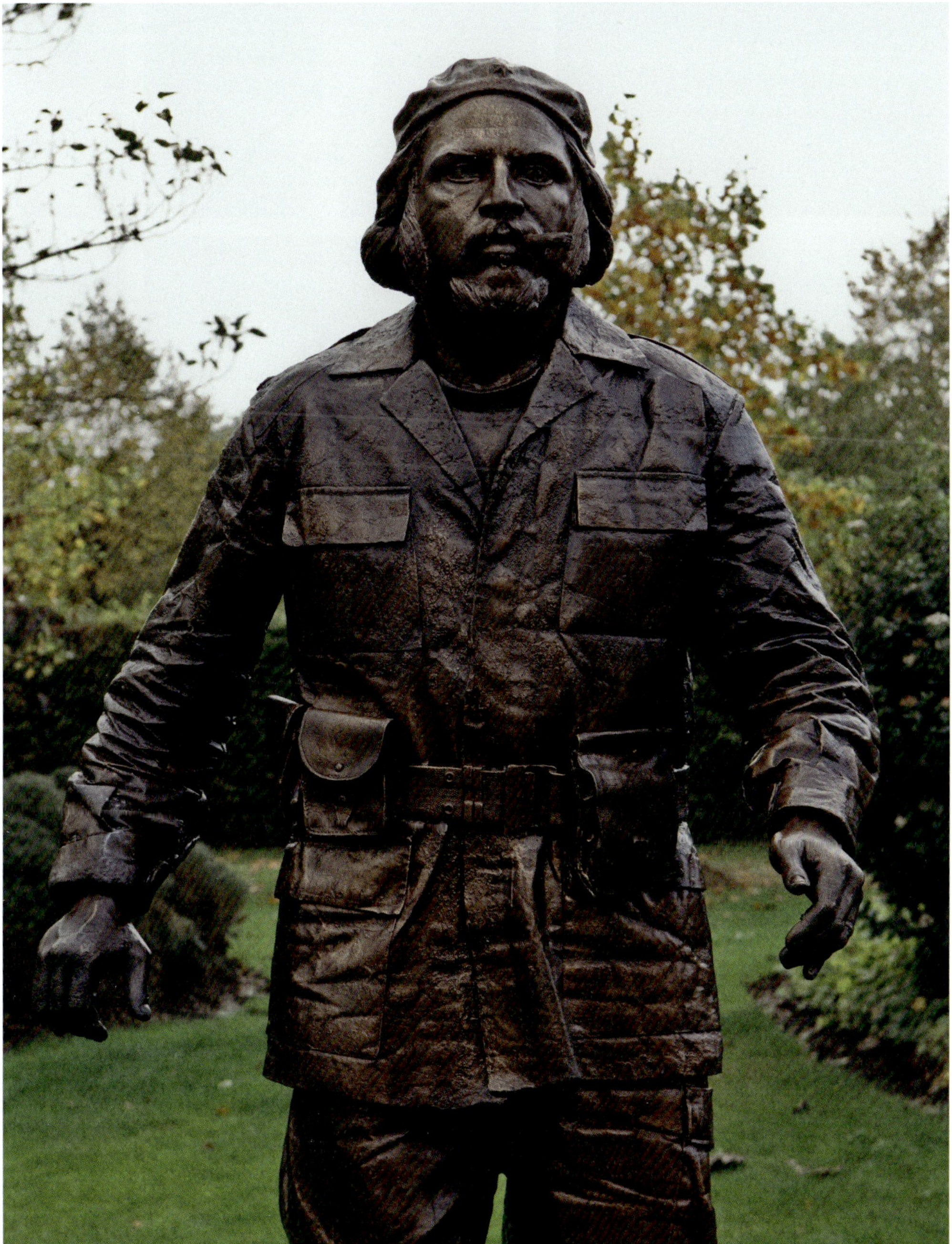

El Che, 2007, bronze, 225 x 85 x 80 cm

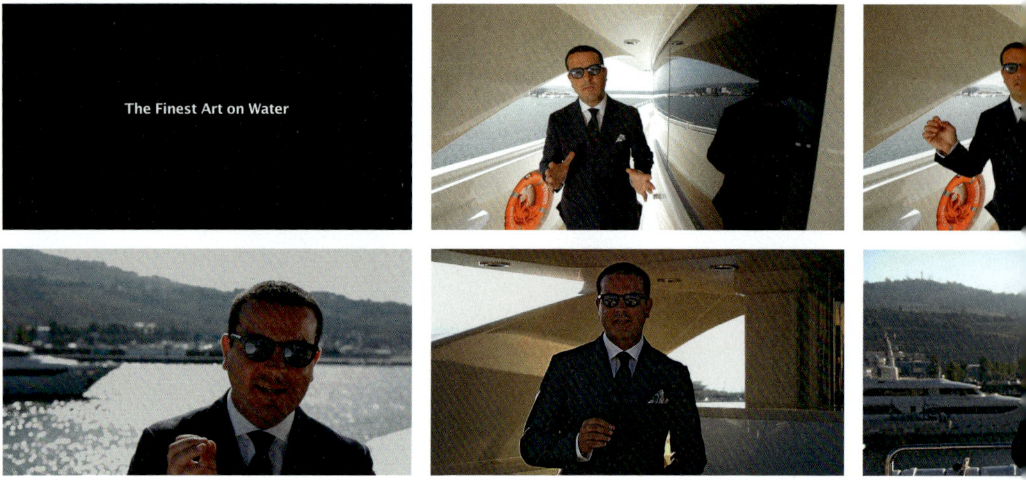

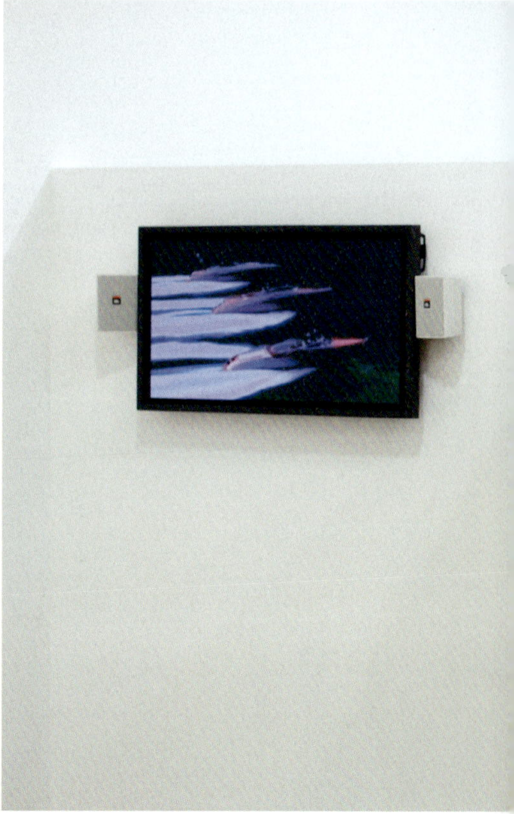

The Finest Art on Water, 2011, DVD, 4:3, PAL, 10:00 min., colour, sound

The Finest Art on Water, 2011, installation view, Frieze Art Fair 2011

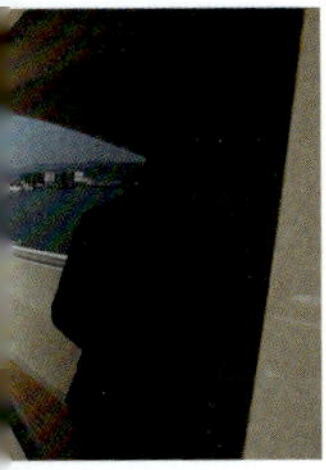

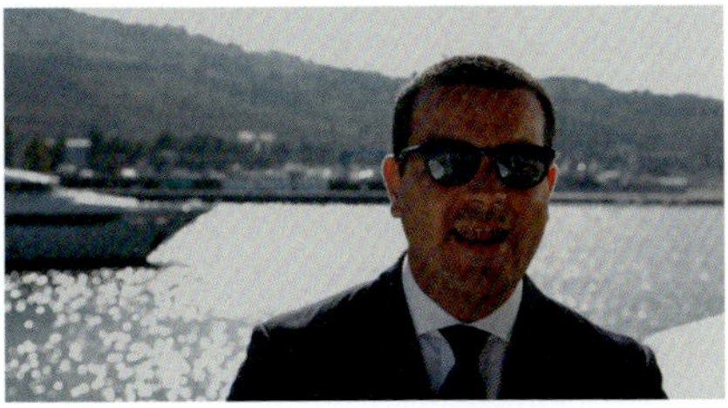

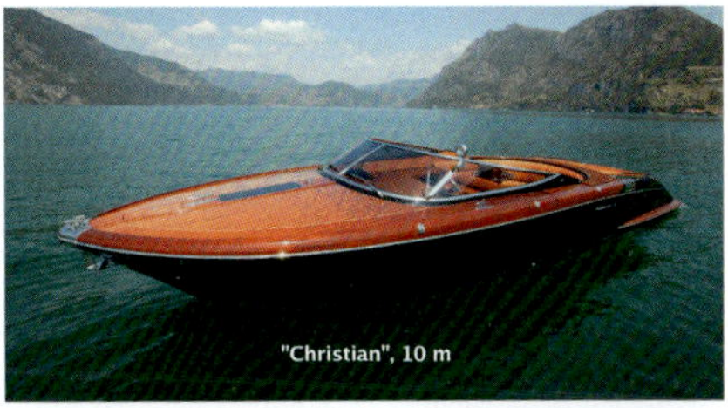

"Christian", 10 m

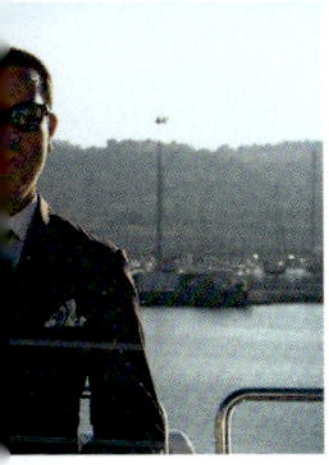

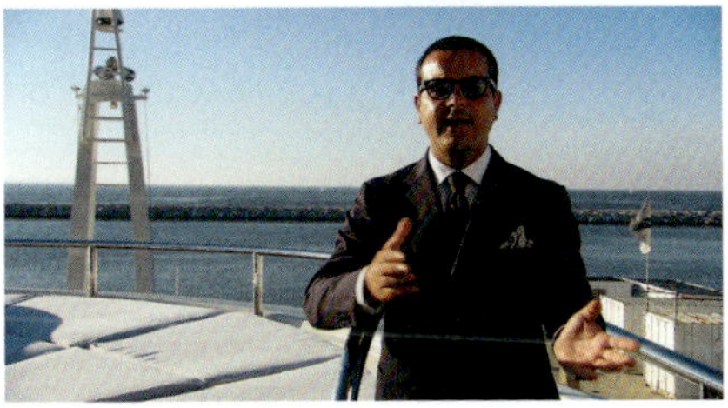

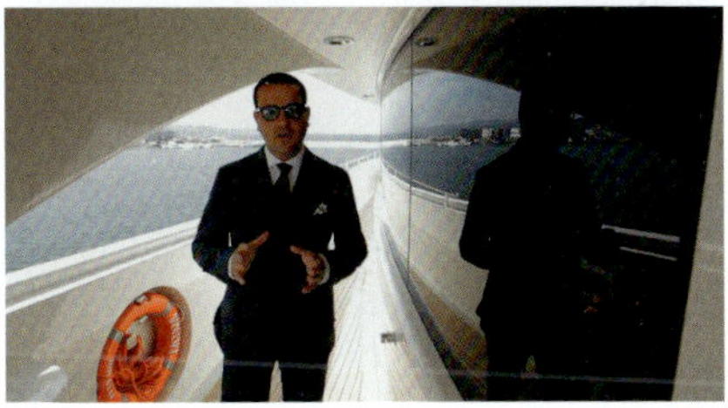

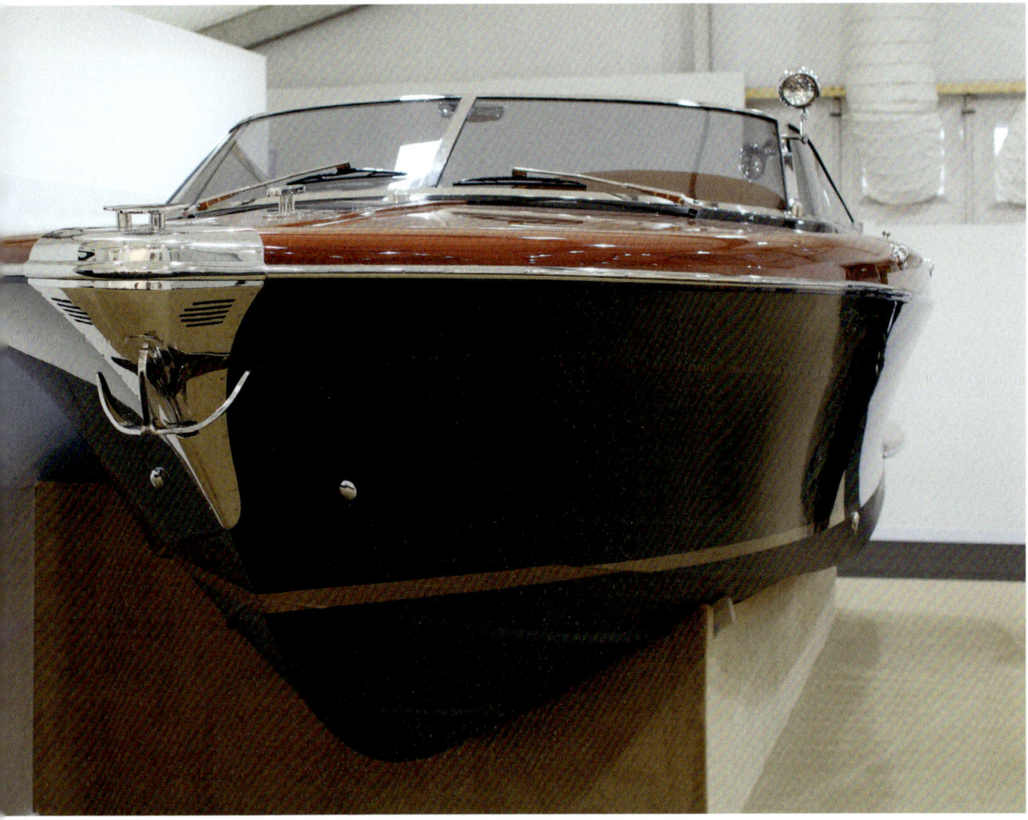

Petrit Halilaj

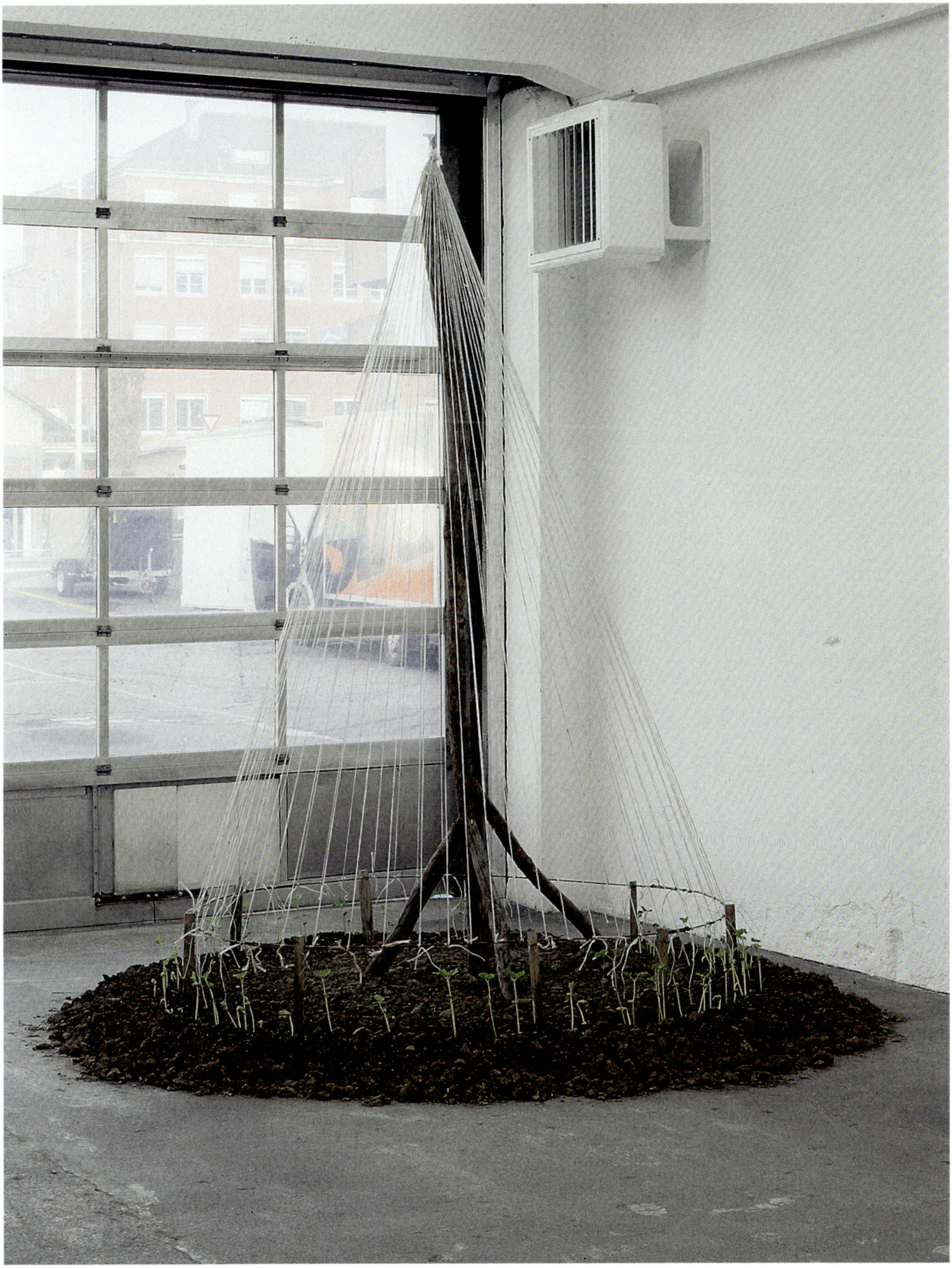

Astronauts saw my work and started laughing,
2011, wood, strings, metal, soil, beans,
280 cm x ø 180 cm

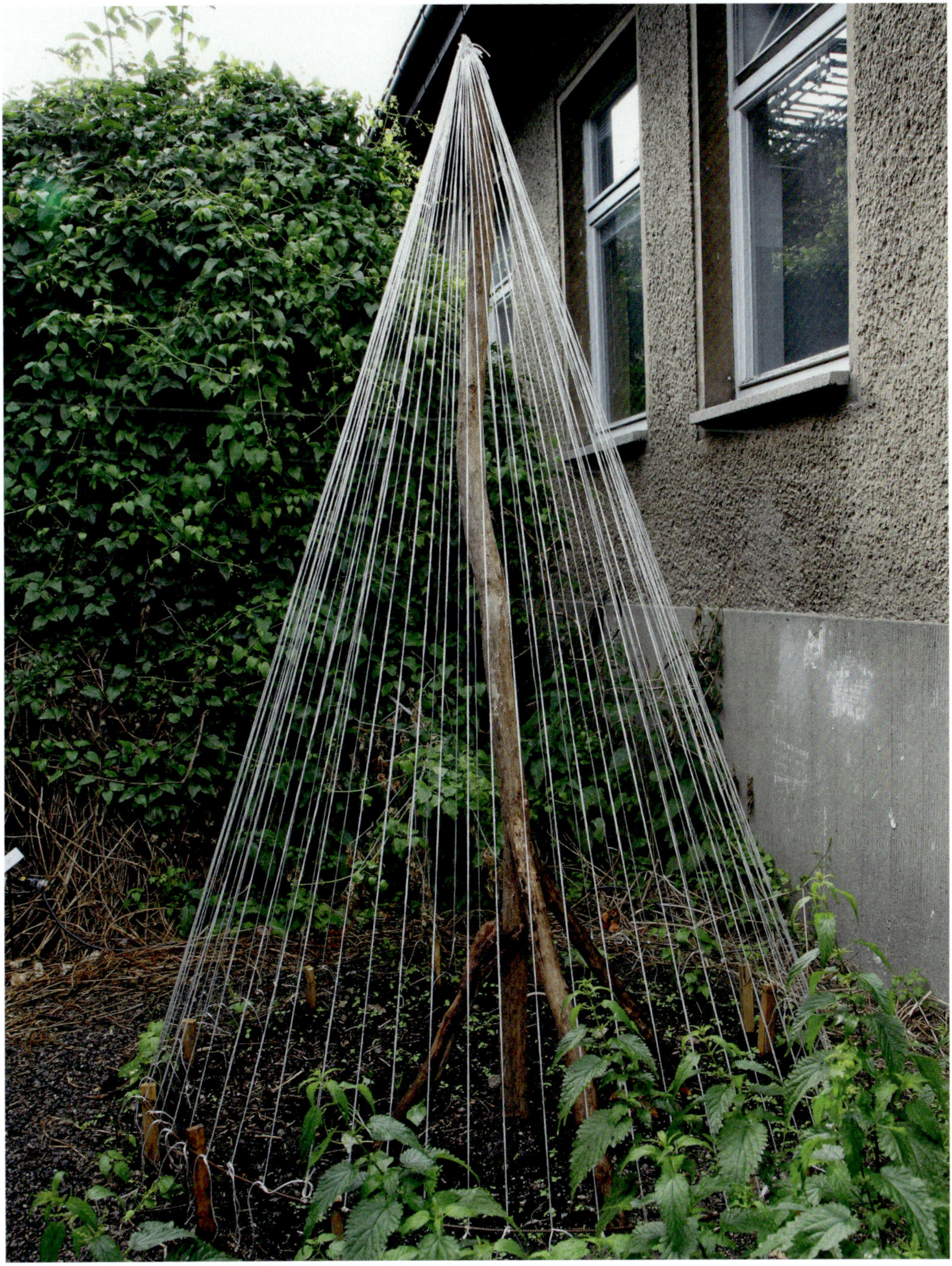

Astronauts saw my work and started laughing, 2011, wood, strings, metal, soil, beans, 280 cm x ø 180 cm

The New Public

Rein Wolfs

"Un pubblico nel senso in cui lo intendevano i Romani può esistere solo quando lo Stato appartiene ai suoi cittadini, quando, come dice Cicerone, 'res publica [est] res populi'." (1) (Dan Hind)

Nelle espressioni mediatiche della società contemporanea si discute quotidianamente di tutto e gli schermi ad alta risoluzione dei nostri televisori, computer, portatili, tablet, smartphone sono costantemente inondati da immagini. Chiunque, ormai, dispone di possibilità pressoché infinite per conferire ai propri dati un altissimo grado di personalizzazione con l'aiuto di software semplicissimi e per presentarsi al pubblico con una produzione mediatica individualizzata di immagini e testi. L'uomo contemporaneo pubblica incessantemente le sue opinioni e le sue idee e si esprime senza pudore, a livello sia visivo sia verbale, su piattaforme mediali di tutti i generi. Ventiquattro ore su ventiquattro, sette giorni su sette, di visibilità pubblica online!

L'arte contemporanea elabora il tema dell'impiego di immagini già esistenti, così ad esempio le opere di Nina Beier e Helen Marten. Beier sceglie banali rappresentazioni grafiche da banche dati commerciali e le presenta in modo dimostrativo e programmatico su oggetti di uso quotidiano quali una poltrona, un termosifone o pneumatici che fa diventare meri supporti allestitivi. Un'operazione con cui l'artista addomestica immagini che possono essere scaricate a pagamento in tutto il mondo. Helen Marten, con la sua computer generated imagery ottiene che complementi architettonici istorizzanti esprimano – in un misto di dialettica, rap e slapstick – una dichiarazione d'amore filosofico-poetica nei confronti delle cose e degli artefatti. Nelle sue opere si ritrovano stilizzati i rifiuti quotidiani e i resti della cultura del consumo. Sugli avanzi di una colazione con rifiuti di varia natura riluce lo schermo piatto ad alta risoluzione su cui scorrono le immagini dello stupefacente film Dust and Piranhas.

Il pubblico è presente ovunque, ma anche il privato non è più riservato all'atmosfera personale. Le opinioni diventano pubbliche, il pudore appare superato e le emozioni invadono gli schermi; la sfera pubblica svolge nella società attuale un ruolo più importante che mai, mentre la sfera intima diventa subito pubblica. Diverse, però, le modalità di pubblicazione: Juliette Blightman ci offre sguardi attentamente stilizzati sul suo appartamento berlinese e a Museion colloca la sua installazione in prossimità della grande facciata trasparente. Lo spazio privato di Blightman contrasta in questo ambiente museale con il solenne paesaggio alpino esterno. Erik van Lieshout affronta invece la relazione carica di tensioni tra pubblico e privato nei media. Egli rappresenta il lutto della regina

1 Tradotto dall'inglese: Dan Hind, The Return of the Public, Verso, Londra/New York 2010, p. 16.

Beatrice d'Olanda in seguito all'incidente sciistisco di cui è rimasto vittima il figlio in modo quasi sensazionalistico, mediante disegni al carboncino sovradimensionati. La fame onnipresente di emozioni viene documentata così in modo espressivo ed esagerato.

Grazie al valore aggiunto conferito dai white cubes dei nostri musei pubblici, gli artefatti vengono nobilitati e in condizioni ottimali, apparentemente neutre, acquisiscono un'aura. Anche i readymades, come i secchi della spazzatura di Klara Lidén, oppure i readymades apparenti, come la parete in piastrelle con graffiti erasi di Matias Faldbakken acquistano nelle sale imbiancate l'aspetto di artefatti estetici che tuttavia non negano affatto il loro legame intrinseco con lo spazio pubblico, né la loro origine applicata come oggetti d'uso. Faldbakken e Lidén incarnano entrambi con i loro (almost)readymades un atteggiamento di negazione dei principi estetici esistenti, ma vengono accolti senza riserve – come è giusto che sia – nel pantheon di una nuova estetica.

Anche Christian Jankowski cancella con le sue Living Sculptures i confini tra spazio pubblico e spazio museale, ma anche tra arte e kitsch e tra performance e monumento. Attraverso la loro collocazione nel Museion, le figure bronzee si presentano come creazioni artistiche robuste e durevoli per il rovesciamento dei giochi commerciali-performativi dello spazio urbano e l'opposizione al tempo. Con il suo progetto The Finest Art on Water egli stravolge inoltre l'auratizzazione dei readymades, evidenziandone l'aspetto grottesco e caricaturale. Concepito inizialmente per la fiera d'arte Frieze, nello spazio di Museion, un museo pubblico, questo lavoro diventa un'efficace metafora per la penetrazione inarrestabile di privato e pubblico e di ideale e commerciale nell'attività museale contemporanea.

Politico e apolitico

Dove tutto è pubblico e l'intimo viene esposto senza filtri, anche ciò che è solamente accennato può essere subito esternato e ciò che è immorale, sanzionato. In queste circostanze è facile che il pragmatismo diventi un surrogato ideologico prossimo alla realtà. Di conseguenza nelle democrazie occidentali la political correctness perde sempre più terreno e il populismo si diffonde fino a diventare una norma politica maggioritaria. La dimensione politica pubblica si è trasformata oggi di fatto in opinione pubblica, politica o apolitica. Sorge così un interessante paradosso: mentre quasi tutto ciò che è privato diventa pubblico, la dimensione collettiva in senso lato, la cosiddetta res publica, si ritira. Ciò che tradizionalmente è privato diventa il nuovo pubblico; ciò che è tradizionalmente pubblico, invece, assume un'inedita dimensione privata. In un certo senso le pratiche artistiche di Danh Vo e Petrit Halilaj riflettono metaforicamente questi sviluppi apparentemente contraddittori. Soprattutto nell'opera di Vo la storia politica viene codificata per mezzo di metafore biografiche private. In quella di Halilaj la scultura organica cresce naturalmente lungo il percorso allestitivo, chiudendo in senso sia metaforico sia reale lo spazio aperto e in certa misura pubblico fino a farlo diventare uno spazio chiuso, ripiegato su se stesso.

Già dalla fine degli anni settanta, e in particolare dopo la caduta del muro nel 1989, con il ritiro neoliberista nel privato scomparvero dalla dimensione pubblica occidentale le ideologie politiche e religiose. Dan Hind analizza questo fenomeno nel suo libro The Return of the Public: "Il pubblico – in quanto entità informata e autonoma capace di prendere iniziative politiche e cambiare le leggi – esiste, ma non include la stragrande maggioranza delle persone. In un sistema neoliberista l'opinione pubblica appartiene con sicurezza solo a coloro che accettano la logica dell'acquisizione con la forza, la frode e il libero scambio. Il pubblico, come entità definita in base al possesso della cittadinanza quale condizione che determina il contenuto della politica e limita il potere delle élite, non esiste. Le modalità di costituzione del sapere fanno sì che molti siano incapaci di crearsi una visione accurata del mondo e di condividere tale visione con altri"(2).

Nell'opera di Rossella Biscotti e Kevin van Braak le testimonianze scritte della perduta ideologia comunista negli stati baltici vengono conservate come in un carcere. Dietro le sbarre, ma accessibile al pubblico, ha la sua sede una biblioteca comunista come fenomeno sopravvissuto dell'eredità ideologica cancellata. La realtà geopolitica post-1989 trova una sede provvisoria proprio in un museo pubblico italiano. Infatti, non è proprio l'Italia l'esempio più evidente nell'Europa occidentale del venire meno della responsabilità pubblica in favore di una leadership politica irresponsabile (almeno fino a poco tempo fa)? Anche l'opera di Metahaven affronta tematiche simili, mentre Valentin Carron pone una croce monumentale in diretto collegamento con la dimensione pubblica altoatesina e con una croce reale che campeggia nel paesaggio alpino. Il materiale della croce si rivela tutt'altro che monumentale e il confronto con un altro lavoro dell'artista riconduce l'opera a una quotidianità quasi nostalgica.

Negli ultimi decenni l'efficacia dell'opinione pubblica in materia di politica e di religione, nel quotidiano e nell'arte ha subito un forte slittamento. In seguito alle privatizzazioni neoliberiste il controllo pubblico sugli sviluppi economici e sociali si è assai indebolito. La res publica ha lasciato il posto a un nuovo ordine mondiale basato sulla proprietà privata. Nell'attuale crisi economica tale evoluzione subisce critiche da diverse parti. Da Occupy e da altri movimenti di protesta arriva sempre più forte il richiamo a una nuova dimensione pubblica e a una nuova res publica. Ciò non implica necessariamente una restaurazione retrograda di ideologie, bensì, come afferma Dan Hind nel suo ultimo pamphlet Common Sense, un nuovo genere di common sense: "Se non ci impossessiamo del principio dell'assemblea, condotta nel rispetto delle regole, la nostra sarà una causa persa. Ciò non implica l'occupazione di spazi pubblici e privati, ma deve consentire la creazione di luoghi per il dialogo effettivo. Se impariamo dai movimenti di occupazione come condurre assemblee in cui tutti hanno pari opportunità di parlare e di farsi sentire, allora avremo ciò di cui abbiamo bisogno per rinnovare il mondo in accordo con i suggerimenti di un common sense

2 Tradotto dall'inglese: Dan Hind, The Return of the Public, Verso, London/New York 2010, p. 97.

illuminato. L'assemblea, infatti, è uno strumento per approfondire e condividere la conoscenza, e dunque per stabilire un "senso comune" degno di questo nome; richiede tempo e precisione, ma è anche flessibile e può assumere nuove forme a seconda delle circostanze"(3).

Luoghi di sapere e trattativa

Nello scorso decennio il ruolo del pubblico nell'arte contemporanea ha subito profonde trasformazioni. Molti musei si sono aperti a nuove forme di trasmissione del sapere e sono riusciti a sviluppare strategie di comunicazione nuove e insospettate nella prassi artistica e curatoriale. Non solo in progetti artistici "scolastici" come Manifesta 6, del 2006 a Cipro, che non ha mai avuto luogo, o la berlinese unitednationsplaza (2006-07), in cui la stessa comunicazione artistica si è proposta come forma d'arte, oppure ancora Night School (2008-09) nel newyorchese New Museum(4), ma anche in opere d'arte individuali, la comunicazione artistica è stata affrontata dal punto di vista del contenuto nella sua dimensione di institutional critique. Così l'artista-performer San Keller ha accompagnato criticamente per quasi due anni (2009-2011) tutti i nostri progetti espositivi alla Kunsthalle Fridericianum, invitando i visitatori a compiere passeggiate digestive sulla Friedrichsplatz di Kassel. Nel corso di queste passeggiate egli li stimolava ad affrontare in modo critico le mostre in corso; tali discussioni sono state registrate in quaderni pubblicati dall'artista medesimo, come feedback alla Kunsthalle costituito da un ampio spettro di interpretazioni e critiche dei visitatori.

I visitatori normali sono diventati altri visitatori, il nuovo pubblico è diverso dal vecchio. Le possibilità pressoché infinite nella produzione di immagini e testi di cui abbiamo parlato all'inizio di questo saggio svolgono qui un ruolo decisivo. Boris Groys analizza le conseguenze di questi sviluppi per il nuovo pubblico dell'arte in Going Public: "Chiunque voglia comunicare al pubblico per agire nell'agorà politica contemporanea deve creare un alter ego pubblico individualizzato e ciò non vale solo per le élite politiche e culturali. L'accesso relativamente facile alla fotografia digitale e alla videocamera combinato con la piattaforma di distribuzione offerta da internet ha alterato la relazione statistica tradizionale tra i produttori e i consumatori di immagini. Oggi più persone sono interessate a produrre immagini che non a fruirne"(5).

3 Tradotto dall'inglese: Dan Hind, Common Sense. Occupation, Assembly, and the Future of Liberty, New Left Project, marzo 2012, edizione e-book, posizione 627.
4 I curatori di Manifesta 6 erano Mai Abu ElDahab, Anton Vidokle e Florian Waldvogel. unitednationsplaza e Night School sono considerati in primo luogo progetti artistici di Vidokle. Cfr. Anton Vidokle, Exhibition to School. unitednationsplaza. In: Paul O'Neill & Mick Wilson (a cura di), Curating and the Educational Turn. Open Editions/De Appel, Londra 2010, pp. 148–156.
5 Tradotto dall'inglese: Boris Groys, Going Public. e-flux journal, Sternberg Press, Berlino/ New York 2010, pp. 14–15.

Se il museo contemporaneo si propone come produttore e comunicatore di sapere, esso deve aprirsi in senso dialettico e affrontare la nuova situazione di una cosa pubblica perduta e di un pubblico che produce anziché limitarsi a consumare. L'assembly come strumento di cui parla Dan Hind è già presente nel museo, che dispone del meraviglioso strumento di uno spazio reale e nel contempo simbolico, nel quale le forme più diverse del sapere – così come vengono illustrate da dOCUMENTA (13) – possono essere soggette a trattativa. Con progetti come Night School e unitednationsplaza l'assembly di Hind si può impiegare anche nella pratica museale, dove è necessario evitare che questo modello si apra soltanto a una ristretta scena di artisti, curatori e critici, senza la partecipazione del pubblico, non professionale ma pur sempre produttore. Infatti, nel museo pubblico la responsabilità nei confronti della società civile è molto maggiore di quando si agisce in uno spazio artistico più ristretto e specializzato.

Negli anni novanta e fino ai primi anni 2000 si attribuiva grande importanza alla partecipazione del pubblico e le opere d'arte divennero opere contestuali, nelle quali era possibile tessere ampie reti di relazioni. Oggi, un decennio dopo, la cosiddetta relational aesthetics è diventata una posizione storica che nelle condizioni attuali non può più funzionare come un tempo. In un certo senso la relational aesthetics è stata l'esperimento più efficace e di ampio respiro per l'integrazione della comunicazione nell'arte e per far funzionare l'opera come rete di relazioni tra l'osservatore, l'artista, il comunicatore e il mondo esterno. Oggi è dunque più difficile mettere insieme una mostra nella quale le singole opere crescano fino a diventare vere e proprie "assemblee", nelle quali alle domande del pubblico si possano dare risposte quasi intuitive secondo modalità contestuali e partecipative. Ciò che rimane è il tentativo curatoriale di concepire la mostra come arena pubblica, come assemblea simbolica nello spazio museale aperto alle trattative e di accompagnarla in modo dialettico tematizzando la compenetrazione profonda di pubblico e privato.

Fine e speranza

L'arte è arte, la politica è politica e il sapere è sapere. Eppure, ai giorni nostri essi non dovrebbero essere separati se l'arte, nelle condizioni politiche ed economiche attuali, vuole dimostrare di essere in grado di sopravvivere e mantenere l'importanza del proprio ruolo. Mark Fisher, nel suo libro dal titolo Capitalist Realism, ci dà speranza: "La lunga e buia notte della fine della storia deve essere vista come un'occasione straordinaria. L'oppressiva pervasività del capitalismo ha l'effetto di aumentare a dismisura anche meri accenni di possibilità politiche ed economiche alternative. Il più piccolo evento può lacerare la tenda grigia della reazione che ha tracciato gli orizzonti possibili nel realismo capitalista. Da una situazione in cui nulla può succedere, improvvisamente tutto appare di nuovo possibile"(6).

6 Tradotto dall'inglese: Mark Fisher, Capitalist Realism. Is There No Alternative? Zero Books, Winchester/Washington 2009, pp. 80–81.

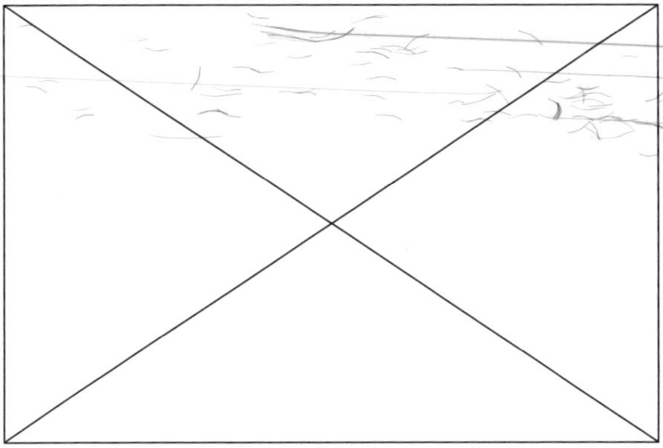

President Obama watches the mission unfold at the White House along with (left) Vice President Joe Biden, (right) Defence Secretary Robert Gates, and (second right) Secretary of State Hillary Clinton, alongside other Security staff, including (back left) Chairman of the Joint Chiefs Admiral Mike Mullen, (back without a tie) National Security Adviser Tom Donilon, and (back right, white shirt) Counter-Terrorism chief John Brennan

http://i.dailymail.co.uk/i/pix/2011/05/03/article-1382859-0BE03DE700000578-150_964x642.jpg

Latitando dagli dei: il Pubblico e l'Emancipazione

Federico Campagna

Strength through unity, unity through faith (Norsefire)
Action within unity! (British Union of Fascists, 1932–1940)

Il Riflusso

Dieci anni dopo il 1968, l'Italia era probabilmente l'unico paese dell'Europa occidentale in cui l'ondata di ribellione e di sogni sfrenati degli anni sessanta non avesse ancora esaurito la propria energia. Il desiderio di autonomia, di comunismo e di comunizzazione sembravano essere ancora profondamente radicati tanto nei cuori degli operai quanto in quelli degli studenti. Mentre l'apparato istituzionale del PCI sembrava ormai determinato a trincerarsi all'interno della cornice parlamentare e della retorica del cambiamento sociale graduale, miriadi di altri gruppi continuavano a preferire la strategia intransigente del comunismo 'qui e ora'. Innumerevoli esperienze collettive, associazioni di lavoratori e addirittura gruppi armati erano, a quei tempi, in piena fioritura.

Fino a che, al volgere della decade, qualcosa non cambiò. La sinistra extraparlamentare perse rapidamente la maggior parte del suo consenso, le radio libere e le esperienze di stampa alternativa chiusero a dozzine, i gruppi armati incontrarono la risposta militare dello Stato, l'eroina si diffuse come una peste tra i giovani e anche i sindacati dei metalmeccanici, allora notoriamente potenti, si frantumarono contro la riconfigurazione dei processi produttivi.

C'è chi sostiene che l'inizio della fine della via italiana all'utopia possa essere fatto risalire a un evento così minuscolo da esser quasi ridicolo. Mercoledì 13 settembre 1978, il *Corriere della Sera* pubblicava in prima pagina la lettera disperata di un cinquantenne, alle prese con l'amore esausto per sua moglie e la passione per un'altra giovane donna. Non riuscendo a scegliere tra le due, l'uomo aveva deciso di suicidarsi. In uno dei più sanguinosi 'anni di piombo', con più di trenta vittime per mano dei gruppi armati e della polizia, il maggiore quotidiano del paese decideva di allontanarsi dalla mesta cronaca di terrorismo e repressione e di dare ai propri lettori ciò che - apparentemente - desideravano: piccole, inoffensive storie private. Due anni dopo, nel 1980, l'editore Laterza pubblicava il volume *Il Trionfo del Privato*, in cui una serie di commentatori descrivevano la fine delle due precedenti decadi di ribellione sociale come un passaggio dalla sfera pubblica a quella privata.

Questo apparente 'riflusso nel privato' - come fu definito dalla rivista *Panorama* nel 1980 - venne interpretato come un segno della stanchezza degli italiani nei confronti dei percorsi e delle promesse della politica radicale. Gli italiani degli anni ottanta sembravano preferire la vita 'privata' proposta dall'allora nuovo capitalismo, piuttosto che la condizione forzosamente 'pubblica' degli esperimenti di vita comunitaria delle decadi precedenti. Secondo quella che è ormai diventata la versione ufficiale della storia di quel periodo, l'apatia politica degli anni ottanta dovrebbe dunque essere interpretata come un processo di slegamento individuale dalla politica di massa, finalizzato alla ricerca di piaceri effimeri e personali all'interno della sfera della vita privata. Questa lettura teorizza la scomparsa della società nel corso gli anni ottanta, secondo il famoso motto della Thatcher, e riconosce all'impero del Capitale una presunta capacità di permettere a ciascun individuo di sviluppare la propria vita in uno stato di perfetta e completa separazione dalle dinamiche politiche e sociali.

Questa interpretazione delle trasformazioni di quell'epoca - che in Italia ha ormai raggiunto lo status di dogma, a sinistra così come a destra - offre un'incredibile semplificazione, se non un totale fraintendimento, del discorso su pubblico e privato in relazione alla sfera della vita e della politica. Ma è poi così diversa dalle concezioni attuali riguardo ciò che è pubblico e ciò che è privato?

Osserviamo due degli assunti alla base del fraintendimento storico appena descritto.

Il Pubblico e l'Emancipazione

Dobbiamo innanzitutto considerare la concettualizzazione dell'opposizione tra individuo e collettività, tra personale e pubblico, nei termini di una lotta per l'emancipazione. Secondo quasi tutti i discorsi di sinistra, nessuna lotta per l'emancipazione è possibile al di fuori della dimensione pubblica e collettiva. Come è particolarmente evidente nel caso del pensiero comunista - ma egualmente in quello dell'anarco-sindacalismo - l'unica possibile salvezza per un individuo sembra risiedere nel rendere pubbliche le proprie lotte e richieste, all'interno di una cornice di lotta collettiva. Questa idea di emancipazione come possibilità unicamente collettiva, e da conquistare all'interno di un'arena pubblica, filtra anche all'interno dei discorsi femministi e in particolare in quelli che sottolineano la rilevanza pubblica del corpo femminile come campo di battaglia in cui l'emancipazione incontra la repressione. In questo senso, dovremmo interpretare lo slogan 'il personale è politico' come un tentativo di connotare in senso pubblico la sfera del privato; un processo, questo, che viene percepito come l'unico metodo possibile per concretizzare il potenziale emancipatorio della vita di un individuo. È dunque rivelatorio, in quest'ottica, come la sconfitta dei movimenti radicali italiani alla fine degli anni settanta venga descritta come un passaggio dal terreno pubblico del collettivo a quello personale dell'individuo - come se tale passaggio non potesse essere altro che il segno della sconfitta di ogni tentativo di emancipazione.

Ma è veramente così? La sfera pubblica è veramente l'unico terreno sul quale una persona possa combattere e auspicabilmente conquistare la propria emancipazione? È solo in quanto parte di una collettività - o, nel discorso dell'emancipazione universale, dell'umanità intera - che un individuo può lottare per la propria autonomia?

Ne *L'Unico e la Sua Proprietà* (1), Max Stirner ci aveva già avvertito dei rischi di una lotta per l'emancipazione condotta a livello sovra-individuale e all'interno di una categoria astratta. Gli 'spettri', come Stirner li definiva, di astrazioni quali l'Umanità, la Nazione o l'Etnia - ma egualmente la Rivoluzione o la Classe - tendono per loro natura a schiavizzare coloro i quali combattono nel loro nome, e, in ultima analisi, a trasformare la lotta per l'emancipazione in un processo di rafforzamento della propria esistenza astratta e del proprio dominio sugli individui. Il concetto di Pubblico come unica possibile sfera per l'azione emancipatoria sembra cadere esattamente in questa categoria di 'spettri'. In effetti, Pubblico non è che l'altro nome della Società, ovvero, dell'associazione spesso forzosa di un numero di individui sotto la bandiera di una collettività astratta. Ciò è facilmente osservabile nel caso di società basate su elementi nazionali, etnici o generalmente identitari, ma si applica ugualmente a discorsi populisti quale quello del 99%, recentemente sviluppato dal movimento di Occupy.

Ma cosa accadrebbe se un italiano si rifiutasse di riconoscersi in quanto italiano? Che accadrebbe se un omosessuale non volesse identificarsi come parte della comunità gay? E se un lavoratore non volesse unirsi a uno sciopero? E se un povero non volesse fare parte del 99%? In tutti questi casi, ci troveremmo di fronte a un caso di tradimento. Questo genere di tradimento non è in nulla differente, a livello di status, rispetto a quello dei disertori di un esercito: l'individuo che si rifiutasse di condurre la propria vita e la propria lotta all'interno del terreno predeterminato di una o dell'altra collettività astratta, si troverebbe a dover fronteggiare non solo la riprovazione di quanti credono nell'astrazione, ma la loro attiva persecuzione.

Al contempo, è bene precisare, questo tipo di persecuzione non assomiglia a quella tradizionalmente indirizzata nei confronti degli eretici. Se un eretico è solo in parte un

1 Max Stirner, L'Unico e la Sua Proprietà, Adelphi, Milano 1979.

traditore - che abbandona un'astrazione in favore di un altra - un disertore è invece un individuo che si rifiuta di credere a tutte le astrazioni collettive. Quando abbandona un'astrazione, il disertore non ha un'altra patria astratta in cui cercare rifugio. In questo senso, è interessante notare come, secoli dopo la loro esecuzione, le stesse società che li avevano messi a morte onorino spesso gli eretici con statue e discorsi, in nome di una nuova tolleranza o di un nuovo rispetto per i loro valori 'altri'. Per i non-credenti, al contrario, nessuna statua è mai stata eretta: possiamo aver visto un monumento dedicato ai soldati che combatterono negli eserciti nemici alla nostra nazione, ma abbiamo mai incontrato un monumento dedicato ai disertori del nostro stesso esercito?

La possibilità di tradimento da parte dell'individuo - o, più esattamente, il costante tradimento perpetrato dall'individuo in quanto tale - è conseguenza della relazione di obbedienza e fedeltà che esiste tra una collettività, raccolta intorno a un'idea comune, e la sua astrazione centrale. Tali collettività sono per loro natura gruppi religiosi, che trovano la ragione per la propria unità - nonché il senso delle vite individuali dei propri membri - nell'adorazione collettiva di una bandiera ideale. Ogni relazione tra i membri di queste collettività, tra essi e quelli di altre, ma anche tra essi e se stessi, è mediata da questo astratto elemento 'terzo', che funziona costantemente sia da elemento di riferimento, sia da filtro. Possiamo osservare questo processo, ad esempio, nel caso di quanti si identificano come ebrei, definendosi allo stesso tempo atei, o, in alcune zone dell'Irlanda del Nord, nel caso di coloro i quali si identificano contemporaneamente come cattolici e atei. Questa coesistenza di definizioni a prima vista mutualmente escludenti è resa possibile dall'effettiva coincidenza delle categorie di Religione, Etnia e Società: tutte e tre condividono la stessa disposizione circolare, raccolta attorno a un centro terzo e astratto.

L'importanza di questo elemento terzo nel mondo contemporaneo - e la sua accettazione acritica e virtualmente universale - è testimoniata in maniera esemplare dal discorso sul multiculturalismo. Sia nelle sue declinazioni positive che in quelle che lo oppongono, tale discorso si fonda sull'idea di cultura, intesa come l'unico filtro attraverso il quale gli individui possano essere compresi all'interno della Società - e possano comprendere se stessi. L'apparente benevolenza del multiculturalismo nei confronti degli individui è indissolubilmente legata all'appartenenza da parte di questi ultimi a una specifica concatenazione di valori astratti - ovvero, a una cultura - che definisca il fulcro di una o di un'altra collettività. A tutti coloro i quali desiderino sfuggire alla cultura *tout-court*, così come per quanti non rientrano all'interno del sistema di passaporti delle nazionalità, null'altro rimane se non lo stato di nuda vita.

Similmente allo spazio universale della cultura, il Pubblico - o i Pubblici - è un terreno religioso sul quale gli individui si trovano a essere legati gli uni agli altri da un giuramento collettivo. L'oggetto del giuramento potrà variare a seconda delle circostanze, ma sarà sempre presente: potrà essere lo stare seduti e il silenzio di un pubblico teatrale, lo stile e i movimenti di una folla in discoteca, l'indignazione ben informata dell'opinione pubblica, la posizione di proprietà condivisa di quelli a cui spettano i beni comuni, eccetera. Come in ogni chiesa, anche in quella del Pubblico i membri sono chiamati a rispettare regole precise, e a vedere la propria appartenenza messa in pericolo dalla minima trasgressione. Questo, ad esempio, è ciò che accade su piattaforme di social media come Facebook o Twitter: gli utenti che non rispettano il giuramento fondativo della collettività lì congregata - ad esempio, pubblicando commenti razzisti - si trovano a dover fronteggiare non solo l'espulsione da parte dei *platform managers*, ma anche l'attiva persecuzione da parte degli altri membri.

Qui, il Pubblico rivela una profonda affinità con un'altra cornice di azione e comunicazione collettive: la massa. Come nel caso della Massa aperta, descritta da Elias Canetti in *Massa e Potere* (2), il Pubblico non conosce barriere e mira a un'espansione infinita. Finché continua a espandersi, il Pubblico continua a esistere. Il momento stesso in cui termina la sua espansione, esso inizia a disintegrarsi. All'interno di questo processo il Pubblico, come la Massa aperta, punta a penetrare ogni spazio chiuso, a conquistare o distruggere chiunque o qualunque cosa si trovi sul suo cammino: tutto deve essere pubblico, tutti devono essere parte del Pubblico. Come la massa, il Pubblico trova il suo apice - quello che Canetti definisce la 'scarica' - attraverso atti di distruzione. In effetti, il tanto acclamato processo di critica pubblica - che, detto incidentalmente, non è quasi mai un momento costruttivo - è nient'altro che la particolare denominazione del momento distruttivo della 'scarica', in relazione alla specifica massa del Pubblico. Dal momento che la sua massa è spesso composta di voci virtuali - come accade ad esempio platealmente su internet - la distruzione che avviene nel momento della 'scarica' del Pubblico è ugualmente virtuale: è il fuoco della sezione dei commenti sul sito online di un quotidiano, piuttosto che il fuoco fisico appiccato alle sedi dei quotidiani da masse in carne e ossa.

Visto da questa prospettiva, l'orizzonte di emancipazione proposto dal Pubblico, come quello offerto dalla politica di massa, finisce per assomigliare in maniera troppo ravvicinata al tallone sotto cui gli individui sono stati schiacciati sin dal principio della civiltà. Il movimento del Pubblico, come quello delle chiese o degli stati, delle masse o dei partiti politici, è un movimento circolare avvolto su se stesso. Una danza infinita

2 Elias Canetti, Massa e Potere, Adelphi, Milano 1981.

attorno a un totem ideale. L'illusione di un movimento, mantenuta al costo di innumerevoli vite sacrificate al lavoro estenuate dell'adorazione di bandiere astratte. Che genere di emancipazione può offrire il Pubblico alle fragili vite mortali degli individui?

Il Privato e il Capitalismo

Il secondo assunto alla base del fraintendimento riguardo il passaggio tra gli anni settanta e gli anni ottanta in Italia, ha a che vedere con il rapporto tra la sfera del privato e il capitalismo.

Come già accennato, è ormai ampiamente accettato, sia a destra che a sinistra, come il capitalismo sia il vero, grande guardiano della sfera del privato e degli interessi dell'individuo. Se l'individualismo dovesse essere posizionato in senso politico e economico, la vulgata contemporanea lo identificherebbe senza esitazioni come un protettorato filosofico del capitalismo. Ovviamente, dal canto loro, gli araldi del capitalismo non perdono occasione di ribadire la propria presunta attenzione alle dinamiche e ai bisogni dell'individuo. Dalla pubblicità ai servizi finanziari, l'intero discorso del capitalismo sembra rivolgersi direttamente all'individuo. Al contempo, il capitalismo si fregia di aver anche fatto a meno di quelle ideologie e di quegli 'spettri' astratti, che esso relega al rango di macerie delle politiche del Ventesimo secolo. Ma è veramente questo il caso?

Autori come Mark Fisher e Slavoj Žižek hanno già detto e scritto molto a proposito dell'ideologia del capitalismo. Chiaramente, il capitalismo mantiene una visione ideologica di se stesso, una concezione astratta dell'individuo e una struttura rigida e astratta di valori, che esso definisce come la propria cultura. Non c'è dunque bisogno di discuterne nuovamente. Quello che invece è stato notato più di rado, è come il capitalismo fallisca sistematicamente a mantenere la sua effettiva attenzione sull'individuo, nonostante tutti i suoi proclami al riguardo. Se l'individualismo dovesse essere posizionato politicamente e economicamente, certamente rifuggirebbe il sistema capitalista come fosse la peste. Per comprenderne il motivo, dobbiamo esaminare la posizione dell'individuo all'interno del sistema capitalista, e confrontarla con quello che potrebbe invece essere il suo stato di libertà e di autonomia.

Il punto di partenza più immediato per questa osservazione è senza dubbio il regime del lavoro. Dopo secoli di sviluppo tecnologico, pagato a caro prezzo da generazioni su generazioni di lavoratori e di schiavi, in un'epoca in cui l'automazione ha quasi rimpiazzato il ruolo degli esseri umani nella produzione di molti beni e servizi, il problema del lavoro continua a pendere sulle nostre teste come la più terrificante spada di Damocle. Non solo la quantità di ore trascorse al lavoro da un individuo nel corso della propria vita ha continuato a crescere negli ultimi decenni - e non sembra avere intenzione di decrescere nel prossimo futuro - ma la condizione di quanti sono disoccupati continua a essere percepita come uno stato di totale minorità, tra il disprezzo degli altri e la miseria della povertà di mezzi. A cosa è servito lo 'sviluppo' degli ultimi cinque secoli, se il suo mantenimento sembra richiedere quasi altrettanto sforzo di quanto ne avesse richiesto la sua costruzione?

È ancora più evidente come il capitalismo attenti all'interesse degli individui imponendo su di essi il lavoro come un fine in sé, all'interno della vita di una persona. Parliamo dello spettro di una carriera, dell'obbligatorietà delle ambizioni. Come Charles Bukowski disse chiaramente in *Factotum*: "Era vero che non avessi molta ambizione, ma ci doveva essere un posto per gente senza ambizione, voglio dire, un posto migliore di quello solitamente riservato. Come diavolo è possibile che un uomo possa godere di essere svegliato da una sveglia alle 6.30 del mattino, saltare fuori dal letto, ingozzarsi, cagare, pisciare, lavarsi i denti e pettinarsi, e lottare nel traffico per arrivare in un posto in cui essenzialmente fai un sacco di soldi per qualcun altro e devi pure essere grato per l'opportunità concessa?"(3) Ironicamente, come è diventato evidente negli ultimi anni, la promessa di una carriera ha sempre più assunto i tratti grotteschi di una tipica metanarrazione da Ventesimo secolo: una promessa che, al di là della propria miseria, non viene neppure mantenuta. È inoltre interessante notare che, se le metanarrazioni tradizionali erano l'oppio delle masse, il capitalismo riesce invece ad arginare la frana delle sue promesse solo grazie all'uso intensivo di farmaci anti-depressivi e ansiolitici da parte dei suoi sudditi.

Ma l'autoreferenzialità del regime del lavoro sotto il capitalismo, e il suo sprezzo nei confronti dell'individuo, diventano ancora più evidenti se confrontiamo la supposta utilità di ciò che viene prodotto, con il costo umano pagato dai singoli lavoratori incaricati della produzione. Come possiamo giustificare la relazione tra la cecità degli operatori delle sabbiatrici, e il prodotto finale di cafonissimi jeans finto-usati? Dov'è la relazione di necessità tra la leucemia dei lavoratori a contatto con le tinture industriali, e l'offerta nei negozi di gadget di orrende pantofole verdi a forma di ranocchio? Se togliamo l'etichetta di 'lavoratore' dalla singola persona al lavoro, è l'individuo - e un gran numero di essi - a soffrire sotto il giogo del lavoro capitalista.

Allo stesso modo, è sul singolo povero, e non sulla denominazione astratta de 'i poveri', che precipita la povertà causata dal capitalismo. È la singola creatura

3 Charles Bukowski, Factotum, TEA, Milano 2008.

biologica, e non la definizione astratta di 'natura', a venire avvelenata e fatta a pezzi dai 'danni collaterali' della produzione capitalista. È la mente individuale, e non il totem del Pubblico, a venire inquinata dall'inondazione di informazione-rumore proveniente dai media capitalisti. E ancora, è contro l'individuo che il capitalismo scaglia il suo mutevole discorso sull'identità, l'autostima e il riconoscimento sociale. Solo fintanto che l'individuo accetta di identificarsi con l'uno o l'altro modello disponibile - sotto i nomi intercambiabili di mercato, tribù, sottocultura, etc. - o addirittura si offre volontariamente di crearne uno nuovo, che il capitalismo lo degnerà della sua benevola attenzione. In altre parole, un buon individuo capitalista è colui il quale rinuncia al proprio status individuale e accetta di entrare a far parte di uno dei vari Pubblici del capitalismo. Non vi è niente di 'personale' o di 'privato' nel regime del capitalismo: tutto è Pubblico, sotto l'occhio insonne del Capitale.

Inoltre, sarebbe erroneo considerare il capitalismo come un sistema autonomo, che non necessita dell'aiuto di altre organizzazioni innatamente pubbliche e anti-individualiste, quale ad esempio lo Stato. Stato e capitalismo recitano da sempre i ruoli di poliziotto buono/poliziotto cattivo, e viceversa, alternandosi nel carezzare e nel colpire la testa dell'individuo. Ciò che uno dei due porta via all'individuo, l'altro sembra invece offrire, fino a che nuovamente i due non si scambiano i ruoli. E al centro del loro minuetto sta fermo il Pubblico, sotto i suoi vari nomi e le sue varie declinazioni: tutti insieme dobbiamo obbedire lo Stato, tutti insieme dobbiamo lavorare per il bene del Capitale. Tutti insieme dobbiamo osservare, commentare, progredire o ribellarci, così che tutti insieme potremo ancora una volta sottometterci a un nuovo sistema universale. Sia il regime dello Stato che quello del Capitale si basano sulla comunicazione universale: i loro discorsi devono raggiungere tutti, e tutti devono rispondere loro, non importa se positivamente o negativamente. Il Pubblico deve sempre prestare attenzione, deve stare all'erta, e auspicabilmente deve usare la poca energia rimasta dopo una giornata di lavoro inutile ed estenuante, per contribuire con la propria opinione all'inutile, estenuante dibattito.

Laze Biosas

Cosa dovrebbe fare un individuo, di fronte all'inesauribile ambizione del Pubblico? Sicuramente nessun individuo si trova nella posizione di poter dire a un altro 'che fare'. Perciò è a me stesso che rivolgo questa domanda: che cosa dovrei fare, io, nei confronti del Pubblico?

Se il Pubblico è una bocca immensa e insaziabile, sempre a caccia di nuove prede lungo i deserti e le città che coprono il mondo, allora io dovrei dire a me stesso di 'vivere nascosto' - *laze biosas*, come a suo tempo disse Epicuro con estrema sintesi. Nascondersi dalla bocca del Pubblico significa, innanzitutto, proteggersi gli occhi dagli occhi del Pubblico. Non rispondere agli sguardi che il Pubblico rivolge. Lo sguardo di Medusa del Pubblico è potente e terrificante abbastanza da trasformare un individuo nell'ennesima roccia, all'interno del giardino di pietra della Società. Ogni roccia indistinguibile dalle altre, muta di ogni suono finché non sbatte rotolando contro le altre, nella valanga circolare delle opinioni.

Nascondersi dal Pubblico significa ritirarsi dal culto comunitario delle astrazioni che ci legano insieme. Fuggire dalla religione del sacrificio, che considera la rappresentazione come l'unico metodo di esistenza: sia la rappresentanza strutturale di un certo tipo di politica, sia la semiotica di una vita vissuta nel nome di qualcosa 'più grande di noi'. Nascondersi dal Pubblico dunque significa fare a meno di quel senso che trova la propria forza e la propria giustificazione nel numero dei propri riflessi sulla pelle di vetro degli individui impietriti. Coloro i quali si nascondono dal Pubblico offrono se stessi come superfici opache, che non illuminano di luce riflessa quanti li circondano. Tali individui rifiutano di funzionare da antenne di ritrasmissione per il culto pubblico dei nomi condivisi.

Tuttavia, nascondersi dal Pubblico non significa sottrarsi a ogni contatto o conflitto con gli altri o con la Società. Come i lupi che si nascondono nelle foreste, questi individui potrebbero anche avere voglia di addentrarsi tra i campi coltivati, di ridere in faccia ai cani da guardia e magari di rubare loro il cibo. Potrebbero anche aver voglia di entrare in conflitto con la Società o con altri, o, di tanto in tanto, di formare con altri alleanze opportunistiche. Tali individui potrebbero voler fare tutto questo insieme ad altri simili a sé. Similmente ai nativi Jivaros dell'Ecuador, che notoriamente vivono isolati gli uni dagli altri e si incontrano solo in occasione di spedizioni guerresche, questo genere di raggruppamenti potrebbe essere solo temporaneo o soltanto per uno specifico fine. Queste spedizioni assomiglierebbero dunque a quelle degli *sluagh*, le moltitudini di spiriti delle Highlands scozzesi, i quali, espulsi per sempre dal mondo degli apparentemente vivi, tornano ad attaccarne le case e i sogni in uno stato di morte apparente.

Questi collettivi di latitanti, come le 'unioni di egoisti' discusse da Max Stirner, sono quanto vi sia di più distante dalla creazione di una nuova Società o di un nuovo Pubblico. A differenza della Società, essi non hanno alcuna ambizione di cristallizzarsi in istituzioni permanenti, le quali finirebbero per dominare le vite individuali dei propri membri. A differenza del Pubblico, essi non hanno la forma circolare di un gruppo riunito attorno all'allucinazione condivisa di un'astrazione centrale. La ragione e il fondamento di tali gruppi è semplicemente il raggiungimento dei fini dei propri membri - una ragione, dunque, che ha poco o nulla a che vedere con la passività da divano del pubblico di uno spettacolo, o con il tragico girotondo del Pubblico tipico della politica all'interno della Società.

Vivendo in latitanza dagli dei mediocri della Società e del Pubblico, un individuo ha l'opportunità di svelare la realtà nascosta di un mondo spietato e senza dio, in cui la vita termina nella morte, senza altre possibilità di immortalità o di ritorno. Gli abitanti di questo mondo, i *morituri* - coloro che devono morire - non hanno dunque tempo da perdere adorando in maniera infantile un qualche padrone, e in particolare padroni invisibili. Non hanno tempo da sprecare costruendo totem e chinando la testa di fronte a essi.

Risvegliandosi alla propria condizione mortale, questi individui si risvegliano altresì all'urgenza della gioia nelle proprie vite. Di qui l'importanza dell'amicizia, per i *morituri*, della bellezza, del piacere e dell'eccesso: non vi è alcuna astrazione o alcuna finzione che possa godere della gioia per conto loro, come accade invece nel caso dei membri flagellanti della Società e del Pubblico. Quanto è perso per loro è perso per sempre, senza alcun 'bene superiore' o audience invisibile rimasta a battere le mani per addolcire il dolore. Quel che è disponibile deve essere afferrato al volo, e al volo divorato. Poco importa se così facendo un individuo non rispetta le regole di una cultura o le richieste capricciose di uno degli innumerevoli dei.

Per quanti devono morire, per quanti latitano dagli dei, non c'è tempo da perdere con una comunicazione che non abbia la sostanza della carne. Tali individui non rappresentano, non si fanno rappresentare, e non hanno opinioni: la rappresentazione e le opinioni sono costituite della stessa materia di cui sono fatti gli dei. Ogni qual volta parlano, descrivono un piano. Quando smettono di parlare, lo mettono in pratica. E quando agiscono, non si aspettano mai di essere ringraziati: il piacere, come si dice, è veramente 'tutto loro'. Non si abbandonano ad alcuna forma di altruismo, non per via di un odio nei confronti degli altri, ma a causa del proprio amore di sé. Questi individui sanno di essere tutto ciò che potranno mai davvero possedere, e pensano che lo stesso sia vero anche per tutti gli altri.

Questo è il vero senso, e la vera pratica, dell'emancipazione.

Tempi difficili: uguali eppure diversi

MARIA LIND

In un recente saggio Olav Velthuis afferma che, a dispetto dello straordinario boom commerciale dell'arte degli ultimi quindici anni, il mercato dell'arte è rimasto sostanzialmente uguale fin dai suoi albori nel XIX secolo. Le gallerie di piccole e medie dimensioni continuano a fare i propri affari, operando con margini limitati e vendendo a individui, istituzioni e società dedite al collezionismo. Gli acquirenti danno vita a collezioni, sostenendo gli artisti e i loro galleristi, spinti dall'interesse per l'arte piuttosto che per lo sport, la decorazione di interni o altre manifestazioni del lifestyle. Eppure non si può negare che il mercato dell'arte abbia oggi in parte subito profonde ed evidenti trasformazioni che hanno avuto conseguenze sia per il settore privato che per quello no profit; esse sono intrinseche alle trasformazioni strutturali globali del mondo dell'arte a cui stiamo assistendo proprio in questo periodo.

Fin dalla fine degli anni novanta il mercato dell'arte è cresciuto enormemente sia per volume d'affari che per livello dei prezzi. Le vendite nelle aste, per esempio, sono aumentate di otto volte tra il 1998 il 2008. Evidente appare anche la proliferazione delle fiere d'arte, il cui numero è passato nel giro di quarant'anni da due nel 1970 a quasi duecento. Secondo Velthuis la crescita interessa soprattutto il "segmento superiore" del mercato, ovvero la fascia situata al vertice del giro d'affari che lavora in modo più o meno invariato. È in questo segmento superiore che si manifesta l'aspetto più osceno di questo boom: l'arte considerata come investimento e accessorio di lusso. Ricchezza e glamour sono alimentati dagli ultraricchi che sono oggi in grado di influenzare più di chiunque altro la crescita e la programmazione delle collezioni museali. La cultura della celebrità, così come esiste da molto tempo nel mondo del cinema e della moda, è un elemento integrante di questo segmento, che per altro costituisce anche l'aspetto del mondo dell'arte sul quale si concentra in maniera pressoché esclusiva l'attenzione dei media non specializzati.

Allo stesso modo l'economia di istituzioni artistiche quali musei, Kunsthallen, associazioni e altri centri d'arte dell'Europa occidentale hanno subíto notevoli cambiamenti. Come un gemello non identico del settore commerciale, il settore no profit non ha certo vissuto un boom, soffre anzi per il calo significativo delle disponibilità finanziarie. La riduzione dei finanziamenti e la frammentazione delle risorse esistenti sono la ragione principale di questo andamento negativo. In controtendenza sono solamente le istituzioni che accettano l'idea dell'arte come spettacolo e intrattenimento di facile fruizione e che si finanziano tramite la vendita di biglietti d'ingresso, contratti di sponsorizzazione e vari tipi di partnership profittevoli. Per continuare a esistere le altre istituzioni devono trovare finanziamenti aggiuntivi tramite fondazioni, fondi e donazioni private, o tagliare le spese. Di fronte a simili cambiamenti continuano a esistere, spesso con difficoltà, ma restando pur sempre operative.

In alcune parti del mondo le condizioni per la raccolta di finanziamenti esterni sono più favorevoli che in altre. Inoltre il grado di necessità e di possibilità di incrementare le fonti di finanziamento varia da paese a paese. Vi sono contesti in cui le fondazioni che sostengono l'arte contemporanea sono rare o addirittura inesistenti e nei quali il fenomeno della donazione privata è ancora agli inizi, per il fatto che il settore no profit è ancora primariamente strutturato sul rispetto dei confini nazionali. Nel linguaggio tecnico del settore pubblico ad esempio di un paese come la Svezia, questo approccio è definito "allargamento delle fonti di finanziamento". Nella città di Stoccolma le istituzioni che riescono ad aumentare le loro risorse raccogliendo finanziamenti esterni oppure ad attirare il maggior numero di visitatori – soprattutto bambini e giovani – vengono ricompensate con "bonus" aggiuntivi al termine dell'anno fiscale. Tale stimolo, carico di valenza ideologica, per alcuni ha di fatto contribuito ad aumentare le risorse finanziarie disponibili, lasciando però fuori altri.

Mentre a prima vista le istituzioni di piccole dimensioni dedicate alle arti visive possono sembrare sempre uguali a se stesse, la precarietà con cui sono costrette a lavorare è cresciuta notevolmente dagli anni novanta. Esse combattono una lotta quotidiana per la sopravvivenza per far quadrare i bilanci con i finanziamenti pubblici che spesso coprono tutt'al più – nel migliore dei casi – le spese strutturali come l'affitto e i salari per collaboratori a contratto post-fordisti. I finanziamenti per la programmazione devono inoltre essere raccolti da dipendenti sottopagati rivolgendosi a un numero minore di sostenitori non occasionali. Va notato come le attività di tali istituzioni non rispondano generalmente ai parametri di valutazione neoliberisti. Non vantano grandi numeri di visitatori, né trovano vasta risonanza nei media. Il loro valore è difficilmente quantificabile e più complesso da valutare. Il valore che generano spesso dà i suoi frutti una quindicina d'anni dopo. Nel presente esse tendono a sortire effetti positivi nelle comunità locali, come luoghi d'incontro, punti di riferimento e di formazione di identità. Il loro investimento sul presente, ad esempio nel commissionare lavori ad artisti emergenti e testando nuovi modelli curatoriali, dà risultati soltanto nel giro di decenni. A quel punto, però, le istituzioni più grandi e il mercato dell'arte raccolgono i frutti del loro lavoro presentando i medesimi artisti, impiegando gli stessi modelli curatoriali e attirando finanziamenti e l'attenzione di pubblico e media. Nel frattempo le organizzazioni minori continuano ad avere condizioni di lavoro precarie con stipendi bassi e praticamente nessuna possibilità di investimento strutturale.

Una caratteristica del recente boom del mercato dell'arte è lo spostamento dei luoghi in cui l'arte viene esposta e venduta. I confini tra mercato primario e secondario, per esempio tra gallerie e case d'asta, sono sfumati. Le case d'asta incorporano nelle loro strutture le gallerie, letteralmente concentrando le operazioni primarie e secondarie in un'unica organizzazione; così gli artisti vendono le loro opere direttamente attraverso questi canali. Le gallerie vendono di meno presso le loro sedi fisiche e di più nel corso di presentazioni temporanee in altri contesti spesso lontani in occasione di fiere d'arte. Le gallerie piccole e medie si associano e creano dei network che fanno circolare le opere di determinati gruppi di artisti accanto a gallerie più grandi e affermate che detengono l'esclusiva a livello globale sull'opera di determinati artisti. A un esame più attento la globalizzazione si rivela essere un concetto diverso da quello presunto. Più che di globalizzazione, infatti, è meglio parlare di mercati locali in crescita, come ad esempio nel caso di Cina e India, che tuttavia in genere tendono a commerciare arte nazionale piuttosto che proveniente da altri paesi. Altrettanto non inaspettatamente, le gallerie dei paesi occidentali preferiscono in genere dedicarsi all'arte prodotta nell'emisfero occidentale.

Cambiano, di conseguenza, le condizioni di produzione dell'arte. Al fine di creare una produzione in grado di soddisfare le nuove esigenze si vanno diffondendo studi associati che impiegano fino a un centinaio di dipendenti, ma anche lunghe liste d'attesa per collezionisti interessati esclusivamente a opere di determinati artisti. Numerosi artisti con produzioni più modeste si ripetono all'infinito quando si accorgono di avere tra le mani un marchio profittevole. In regioni dove manca il sostegno dei finanziamenti pubblici, simili attività rappresentano una valida alternativa ed è comprensibile che anche questi artisti vogliano poter vivere del loro lavoro e farsi un nome. Parallelamente a questo tipo di attività l'insegnamento continua a mantenere come dipendenti molti artisti. Allo stesso tempo la formalizzazione in ambito accademico della cosiddetta ricerca "basata sulla pratica" fornisce a un numero sempre crescente di artisti una fonte di reddito e uno spazio per produrre e far conoscere le proprie opere. Con borse di studio di dottorato e di ricerca legate al mondo accademico possono al contempo mantenersi e produrre arte, rischiando tuttavia di rimanere invischiati in nuovi sistemi assai discutibili di valutazione e riscontro. Mentre l'"approccio educativo" si riferisce a iniziative auto-organizzate in cui la produzione del sapere è legata a modelli educativi quali quelli addottati in scuole, università e accademie, le cui forme e procedure tradizionali vengono messe in discussione, l'"approccio discorsivo" è assai più comprensivo. Può anche includere la pedagogia in senso lato. Nell'approccio discorsivo svolge un ruolo significativo lo scambio verbale di informazioni ed esperienze che può attuarsi in forma di simposio, seminario, workshop o discussione. Tutte queste forme possono essere concepite come progetti artistici, ma anche essere considerate progetti curatoriali alternativi ai formati classici come ad esempio quello dell'esposizione. Ma in genere è difficile che possano fornire un reddito sufficiente per vivere.

Mentre alcuni artisti traggono profitti considerevoli dal boom del mercato dell'arte, ve ne sono altri che non sono né coinvolti né interessati a questa rincorsa del guadagno. Costoro rifiutano l'idea di intrattenimento e di scambio commerciale, optando per pratiche autonome con un minore potenziale sensazionalistico. Possiamo pertanto parlare di una polarizzazione, o meglio di una biforcazione, tra un'arte di natura commerciale per lo più incentrata su oggetti e immagini da una parte e dall'altra attività auto-organizzate e individuali che tendono verso un lavoro meno materiale o perlomeno "difficile da contenere". L'aspetto dialettico è un elemento chiave delle seconde, ma non del tutto sconosciuto alla prima. L'approccio cosiddetto "educativo", al pari di quello documentario, svolge qui un ruolo importante, fungendo da fulcro in grado di diffondere idee e modi di lavorare. Le pratiche partecipative si collocano da qualche parte tra le due polarità, avendo in sé aspetti che si prestano al divertimento e ad attività rassicuranti e altri più stimolanti in forma di dibattiti e ricerca.

Possiamo immaginare tale biforcazione in termini di un territorio con aree "maggiori" e "minori", sia nel senso attribuito a questi termini in linguistica che di "letteratura minore" come intesa da Gilles Deleuze e Felix Guattari. Il riferimento è alla scrittura di Kafka in tedesco che riesce a creare una sorta di spazio immaginario sovversivo in un contesto dominato dalla lingua ceca: un qualcosa di marginale ma potente, in grado di spostare i termini dello scontro. La biforcazione non è che un'immagine schematica della situazione attuale dell'arte contemporanea, che non prende in considerazione sfumature e espressioni ibride, ma tuttavia identifica cambiamenti che esercitano una grande influenza e impronte persistenti. È fondamentale ricordare che, nonostante tutto, entrambe le vie vedono la creazione di opere interessanti e significative, sia dal punto di vista artistico che curatoriale. Sono opere che presentano tratti di natura speculativa, vuoi per materialismo o magia.

Dal mio osservatorio di Stoccolma nell'ultimo anno e mezzo tale biforcazione sembra divergere di mese in mese. Il modo in cui i quotidiani svedesi parlano dell'arte contemporanea è incredibilmente superficiale, una parabola discendente già evidente in vari contesti. Le mostre locali di cui si parla – perché sostanzialmente si parla soltanto di mostre, a discapito di altri progetti curatoriali più rappresentativi della cultura contemporanea – non soltanto sono provinciali, ma presentano anche spesso un'arte presunta tale. Un aspetto positivo dell'attuale dOCUMENTA (13) sono le sue ambizioni decisamente curatoriali che sottolineano che l'arte è un corollario necessario a scienza e cultura. L'arte è stata uno stimolo indispensabile per lo sviluppo in questi ambiti dall'immediato dopoguerra, come lo è ancora ai giorni nostri. Al contempo questa dOCUMENTA (13) è una difesa dell'autonomia dell'arte e della sua importanza strutturale in quanto fenomeno a se stante, ma riconosce anche che, quando è libera di svilupparsi, l'arte è in grado di stimolare il pensiero e l'azione in altri settori. A chi, come me, impiega il sessanta per cento del proprio tempo lavorativo nella ricerca di sponsor, la dOCUMENTA (13) di quest'anno sembra offrire l'occasione di spezzare una lancia in favore del patto perduto tra gli stati dell'Europa occidentale e i loro cittadini. Dopo la Seconda Guerra Mondiale fu stipulato un accordo in merito alla funzione della cultura come forza indipendente nella società, libera da interferenze politiche o di altra natura; tale accordo prevedeva che l'indipendenza avrebbe dovuto essere garantita dallo stato tramite il finanziamento pubblico. A partire dagli anni novanta questo patto è andato sgretolandosi e si sta ora dissolvendo. Come dimostrano i pesanti tagli in Olanda, i cambiamenti radicali nel sistema della destinazione delle risorse possono avere motivazioni più di natura ideologica che economica. Benché l'autonomia assoluta sia filosoficamente ed empiricamente impossibile, possiamo ancora parlare di spazi di manovra. Dobbiamo impegnarci strenuamente per creare qui e ora i presupposti affinché l'arte e gli artisti abbiano condizioni ragionevoli di vita e lavoro senza essere soggetti al determinismo economico. Alcune cose cambiano, mentre altre rimangono pressoché uguali.

Bibliografia sull'argomento

Circular facts, a cura di Mai Abu ElDahab, Binna Choi e Emily Pethick, Sternberg Press, Berlino 2011

Contemporary Art and Its Commercial Markets: A Report on Current Conditions and Future Scenarios, a cura di Maria Lind e Olav Velthuis, Sternberg Press, Berlino 2012

Size Matters: Notes Towards A Better Understanding of the Value, Operation and Potential of Small Visual Arts Organisations, di Sarah Thellwall per Common Practice, 2011, www.commonpractice.org.uk

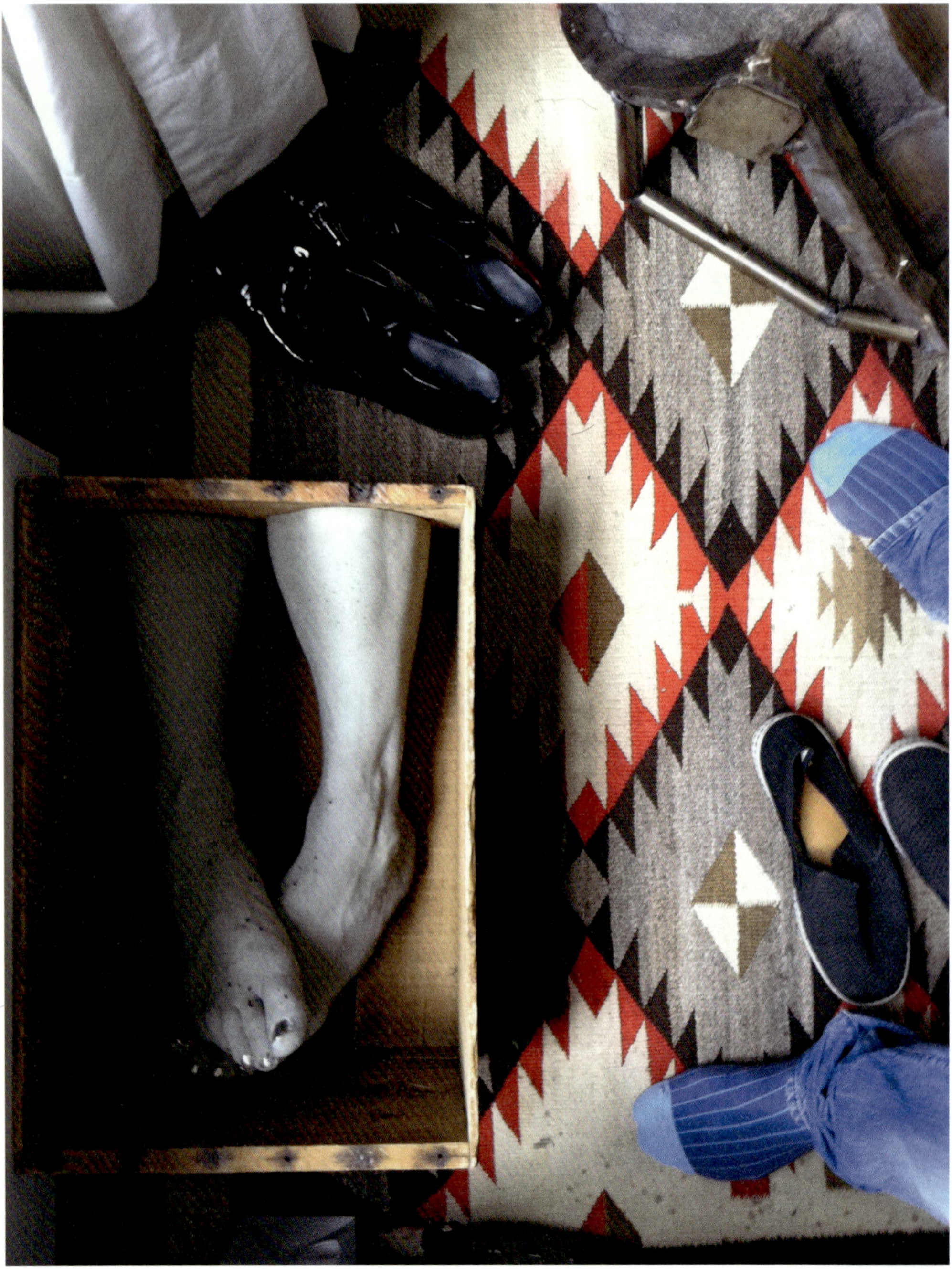

Danh Vo

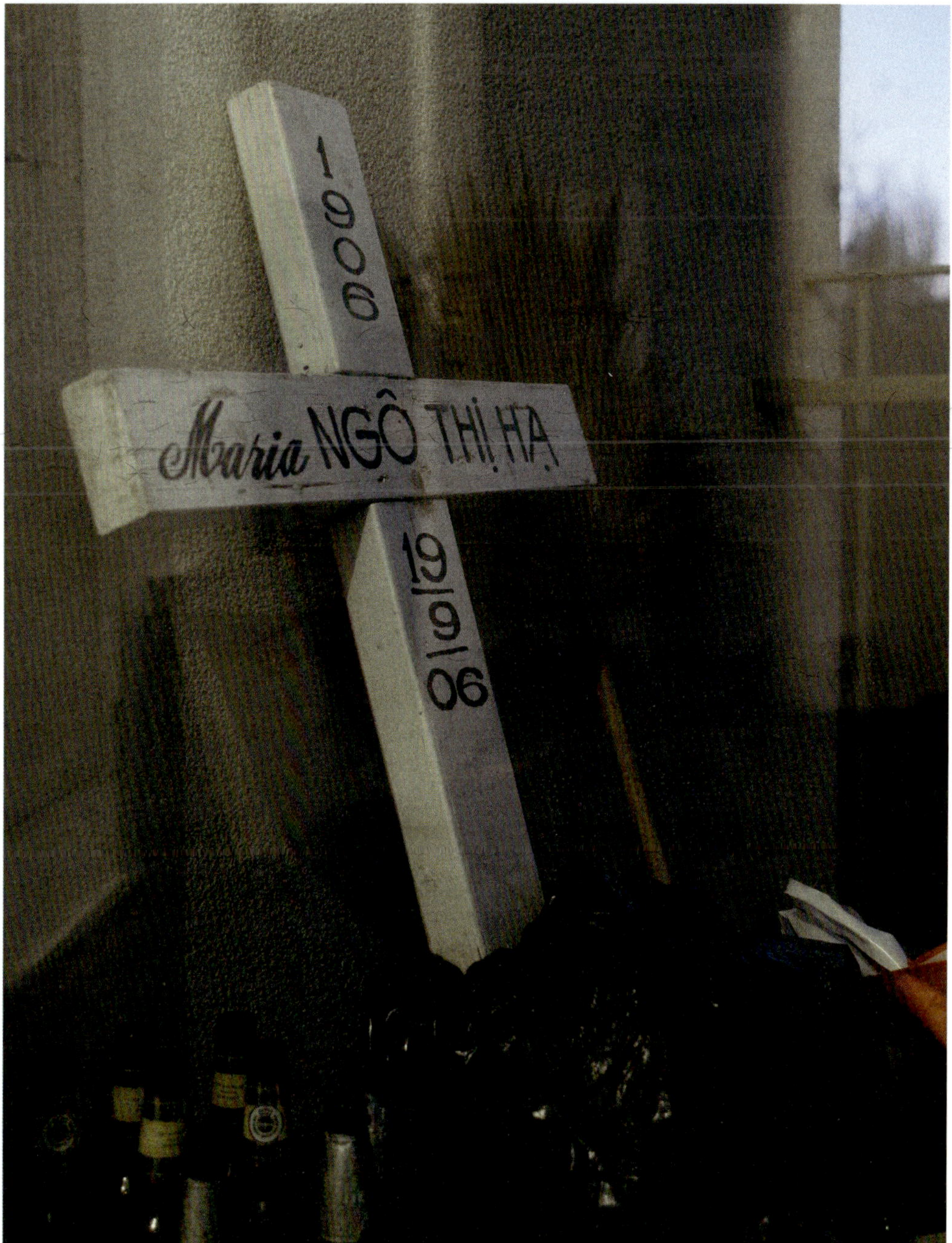

Cortez, Colorado to Colmar, 2012, concrete, silver and carnation milk box, 50 x 35 cm

Maria Ngo Thi Ha, 2008, temporary cross grave marker, wood and paint, 70 x 40 x 5 cm

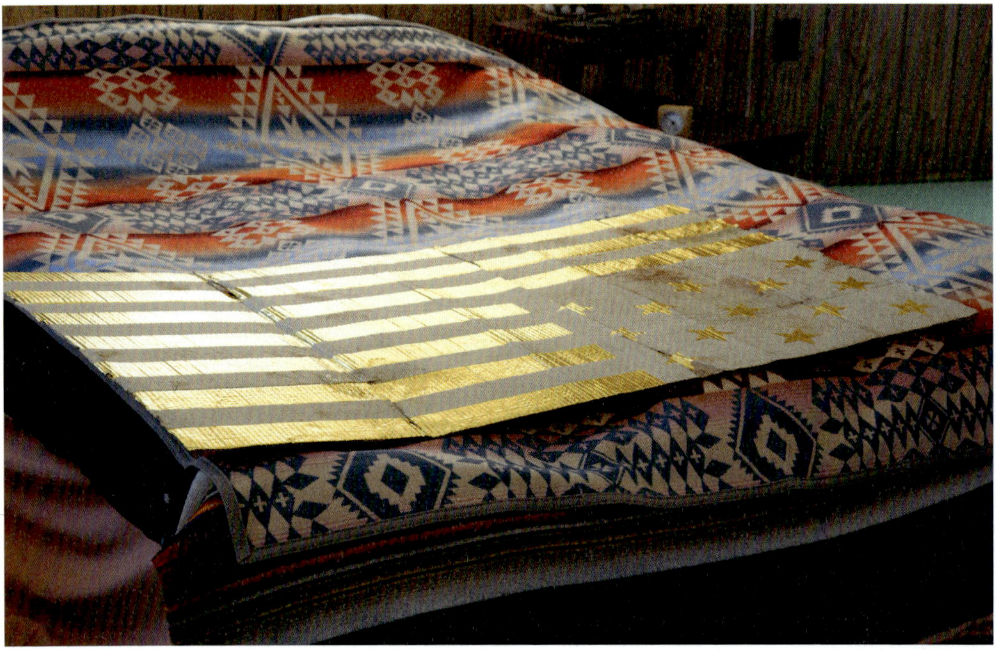

Live Free or Die, 2011, gold and cardboard, 460 gram

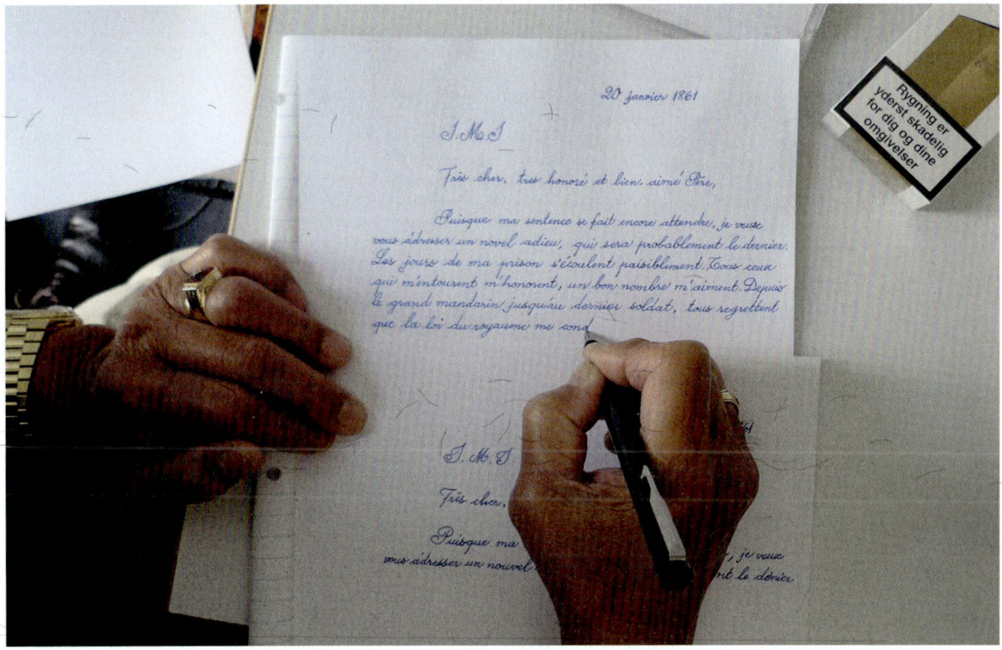

2.2.1861, 2009, last letter of Saint Théophane Vénard to his father before he was decapitated, copied by Phung Vo. Title and number of existing copies remain undefined until the death of Phung Vo. Each handwritten text will arrive in an envelope and be postmailed by Phung Vo directly to the buyer, whose address as recipient will be archived by Phung Vo. Ink on paper, 29.6 x 21 cm

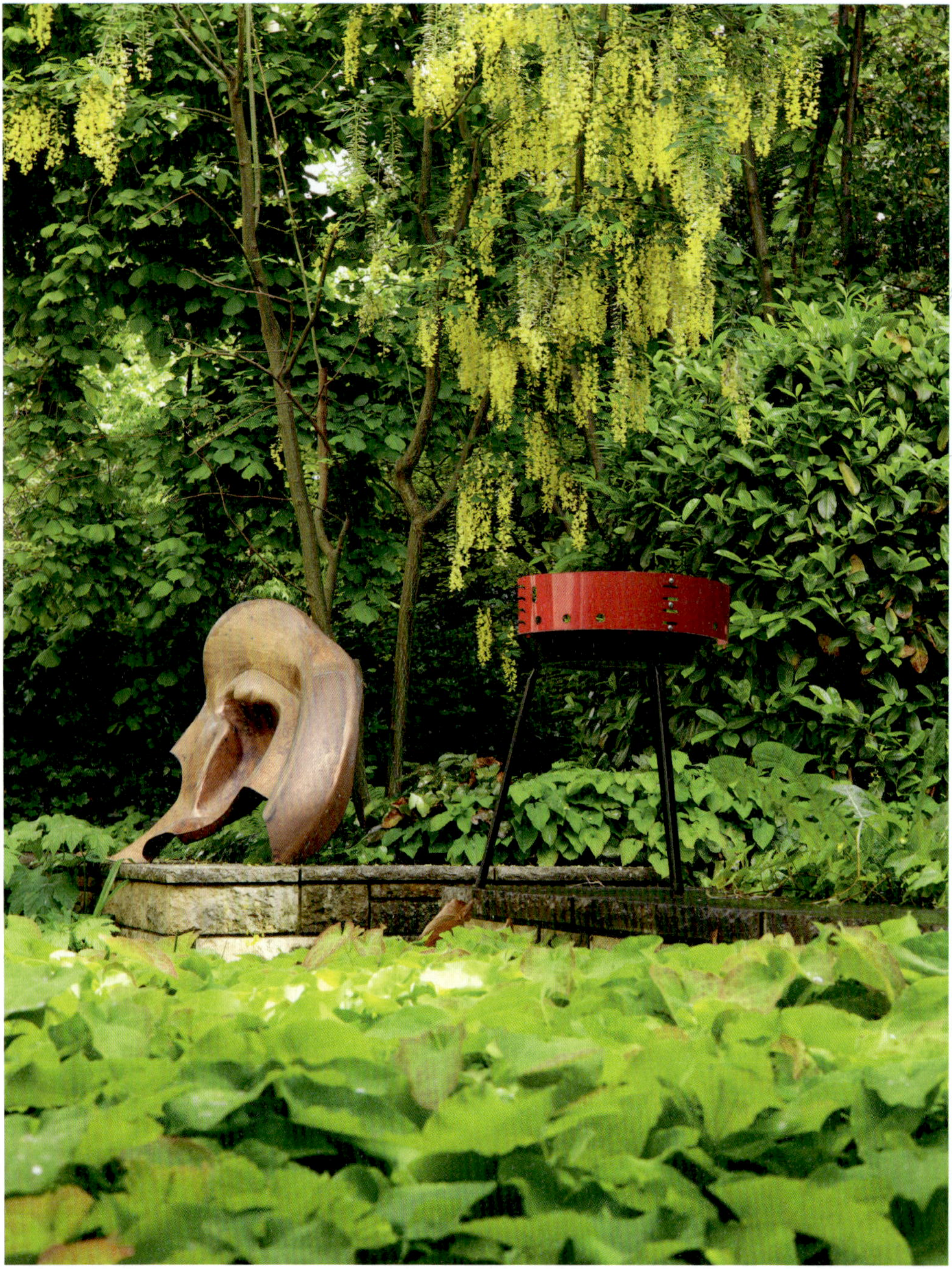

We the People (detail), 2011, copper, metal structure, wooden pallets, wheeled dollies, rubber tyres, dimensions variable

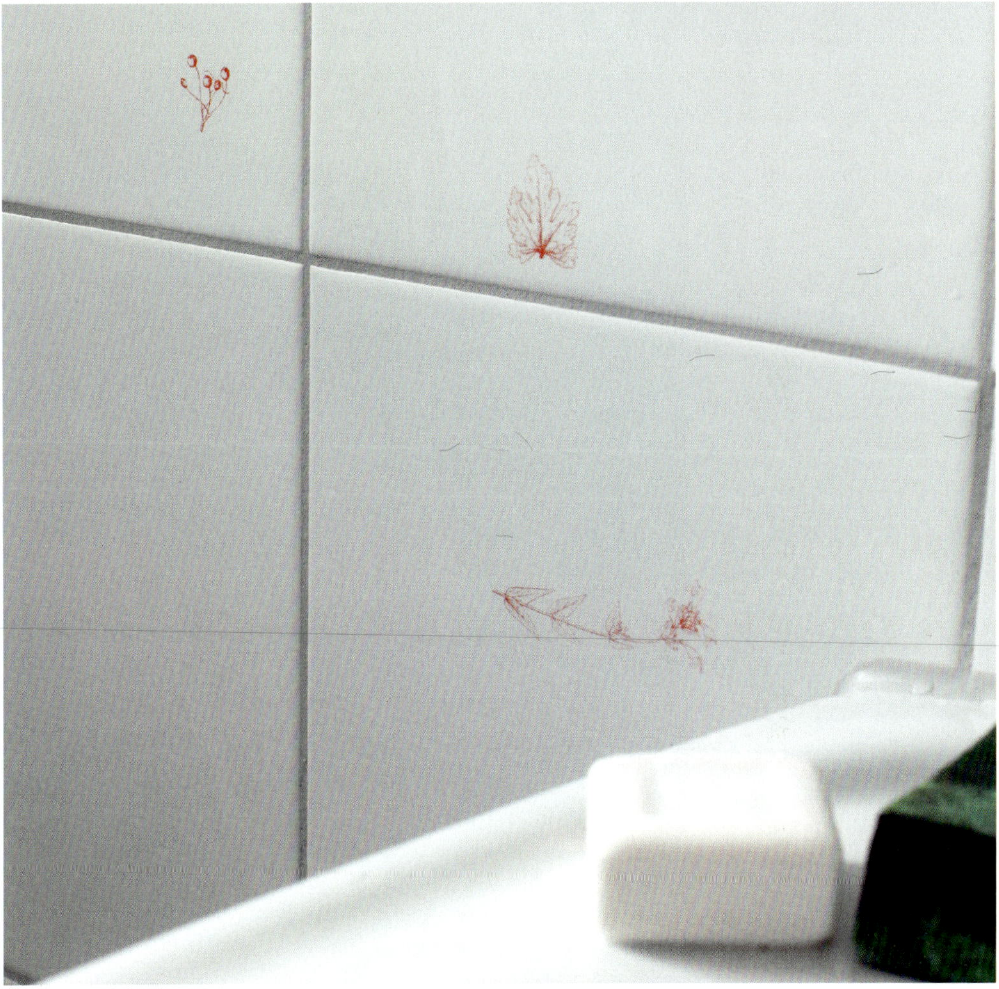

White glazed tiles, each with one of a number of different plant details screenprinted on in warm red. The engravings of the plant details reproduced, were chosen according to a list of flowers discovered by French missionary and botanist Jean-André Soulié in the regions of southern China and Tibet in the late 19th century, from the archive of the Musée National d'Histoire Naturelle, Paris: Aconitum souliei, inflorescence portion Lilium souliei, outer and inner tepel/Anemone coelestina var. souliei, flowering plant Rosa soulieana, fruit/Aconitum souliei, cauline leaf/Anemone coelestina, basal leaf Anemone coelestina, carpel/Luzula rufescens, flowering plant Anconitum souliei, upper cauline leaf/ Anemone coelestina, basal leaf Anemone coelestina, flowering plant/Rosa soulieana, fruiting branch Lilium souliei, distal portion of flowering plant/Nepeta souliei, flowering plant Rosa soulieana, flowering branch/Cerasus fruticosa, fruiting branch Cerasus tomentosa var. souliei, fruiting branch.
Each tile 25 x 20 cm

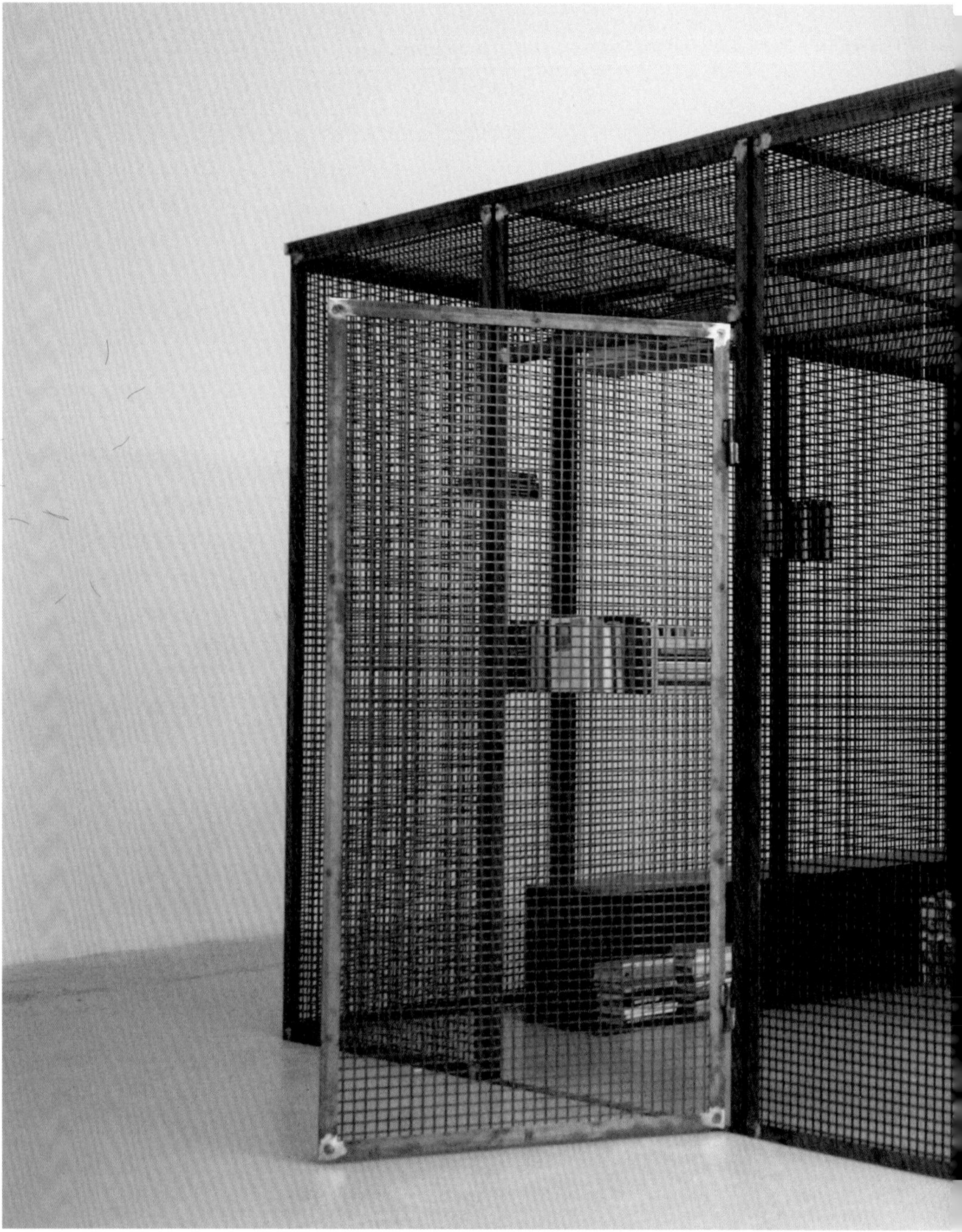

Rossella Biscotti & Kevin van Braak

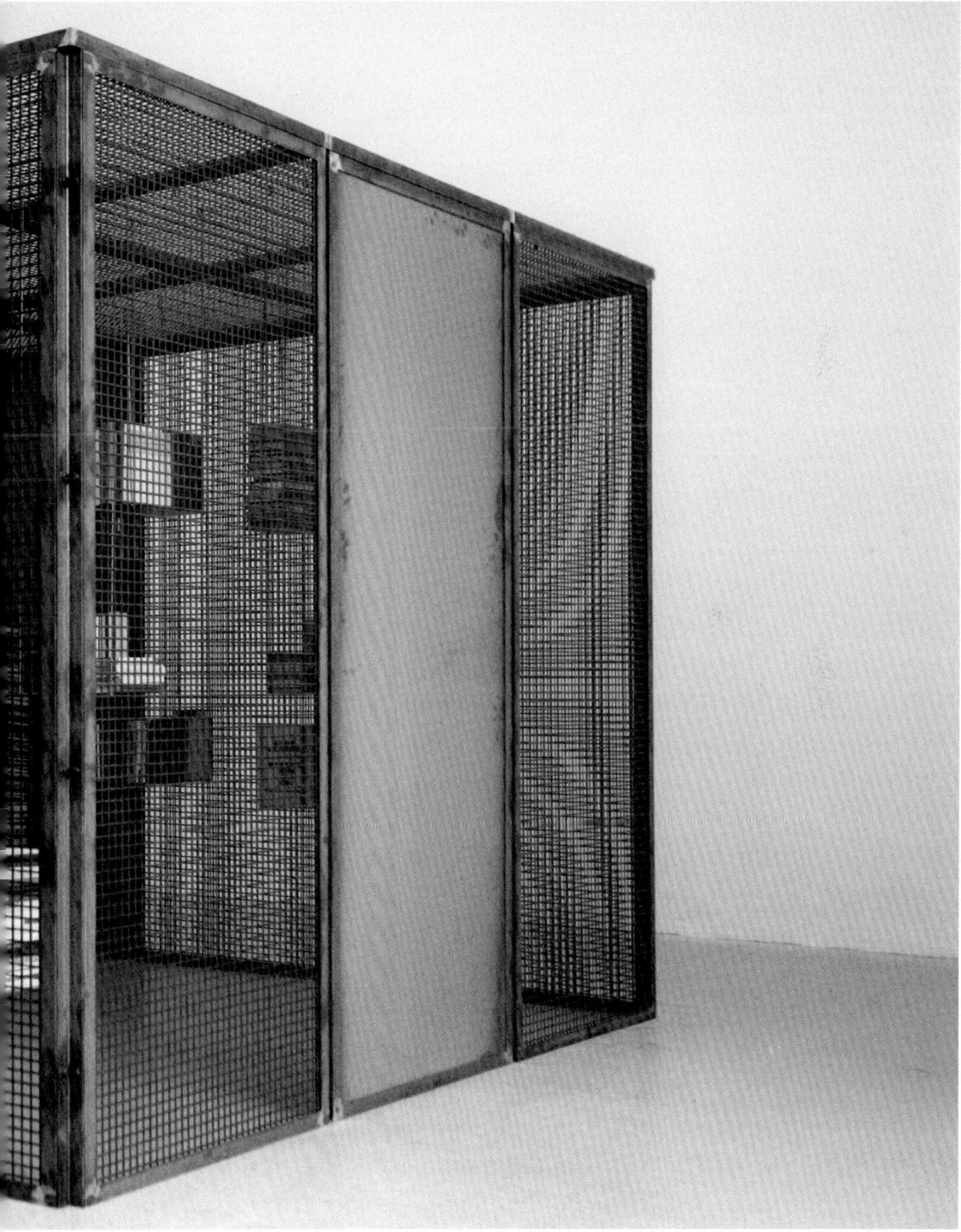

The Library, 2010, metal, 590 Soviet books, 245 x 310 x 310 cm

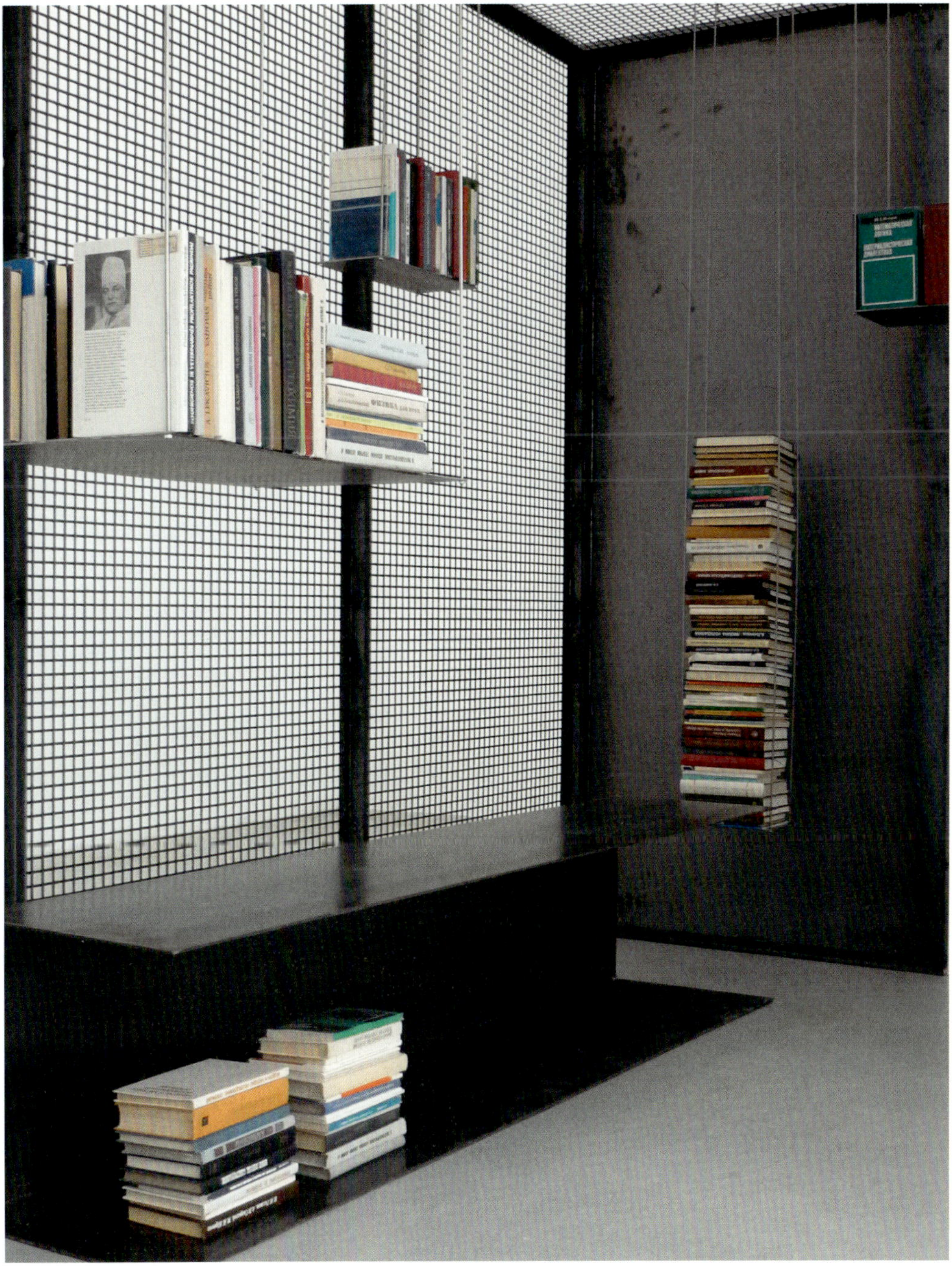

The Library, 2010, metal, 590 Soviet books, 245 x 310 x 310 cm

Magnets

Mirrors

LETTER TO A EUROCRAT ABOUT DATA RETENTION

Ewa KLAMT
Parlement européen
Bât. Louise Weiss T10082
1, avenue du Président Robert Schuman
CS 91024
F-67070 Strasbourg CEDEX

Munich, December 5, 2011

Dear Eurocrat,

PASSIVE RESISTANCE

You said YES. You voted for storing people's e-mail, text messages, and cell phone calls.

More precisely, you voted YES for the "Directive 2006/24/EC of the European Parliament and of the Council of 15 March 2006 on the retention of data generated or processed in connection with the provision of publicly available electronic communications services or of public communications networks and amending Directive 2002/58/EC."
Data retention became the new Neutral, the next Normal.
Because which good europeans would be in their right mind to have something to hide from the government when security is at stake?

You did it. You helped build a prox card protected, surveillance superstate, to the benefit of a billion-euro spy industry financed with taxes. Thank you.

In addition: here is the prototype you requested.

Sincerely,

S

Non transferable

Nicht übertragbar

Metahaven

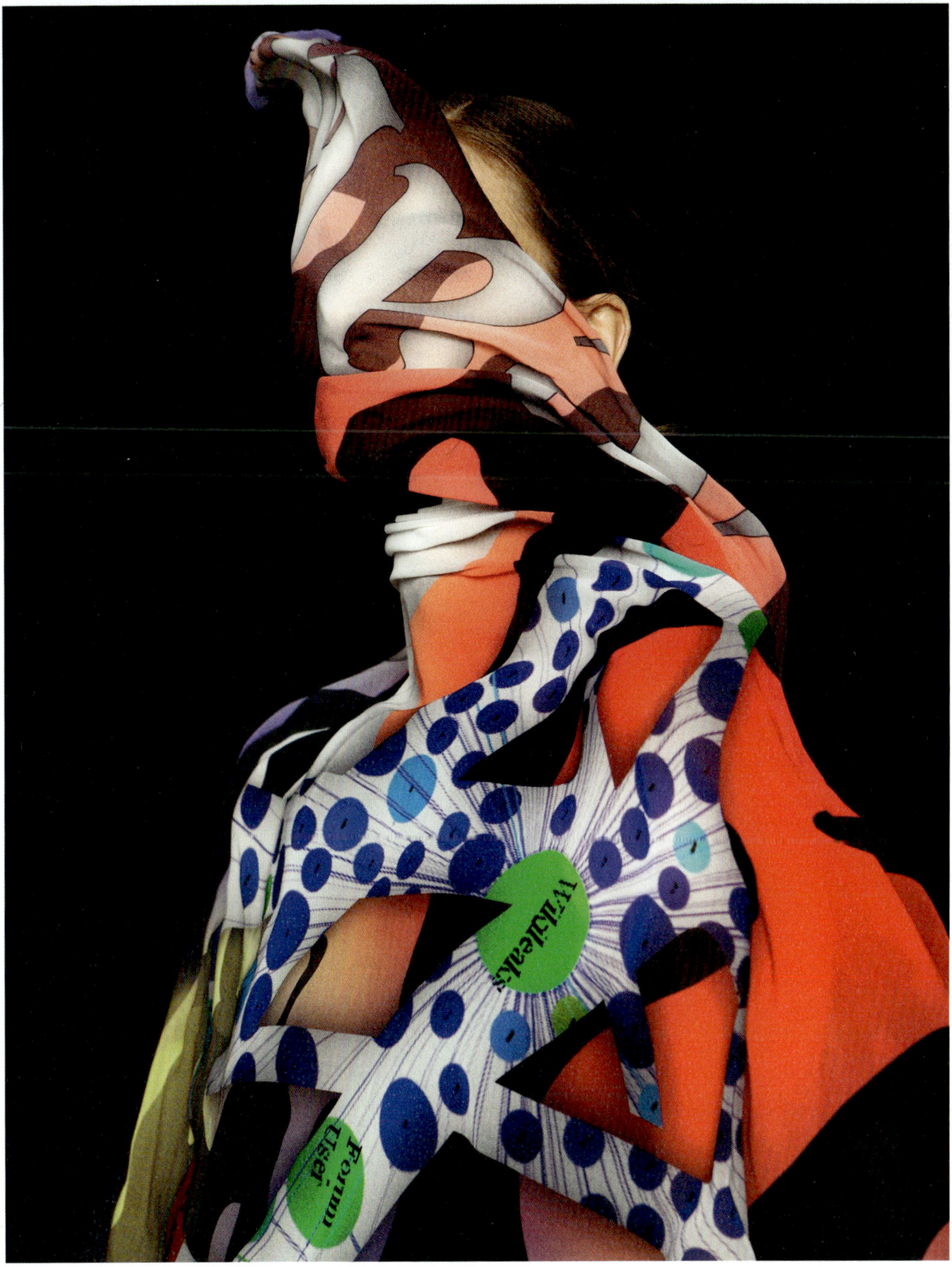

Letter to a Eurocrat about Data Retention, 2011
WikiLeaks Scarf, 2011

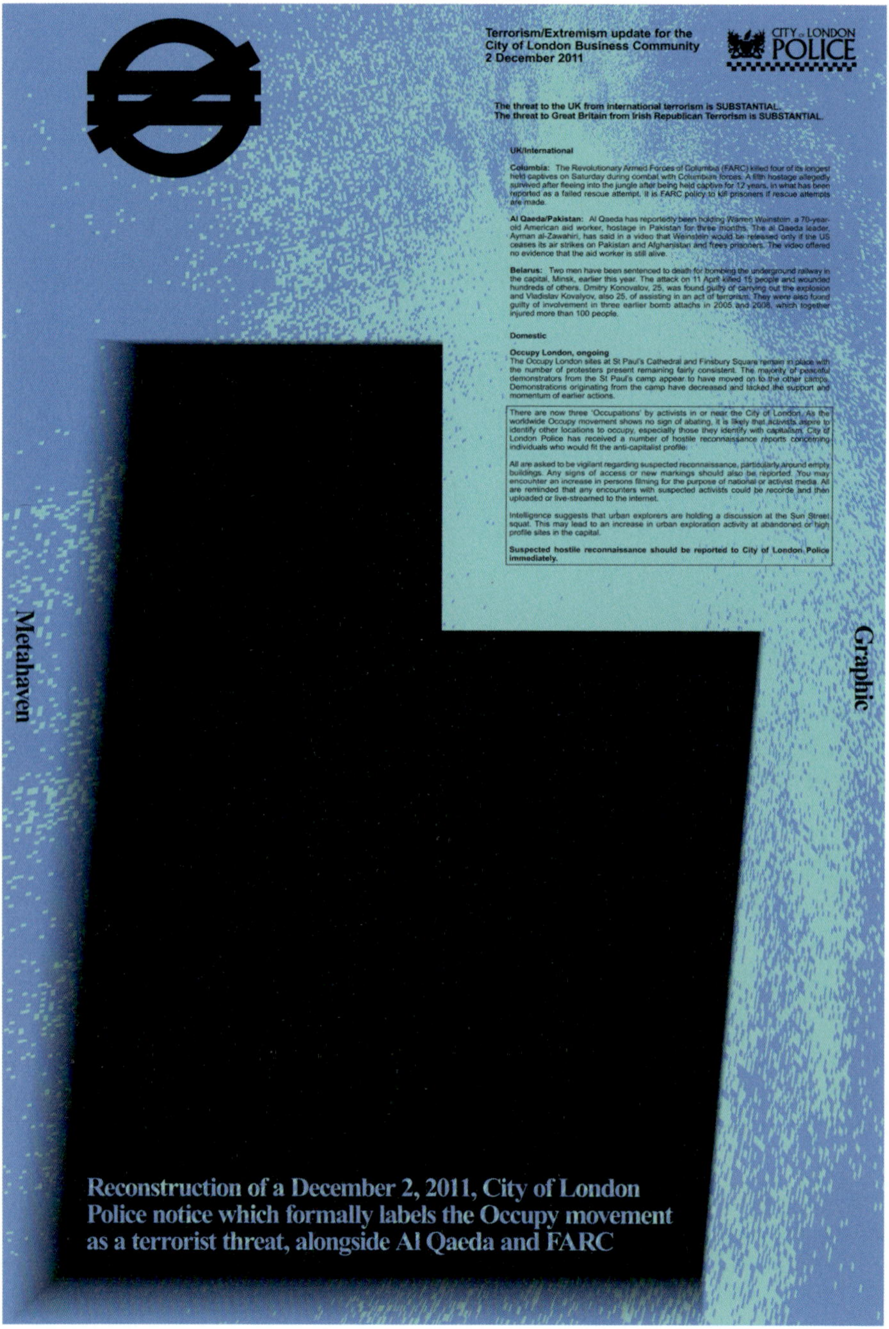

Reconstruction of a December 2, 2011, City of London Police notice which formally labels the Occupy movement as a terrorist threat, alongside Al Qaeda and FARC, 2011

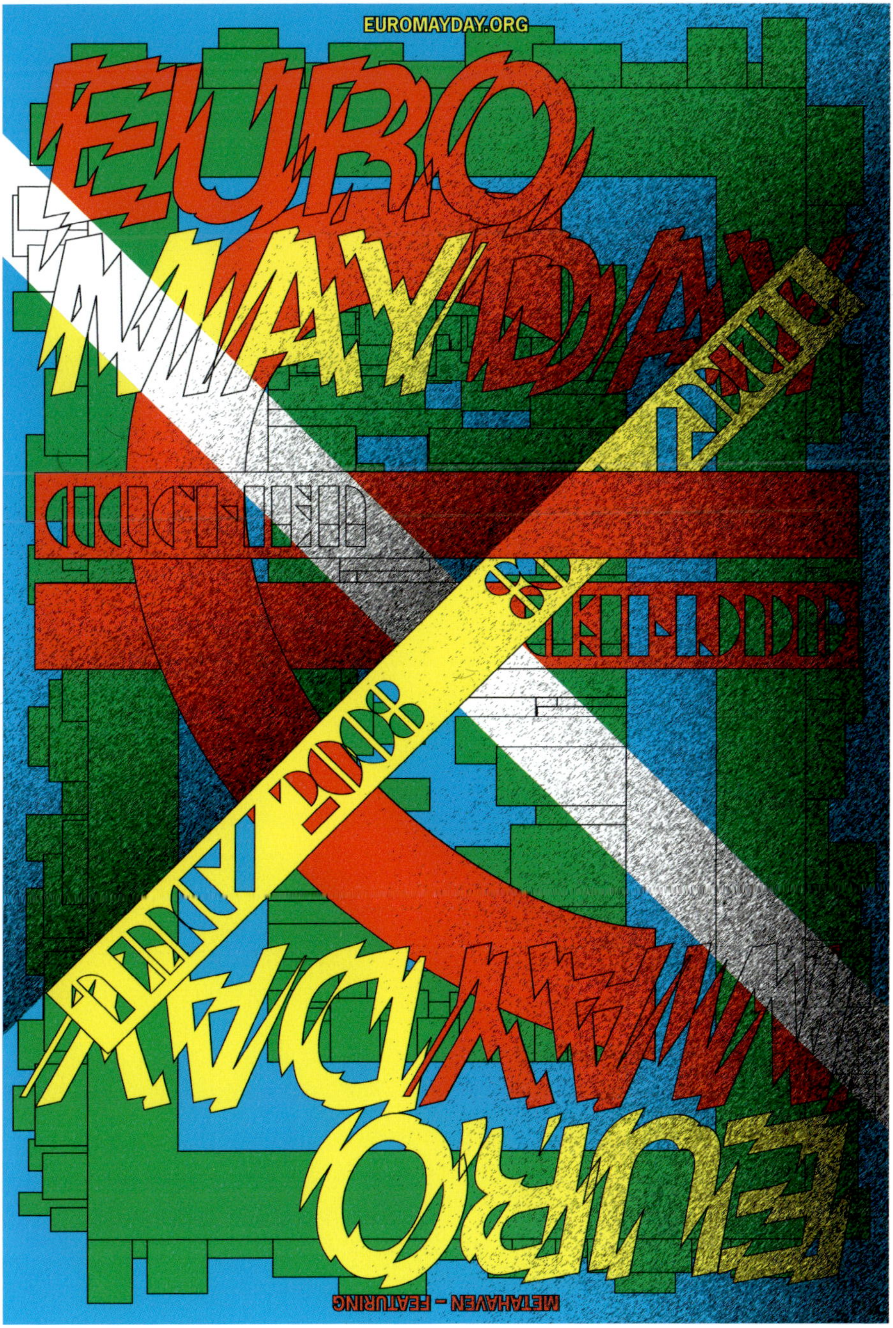

Euromayday 2008, 2008

Valentin Carron

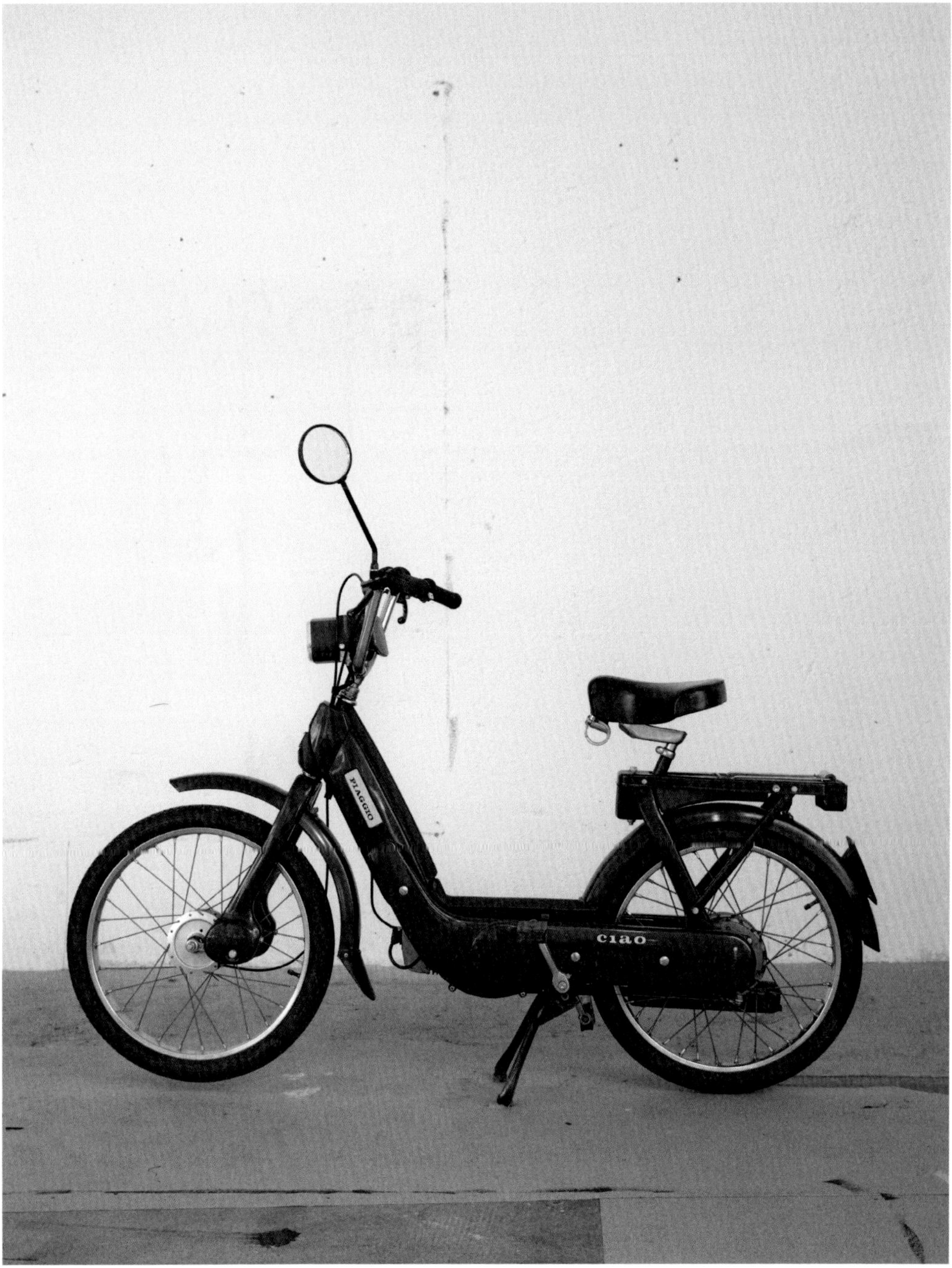

Ciao n° 4 (nero), 2012, Piaggio Ciao restored, 160 x 130 x 72 cm

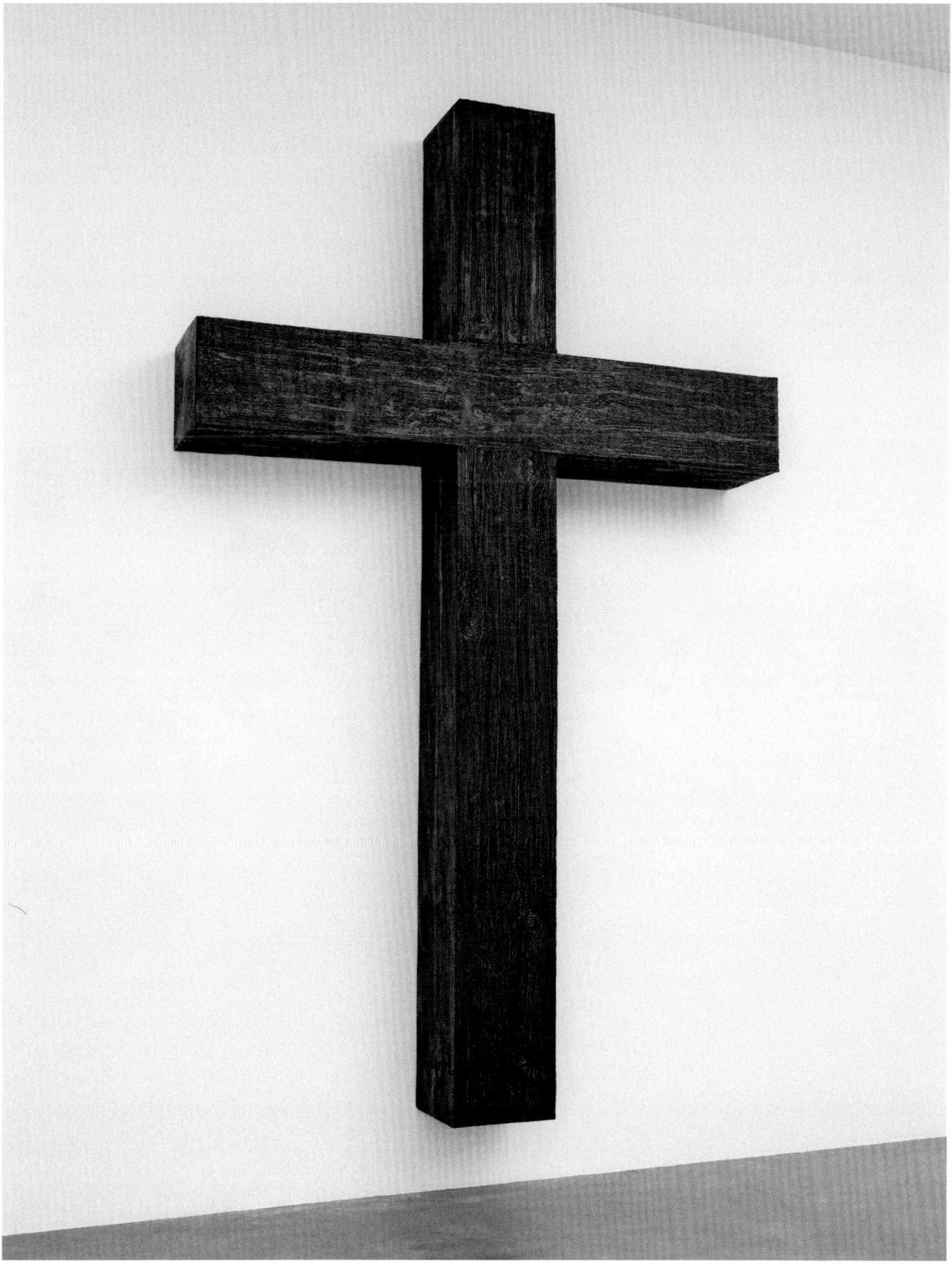

Untitled, 2006, polystyrene, fibreglass, resin, acrylic, 400 x 240.5 x 41 cm

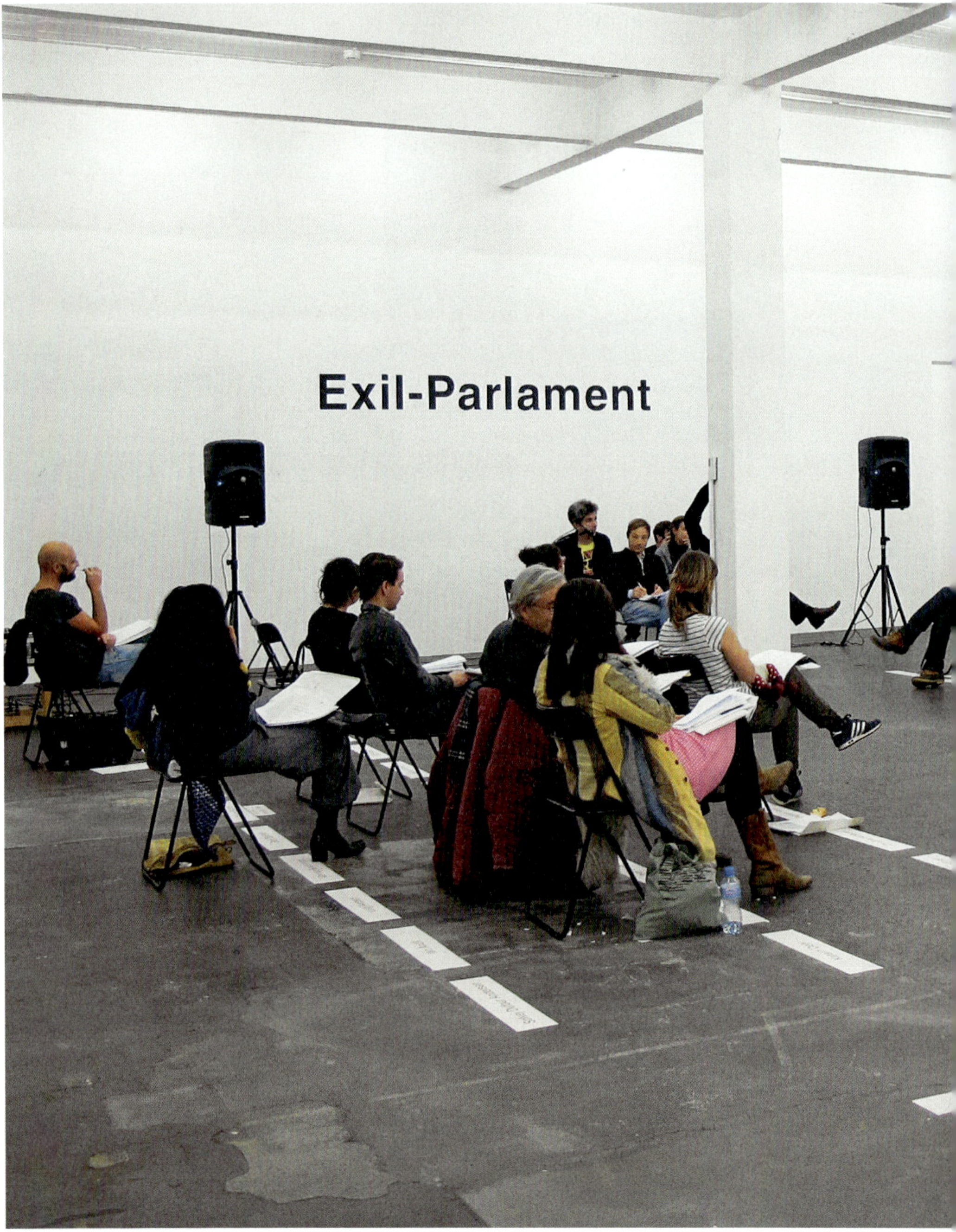

San Keller

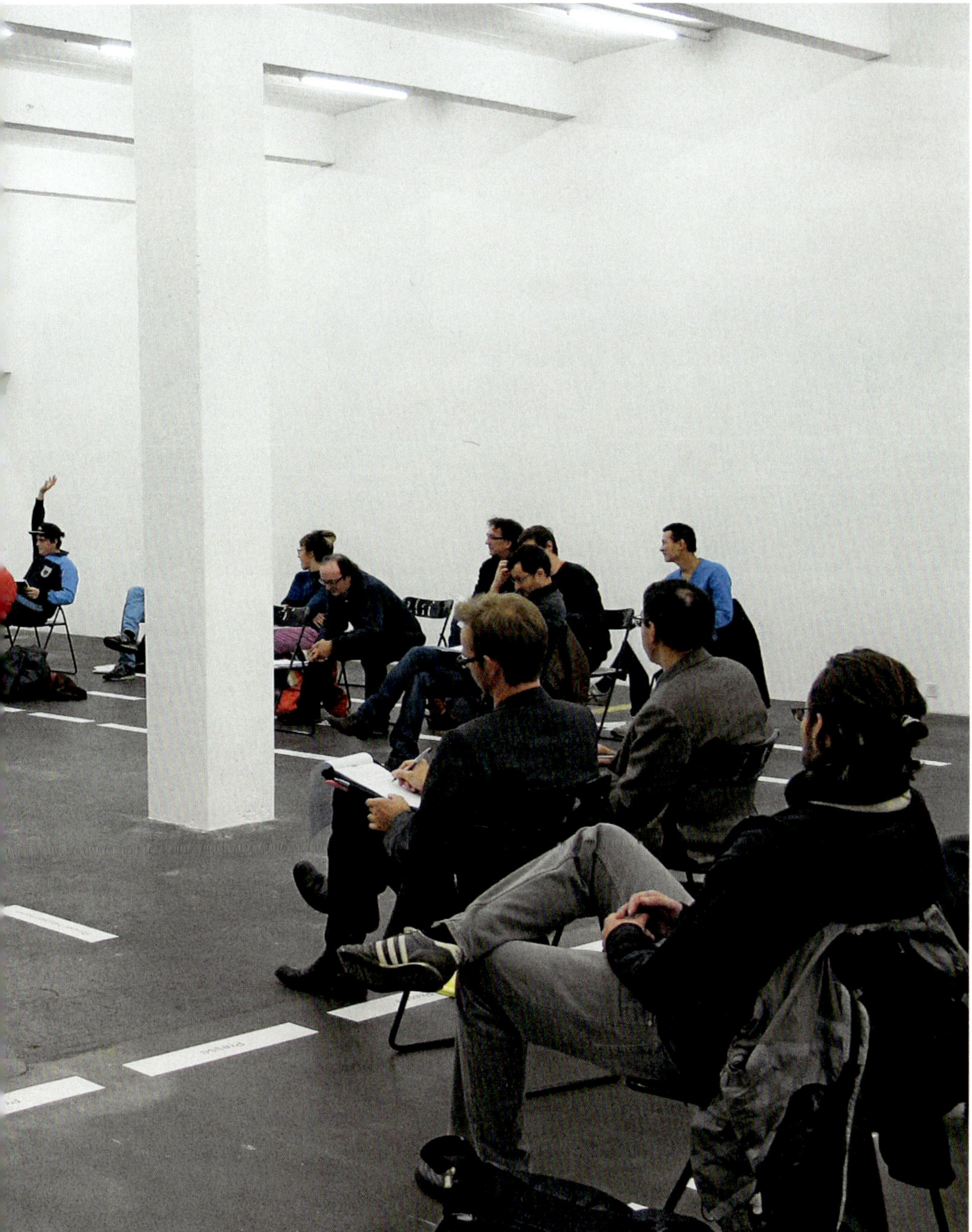

Exil-Parlament, performance as part of the exhibition *For Real!* at Kunst Halle Sankt Gallen, 2011/2012

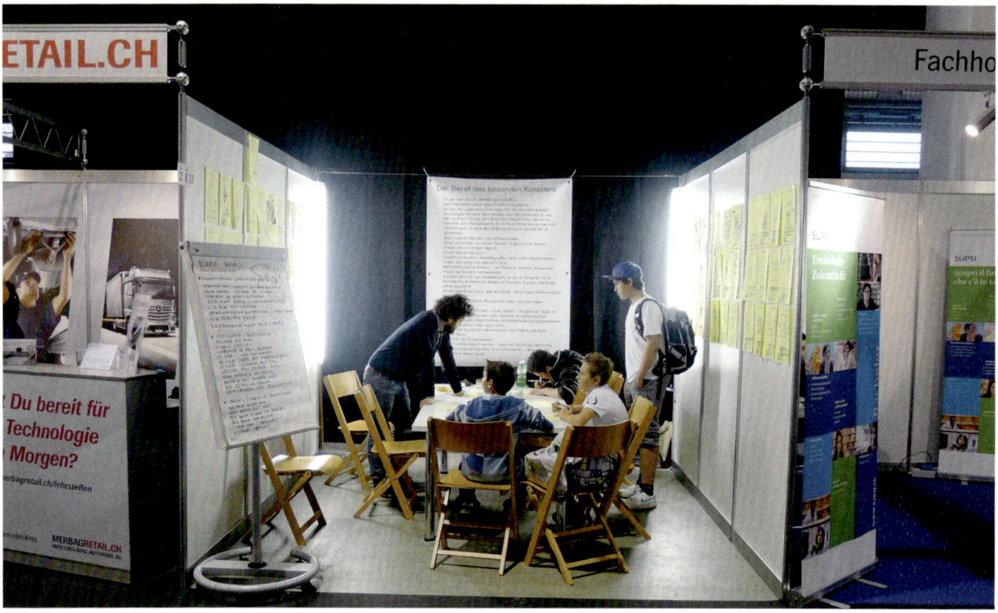

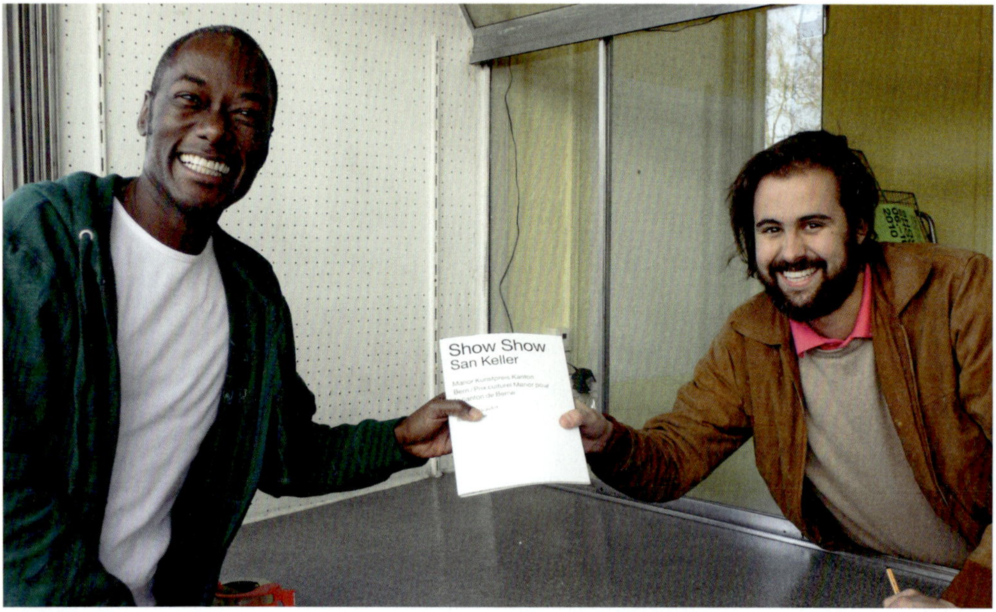

Der Beruf des bildenden Künstlers, performance at the vocational trade show Berufsmesse Zürich, 2011

Temporärer Idealismus, 2010, project (in photo with Pedro Wirz) at the kiosk at Kalkbreitestr. 33 in 8003 Zurich, 2010

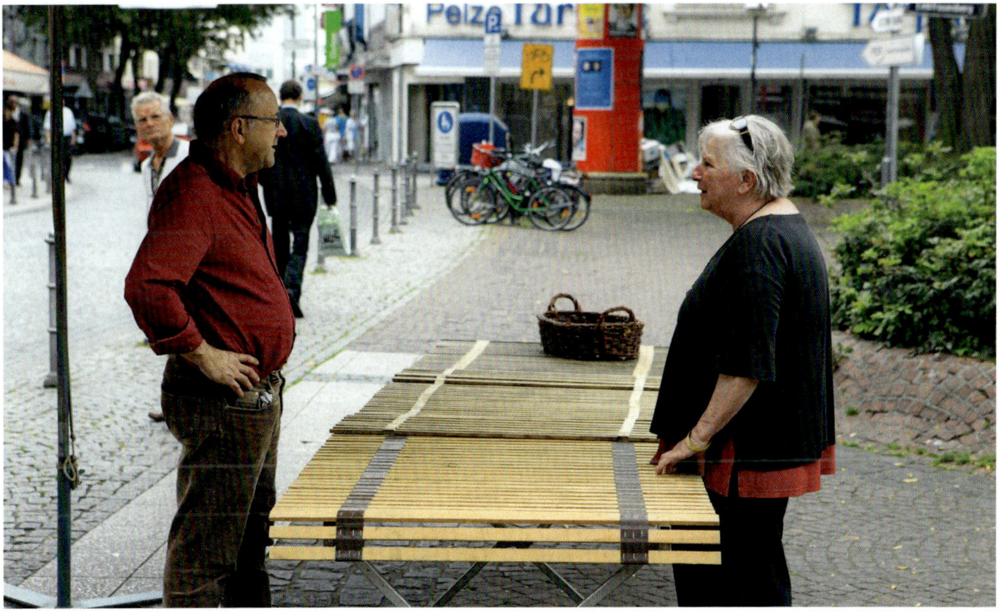

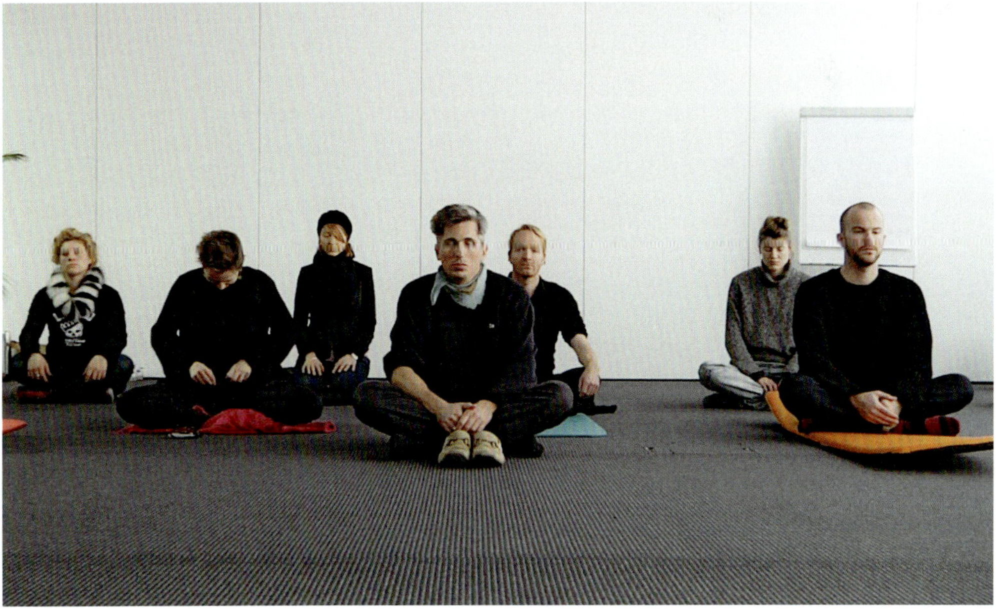

Markt der Freiwilligen, intervention as part of the project *Playing the City 3* at Kunsthalle Schirn on Liebfrauenmarkt in Frankfurt am Main, 2011

Berufsbild-Meditation, performance at Priora Business Center in Kloten, 2012

The New Public

Rein Wolfs

"A public in the Roman sense only exists when the state belongs to its citizens, when, as Cicero puts it, 'res publica [est] res populi'." (1)
(Dan Hind)

In the media-conveyed statements of our present-day society, everyday everything is discussed everywhere. Furthermore, an endless stream of images play out across the high-definition screens of television sets, computers, laptops, tablets, smartphones and other user interfaces. Nowadays, nearly every individual has sheer endless possibilities for personalising existing material to the highest degree thanks to the simplest of software, thereby allowing it to appear in media form with individualised text and image production. People of today constantly publish their thoughts and ideas and express themselves shamelessly, both visually and verbally, on the most varied of media platforms. 24/7 online and public!

The use of existing images like this is the theme of many recent art works – for instance in the work of Nina Beier or Helen Marten. Beier takes trivial, graphic images from commercial databases and presents them in an almost demonstratively programmatic manner on the most everyday of objects like armchairs, radiators or car tyres – objects which in this case are

1 Dan Hind, *The Return of the Public* (London/New York: Verso, 2010), 16.

used purely as display media. She domesticates images that can be downloaded for money basically worldwide. In her *computer generated imagery* Helen Marten allows historicising architectural props – using a blend of discourse, rap and slapstick – to evoke a philosophical and poetic declaration of love to artefacts and things. Everyday garbage and remains of consumerism are highly stylised in her work. Shining down on the remains of a breakfast and other rubbish is her high-definition flat screen upon which the surprising film *Dust and Piranhas* plays.

The public is present everywhere yet the private is no longer the sole reserve of one's own personal sphere. Opinions are public, shame seems overcome and emotions are widely discussed across the screens of the public arena. In present-day society the public domain has now gained far greater value than it ever had in the past. Intimate details are published as swiftly as possible. Here the type and style of this publicising differs heavily: Juliette Blightman provides us with carefully stylised insights into her Berlin apartment and places her installation right next to the Museion's large glass façade. Blightman's private sphere is juxtaposed in the museum space with the majestic Alpine landscape outside. By contrast, Erik van Lieshout takes as his theme the strained relationship between public and private in the media landscape as he captures the deep sorrow of Dutch queen Beatrix after her son's skiing accident in oversized charcoal drawings that verge on the lurid. The ever-present hunger for emotions is expressively and expansively documented.

In the value-generating white cubes of our public museums' artistic artefacts are ennobled and "auratised" in optimum, seemingly neutral conditions. Also *readymades*, like the trashcans by Klara Lidén, or apparent *readymades*, such as a tiled wall with cleaned-off graffiti by Matias Faldbakken, are upgraded within the whitewashed rooms of Museion into aesthetic artefacts. However, these artefacts in no way negate their content-related link with the public space – in the same way as they in no way negate their applied origin as usable objects. With their *(almost)readymades* Faldbakken and Lidén embody both an attitude of negation and denial of usual aesthetic principles, while being admitted without reservations into the pantheon of a new aesthetic. And quite rightly so!

With his *Living Sculptures* Christian Jankowski also does away with the boundaries between the public and the museum space – yet also those between art and kitsch and between performance and monument. By placing them in Museion, his bronze figures – as robust, lasting works of art – stand for the reversal of the commercial, performative tricks of the urban space and defy the passage of time. With his project *The Finest Art on Water* he also pushes the auratisation of *readymades* entirely into the grotesque as caricatures. Originally designed for *Frieze* art fair, this work at Museion becomes an effective metaphor for the inexorable permeation of the private and public and of the ideational and commercial in today's museum business.

The Political and Apolitical

When everything is public and even the most intimate of details are in the open, semi-formulated ideas can be pronounced immediately and the immoral can be sanctioned. This means pragmatism then easily becomes a realistic substitute ideology. As a result, in Western democracies *political correctness* is threatening to lose more and more ground and in places populism is now developing into a political norm with the potential for majority support. The public political arena has in fact now become a new political – or perhaps even apolitical – public arena. This raises an interesting paradox: while almost everything private is published, what in the past was traditionally public, the so-called *res publica*, is now largely retreating. What traditionally belonged to the private sphere is taking on a new public dimension; conversely, what was traditionally in the public domain is now becoming a new private matter. In a way the artistic practices of Danh Vo and Petrit Halilaj metaphorically reflect these apparently contradictory developments. Particularly with Vo political history is coded in private, biographical metaphors. With Halilaj the open and, to a certain extent, public space closes itself with its organic sculpture, both metaphorically and literally, over the course of the exhibition by way of natural growth into an enclosed place of withdrawal.

The neo-liberal retreat into the private sphere brought with it the disappearance of political and religious ideologies from our Western public sphere – incidentally already since the late

1970s and increasingly so after the fall of the Berlin Wall in 1989. Dan Hind analyses this in his book *The Return of the Public* as follows: "The public, in the sense of an informed and autonomous body capable of initiating policy and changing legislation exists, but it does not include the overwhelming majority of us. In the neo-liberal settlement, public statement belongs securely only to those who embody the logic of acquisition by force, fraud and free exchange. The public conceived as a body qualified by the possession of citizenship to determine the content of politics and to restrain elites does not exist. The constitution of knowledge leaves most people incapable of establishing an accurate account of the world and sharing that account with others."(2)

In the work of Rossella Biscotti and Kevin van Braak the written evidence of a lost communist ideology in the Baltic states is preserved almost like in a prison. Behind bars but accessible to the public, a communist library – as a survivor of an eliminated ideological legacy – is more than present. The post-1989 geopolitical reality also finds a very fitting temporary home in a public Italian museum. For is Italy not the most striking example in Western Europe of the (until recently) waning of public responsibility in favour of irresponsible political leadership? Metahaven's work also explores themes like this while Valentin Carron places in the closed, secular white cube of Museion a monumental crucifix in direct reference both to the South Tyrol public sphere and to a real crucifix sitting high above the Alpine landscape. In terms of its material *per se* the

2 Dan Hind, *The Return of the Public* (London/New York: Verso, 2010), 97.

crucifix proves un-monumental, yet when juxtaposed with another piece of work by the artist it is transferred into almost nostalgic banality.

Over the past few decades the impact of the public sphere has shifted greatly within politics, as it has within religion and everyday life and art. For instance, in the wake of neo-liberal privatisation public control of economic and other social developments has waned. The existing *res publica* was largely superseded by a new world order more controlled by private business. In the current financial crisis this social development is viewed critically by all sorts of different groups. For instance, in the Occupy and other protest movements calls are gathering pace for a new public sphere, a new *res publica*. This does not necessarily equate with a backward-looking restoration of ideologies but more, as Dan Hind writes in his latest pamphlet *Common Sense*, with a new kind of common sense: "If we do not take the principle of the assembly into our own lives, in ways that seem right to us, then our cause will be lost. This need not mean the occupation of public and private space. It must, however, mean the creation of sites for effectual speech. If we learn from the occupations how to conduct an assembly in which all have an equal opportunity to speak and to be heard, then we will have what we need to make the world anew, in accordance with the promptings of a clarified common sense. For assembly is an instrument for refining and sharing knowledge – and hence for establishing a common sense worthy of the name. It is time-consuming and inexact. But it is also flexible and can be given new shape according to circumstance."(3)

Room for Knowledge and Negotiation

Over the past decade the significance of the public audience has changed fundamentally in contemporary art. Many museums and art galleries have not only sworn allegiance to a new kind of communication, public relations and conveyance, they have even been able to develop new and unexpected conveyance strategies also in artistic and curatorial practice. Art conveyance was the subject of discourse, often in the form of institutional critique, not only in school-like art projects like *Manifesta 6* in 2006 on Cyprus (which never took place), Berlin's *unitednationsplaza* (2006–07) where conveyance itself became an artwork, *Night School* (2008–09) at New York's New Museum(4) or even in individual pieces of art. For instance, over a period of almost two years (2009–2011) the Swiss performance artist San Keller critically followed all our exhibition projects at Kunsthalle Fridericianum by inviting visitors to brief or more extended *digestive walks* on Kassel's Friedrichsplatz. Here he led them to a critical exploration of the exhibitions currently underway; these discussions were

3 Dan Hind, *Common Sense: Occupation, Assembly, and the Future of Liberty*, E-book edition, (New Left Project, March 2012), location 627.
4 Curators at *Manifesta 6* were Mai Abu ElDahab, Anton Vidokle and Florian Waldvogel. *unitednationsplaza* and *Night School* are primarily considered Vidokle's artistic projects. C.f. Anton Vidokle, Exhibition to School. unitednationsplaza. In: Paul O'Neill & Mick Wilson (Eds.), Curating and the Educational Turn (London: Open Editions/De Appel, 2010), 148–156.

recorded in booklets published by the artist himself which open up a wide arena for interpretation, conveyance and critique from museum visitors, as a form of feedback to the Kunsthalle.

Normal museum visitors have become different museum visitors, the new audience is different to the old audience. The sheer endless possibilities in text and image reproduction mentioned at the start of this essay play a key role here. The consequences these developments can have on the art audience are analysed by Boris Groys in *Going Public*: "Anyone who wants to go public, to begin to act in today's international political agora must create an individualized public persona – and this is not only relevant to political and cultural elites. The relatively easy access to digital photo and video cameras combined with the global distribution platform of the internet has altered the traditional statistical relationship between image producers and image consumers. Today, more people are interested in image production than image contemplation."(5)

If today's museums wish to see themselves as producers and conveyers of knowledge they have to open up in a discursive sense and confront the new situation of a lost *res publica* and a producing rather than consuming audience. Where Dan Hind talks of the assembly as an instrument, museums boast the wonderful instrument of a real and, at the same time, symbolic space where the most varied forms of knowledge – as, for instance demonstrated by dOCUMENTA (13) – can be

5 Boris Groys, *Going Public*, e-flux journal (Berlin/New York: Sternberg Press, 2010), 14–15.

negotiated. With projects like *Night School* or *unitednationsplaza* one can also use Hind's *assembly* for museum purposes, even though one must be careful that this model is only opened up for a small group of artists, curators and theorists while the wider, non-professional yet still producing audience is not addressed. Because as soon as one is in the public museum space one has a greater responsibility towards society than when acting in smaller, more specialised art spaces.

In the 1990s and the first years of the 21st century audience participation was still a key priority and artworks became contextual works where extensive relational networks could be created. Today, one decade on, so-called relational aesthetics have become a historic stance that within the current context of a self-producing audience cannot function as it once did. To a certain extent relational aesthetics were the most effective and largest experiment for integrating conveyance into art itself and for allowing artworks to act as relational networks between observers, artists, mediators and the outside world. For this reason it is currently more difficult to put together an exhibition out of art itself where the individual works grow into as many *assemblies*, in which questions about the public sphere are negotiated almost intuitively and in any case contextually and participatively. What remains is the curatorial attempt to design the exhibition as a public arena, as a symbolic assembly within the museum's negotiative space, to accompany it discursively and address the striking penetration of the private and public as content.

End and Hope

Art is art, politics are politics and knowledge is knowledge. Yet in our day and age they should, as far as possible, not be separated from one another if art wishes to hold its own in a survivable and significant way in the new political and economic conditions. However, in his book *Capitalist Realism* Mark Fisher gives us hope: "The long dark night of the end of history has to be grasped as an enormous opportunity. The very oppressive pervasiveness of capitalist realism means that even glimmers of alternative political and economic possibilities can have a disproportionately great effect. The tiniest event can tear a hole in the grey curtain of reaction which has marked the horizons of possibility under capitalist realism. From a situation in which nothing can happen, suddenly anything is possible again."(6)

6 Mark Fisher, *Capitalist Realism: Is There No Alternative?* (Winchester/Washington: Zero Books, 2009), 80–81.

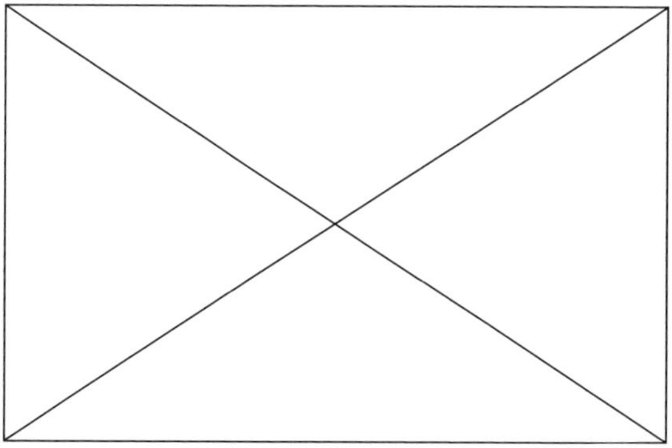

Michel Houellebecq's acclaimed new book features passages from Wikipedia. Stealing from Wikipedia, the online encyclopedia, is not necessarily plagiarism. It can also be an experimental form of literature. Even a form of „beauty“.
„This is a skilled insult,“ he said. „Using a big word like plagiarism... always causes some damage. It will always do lasting damage, like accusations of racism.“

http://www.independent.co.uk/migration_catalog/article5245636.ece/ALTERNATES/w460/p30-houellebecq.jpeg

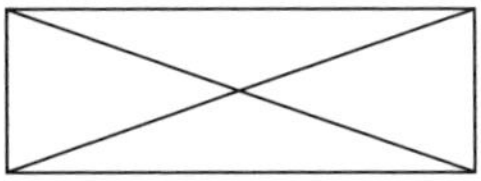

CAPTCHA stands for "Completely Automated Public Turing test to tell Computers and Humans Apart." Saying it aloud may make you feel like a beatboxer (say it five times fast).

http://www.wordstream.com/images/difficult-captcha.jpg

Hiding from the Gods: on Emancipation and the Public

FEDERICO CAMPAGNA

Strength through unity, unity through faith (Norsefire)
Action within unity! (British Union of Fascists, 1932–1940)

The Reflux

Ten years after 1968, Italy was probably the only Western European country in which the wave of rebellion and dangerous dreaming of the '60s hadn't yet exhausted its energy. The desire for autonomy, communism and communisation seemed to be deeply rooted both in the hearts of the factory workers and in those of the students. While the institutional apparatus of the PCI appeared determined to entrench itself within the parliamentary framework and the rhetoric of gradual and progressive social change, myriad other groups were still opting for the uncompromising strategy of full communism "here and now". Countless collective experiences, free radio stations, workers' associations and even armed groups were, at that time, still blossoming in almost every Italian city.

Then, as the decade turned into the next one, something changed. The extra-parliamentary Left rapidly lost most of its consensus, free radio stations and free publications closed in the dozens, armed groups met the military response of the state, heroin spread like a plague among the young, and even the then famously strong metal workers' unions shattered against the reconfiguration of capitalist production.

According to some, the beginning of the end of the Italian way to utopia can be traced back to a laughably minor event. On Wednesday 13 September 1978, the Italian newspaper *Corriere della Sera* published on its front page the desperate letter of a 50-year-old man, torn between fading love for his wife and passion for a younger woman. Incapable of choosing between the two, the man had decided to commit suicide. During one of the bloodiest of the "lead years", with over 30 people killed either by the police or by armed political groups, the main Italian newspaper decided to move away from the sorry chronicle of terrorism and repression, and to give their readers what they – supposedly – wanted: small, unthreatening, private stories. Two years later, in 1980, the publisher Laterza released *Il Trionfo del Privato* (The Triumph of the Private Sphere), an edited collection in which several commentators described the end of two decades of social rebellion as a passage from "the public" to "the private".

This apparent *riflusso* – "reflux", as it was famously defined in 1980 by the Italian magazine *Panorama* – towards the private, was interpreted as a sign of tiredness of the Italian population for the routes and promises of radical politics. In place of the compulsory "publicness" of the experiments of emancipatory communal living of the previous decades, 1980s Italians seemingly preferred the "private" life championed by the then new capitalism. According to what has now become the official history of that period, the political apathy of the 1980s was to be understood as a process of individual disengagement from mass politics, aimed at the pursuit of personal and ephemeral pleasures in the sphere of one's private life. Following Thatcher's famous motto, this reading of the history of those years acknowledges the disappearance of society during the 1980s, and the supposed ability of the empire of capitalism to allow each person to develop a life of his or her own, in a state of perfect and complete disentanglement from societal and political dynamics.

Needless to say, this interpretation of that era – which in Italy has now reached a general consensus on both the Left and the Right – presents an incredibly sweeping simplification, if not a complete misunderstanding, of the discourse about private and public dynamics in the sphere of life and politics. But is it really that different from today's common conceptions about the public and the private?

Let us consider two of the assumptions that are at the basis of the historical misunderstanding described above.

The Public and Emancipation

We should begin by focusing on the conceptualisation of the opposition between the individual and the collective, the personal and the public, in terms of a struggle for emancipation. According to virtually every discourse on the Left, no emancipatory struggle is ever possible outside of a public, collective frame. As it is particularly noticeable in communist thought, but equally in that of anarcho-syndicalism, the only possible salvation for an individual is supposed to lie in his or her making public his or her claims, within the structure of a collective struggle. This understanding of emancipation only as a collective possibility, to be achieved in the public arena, is also present in feminist discourses, and especially in those that stress the public relevance of a woman's body as the battleground on which emancipation meets repression. Similarly, we should interpret the motto "the personal is political" as an attempt to give public connotations to the personal sphere – a process which is perceived as the only possible way of enhancing the emancipatory potential of one's individual life. It is revealing, in this sense, how the defeat of Italian radical movements at the end of the 1970s was described as a passage from the public terrain of the collective to the personal one of the individual – as if such a passage could not be but one of defeat for all emancipatory attempts.

But is this really the case? Is the public sphere the only possible terrain on which a person can fight and possibly achieve his or her emancipation? Is it only as part of a greater collectivity – or, as in the discourse over universal emancipation, of the whole of humanity – that one can struggle for one's own autonomy?

Max Stirner already warned us, in *The Ego and Its Own*(1), about the risks involved in a struggle for emancipation that is conducted on a supra-individual level, within the frame of an abstract social category. The "spooks", as he defined them, of abstractions such as Humanity, Country or Ethnicity – but, equally, Revolution or Class – will always have the tendency to enslave those who fight in their name, ultimately turning their struggle for emancipation into a process of consolidation of their domineering, abstract existence. The concept of the Public as the only possible sphere for emancipatory action seems to fall exactly into this category of "spooks". In fact, the Public is nothing but the other name of Society, that is, of the often-forceful association of individuals underneath the flag of an arbitrary commonality. This is particularly evident with national, ethnic or identity-based societies, but it

1 Max Stirner, The Ego and Its Own (Cambridge: Cambridge University Press,1995).

equally applies to populist discourses such as that of the 99%, as recently developed by the Occupy movement.

What would happen if an Italian refused to see him or herself as Italian? What if a homosexual man did not want to identify as part of the gay community? What if a worker did not want to join a strike? What if a poor person did not want to be part of the 99%? In all these cases, we would be facing a case of treason. These types of traitors are not at all different, in their status, to army deserters: the individual who refuses to conduct his life and struggle within the pre-set terrain of one or the other abstract collectivity is met not only with the reprobation of those who believe in the abstraction, but with their active persecution.

However, this type of persecution is not like that traditionally unleashed against heretics. While a heretic is a partial traitor – who abandons one abstraction in favour of another – the deserter is an individual who disbelieves all collective abstractions. Upon abandoning one, he or she does not have another abstract "motherland" to find refuge in. Revealingly, centuries after their execution, heretics are often rewarded with statues and honours by the very same societies that killed them, in the name of a newly found respect or tolerance for their "other" set of values. For disbelievers, on the other hand, no statues are ever erected: we might have seen a monument dedicated to the soldiers who fought against our nation in past eras, but have we ever seen a monument for the deserters of our army?

The possibility of treason of the individual – or, to be more exact, the constant treason of the individual as such – derives from the relationship of obedience and faithfulness between a collectivity gathered around a common idea, and its central abstraction. Such collectivities are by nature religious groups, which find the reason for their unity – and the meaning of individual lives of their members – in the common worshipping of their ideal flag. Every relationship between the members of these collectivities, between them and those of another, or even between them and themselves, is mediated by this abstract third element, which constantly functions both as an element of reference and as a filter. This is particularly evident in the case of people who identify as Jewish, while defining themselves as atheists, or, in some parts of Northern Ireland, those who identify at the same time as Catholics and atheists. This co-existence of apparently mutually exclusive definitions is made possible by the actual coincidence of Religion, Ethnicity and Society: they all share the same circular shape, gathered around a "third", abstract core.

The importance of this third element in today's world, and its seemingly universal and uncritical acceptance, is exemplarily testified by the discourse over multiculturalism. Both in its positive declinations and in those that oppose it, such a discourse revolves around the understanding of "culture" as the inescapable filter through which individuals can be understood within society – and can understand themselves. The apparent benevolence of multiculturalism towards individuals is indissolubly bound to their belonging to an abstract set of values – or culture – which defines the core of one or the other collectivity. For all those who wish to escape cultures *tout court*, as for those who do not fit into the passport system of nationalities, nothing else remains but a state of bare life.

Like the universal space of culture, the Public – or the Publics – is a religious terrain in which individuals are bound together by a common oath. The object of their oath might vary according to different situations, but it is always present: it might be the sitting and silence of a theatre audience, the style and dancing of a club crowd, the informed indignation of the public opinion, the position of shared ownership of those to whom the commons are supposed to belong, et cetera. As in every church, also in that of the Public the members are called to respect specific sets of rules, and see their membership in immediate peril the moment they transgress any of them. This is, for example, what happens on social media platforms such as Twitter or Facebook: users who do not respect the founding oath of the collectivity there congregated – for example, by posting racist comments – are to face not only expulsion at the hands of the platform managers, but an active persecution from all the other members.

Here, the Public reveals its deep relationship with another collective frame of action and communication: the crowd. Like the open crowd, as described by Elias Canetti in *Crowds and Power* (2), the Public knows no boundaries and aims at its continuous expansion. As long as it expands, the Public continues

2 Elias Canetti, *Crows and Power* (New York: Farrar, Straus and Giroux, 1984).

to exist, unthreatened. The moment its expansion ends, it begins disintegrating. Within this process, the Public, like a crowd, aims at entering each and every closed space, and to win over or annihilate anyone who stands in its way: everything should be public, everyone should be part of the Public. Also like crowds, the Public finds the moment of its pinnacle – the "discharge", in Canetti's parlance – through acts of destruction. In fact, the always highly praised process of public criticism – which, incidentally, is hardly ever a constructive moment – is the particular denomination of the destructive moment of the "discharge" within the specific crowd of the Public. Since the substance of its crowd is made of often virtual voices – as appears particularly evident on the internet – the destruction of the moment of its discharge is equally virtual: the fire of the comments sections of a newspaper's website, rather than the physical fire that flesh-and-blood crowds set on newspapers' buildings.

Seen from this perspective, the emancipatory horizon proposed by the Public, like that offered by crowd-politics, too closely resembles the crushing heel underneath which individuals have been ground since the beginning of civilisation. The movement of the Public, like that of churches or states, crowds or political parties, is a circular motion revolving around itself, an endless dance around an ideal totem. The illusion of a movement maintained at the cost of countless lives, spent working hard at worshipping abstract flags. What kind of emancipation has the Public to offer to the fragile, mortal lives of the individuals?

The Private and Capitalism

The second assumption at the basis of the historical misunderstanding of the passage between the 1970s and 1980s in Italy has to do with the relationship between the sphere of the private and capitalism.

As briefly discussed above, it is now widely accepted, both on the right and on the left wing of the political spectrum, that capitalism is the ultimate guardian of the private sphere and of the interests of the individual. If individualism were to be placed politically and economically, today's consensus would undoubtedly identify it as a philosophical protectorate of capitalism. Of course, the advocates of capitalism do not miss a chance to claim their supposed focus on the dynamics and needs of the individual. From advertising to financial services, the entire discourse of capitalism seems to speak directly to the individual. At the same time, capitalism pretends to do without ideologies and abstract "spooks", which it dismisses as typical of antiquated 20th-century politics. But is this really the case?

Much has already been said and written about the ideology of capitalism, by thinkers such as Mark Fisher or Slavoj Žižek among others. Clearly, capitalism maintains an ideological vision of itself, an abstract conception of the individual and a set of abstract, fixed values which it defines as its own culture. There is no need to discuss this any further. What, however, has rarely been noticed, is how capitalism systematically fails at maintaining its actual focus on the individual, despite its claims of doing so. If individualism were to be placed politically and economically, it would certainly escape the capitalist system as if it were a plague. In order to unfold this statement, we should examine the status of individuals within the capitalist system, as opposed to what could be their state of freedom and autonomy.

The most immediate point from which to begin this observation is undoubtedly the work regime. After centuries of technological development, dearly paid by generation after generation of workers and slaves, in an age in which machinery has virtually taken over from humans in the production of goods and of most services, the problem of work still hangs above us as the most threatening Damocles' sword. Not only the amount of hours spent working by a person throughout his or her life has constantly increased in the last decades – and has no likelihood of decreasing any time soon – but the state of being out of work is still perceived and experienced as a state of utter minority, surrounded by the disapproval of others and by one's individual poverty. What has the so-called development of the last five centuries been for, if its maintenance seems to require at least as much effort as its construction?

Even more evident are capitalism's attempts at the individual's interests by imposing work as an end in itself for a person's life. This is the spook of a career, the "must" of one's ambition, to be fulfilled at work. As Charles Bukowski precisely put it in *Factotum*, "it was true that I didn't have much ambition, but there ought to be a place for people without ambition, I mean a better place than the one usually reserved. How in the hell could a man enjoy being awakened at 6:30 a.m. by an alarm clock, leap out of bed, dress, force-feed, shit, piss, brush teeth and hair, and fight traffic to get to a place where essentially you made lots of money for somebody else and were asked to be grateful for the opportunity to do so?"(3) Ironically, as has become apparent in recent years, the promise of a career has increasingly taken the grotesque traits of a typical 20th-century metanarrative: a promise that, apart from its meagreness, is not even delivered. Interestingly, if traditional metanarratives were the opium of the masses, capitalism is able to sustain its own crumbling promises only through the intensive use of antidepressant and anxiolytic drugs of its subjects.

But the self-referentiality of capitalism's work regime, and its disregard for the individual, becomes even more apparent if we compare the supposed usefulness of what is produced to the cost that the individual worker has to bear in order to produce it. How can we understand the relationship between the blindness caused to workers by sandblasters, and the outcome of tacky artificially faded jeans? Where is the relationship of necessity, between the leukemia caused to workers by the use of chemical dyes and the outcome of horrendous green frog-shaped slippers to be sold in gift shops? If we take the "worker" definition from the working person, it is the individual – and a great number of them – who suffers under the rule of capitalist work.

Similarly, it is on the individual poor, and not on the abstract name of "the poor", that the poverty caused by capitalism falls. It is the individual biological creature, and not the abstract definition of "nature", that is poisoned and ripped apart by the "collateral damages" of capitalist production. It is the individual mind, and not the totem of the Public, which is polluted by the overpowering flow of information-noise spread by all capitalist media. And it is against the individual that capitalism throws its ever-changing discourse on identity, self-worthiness and recognition. Only in so far as an individual accepts identification with one or the other model available – occasionally called markets, tribes, subcultures, etc. – or volunteers to create a new one, will he or she be the object of capitalism's benevolent attention. In other words, it is only in so far as the individual ceases to be an individual and enters one or another of the Publics of capitalism that he or she will be a good

3 Charles Bukowski, *Factotum* (Boston: Black Sparrow, 1975).

capitalist individual. There is nothing "personal" or "private" in the regime of capitalism: everything is Public, under the sleepless eye of capital.

Furthermore, it would be erroneous to consider capitalism as an autonomous system, which does not necessitate the aid of other innately public and anti-individualistic organisations such as the state. Capitalism and the state play an endless game of bad cop/good cop, alternatively punching or caressing the individual's head. What one takes away from the individual, the other appears to offer, until yet again they swap roles in their dance. And at the centre of their minuet stays the Public, under its various names and declinations: it is all together that we must obey the state, all together we must work for the good of capital. All together we should observe, comment, progress or rebel, so that all together we will once again be submitted to a new universal system. Both the regime of the state and that of capitalism are based on universal communication: their discourses must reach everyone, and everyone must respond to them, no matter if positively or negatively. The Public must always pay attention, it must be alert, and possibly must use the little energy left after a day of exhausting, pointless work to contribute his or her opinion to the exhausting, pointless debate.

Laze Biosas

In the face of the all-reaching ambitions of the Public, what is an individual to do? Certainly, no individual is ever in the position to tell another what is to be done. Thus, it is to myself that I address this question: what am I to do, in the face of the Public?

If the Public is a measureless, insatiable mouth, eternally hunting through the deserts and cities of the world for ever more prey, I should tell myself to "live in hiding" – *laze biosas*, as Epicurus succinctly put it. To hide oneself from the mouth of the Public means, first of all, to shield one's eyes from the eyes of the Public, not to return the gaze that the Public casts on one. Like Medusa, the Public's stare is powerful and terrible enough to transform any individual into yet another lifeless rock in the stone garden of society. Every stone is indistinguishable from the other, devoid of any sound until it clangs against another, in the circular avalanche of opinions.

To hide from the Public means to withdraw from the communal cult of abstractions that keeps us together. To break away from the religion of sacrifice which sees representation as the only way to existence: either the physical representation of certain types of politics, or the semiotics of a life lived in the name of something "bigger than oneself". To hide from the Public thus means to do without the type of meaning that finds its strength and justification in the volume of its reflections on the glass-like skin of rock-hard individuals. Those hiding from the Public offer themselves as opaque surfaces that don't illuminate anything and anyone around them with the same light they had cast upon themselves. Such individuals refuse to become relay stations of the Public cult of their shared names.

However, hiding from the Public does not mean shying away from any contacts or conflicts with others, or with society. Like wolves hiding in the forest, individuals might feel the need or desire to walk through the farmland, laugh at the guard dogs and possibly steal some of their food. They might want to enter into conflict with society or with others, or occasionally into opportunistic alliance with them. Such individuals might want to do so together with others like them. Like the Jivaros natives of Ecuador, who famously live far apart from each other and congregate only on the occasion of a war expedition, such grouping might be only temporary and for a specific purpose. These expeditions will resemble those of the sluagh, the multitude of spirits of the Scottish Highlands, which, expelled forever from the world of the apparently-living, return to haunt their dreams and pillage their homes in a state of apparent-death.

These collectives of people in hiding, like the "unions of egoists" discussed by Max Stirner, are the furthest possible things from the creation of a Society or of a Public. Different from Society, they have no ambition of setting themselves as permanent institutions, which would eventually take over the individual lives of their members. Different from the Public, they do not have the shape of a circle of people, gathered around the shared hallucination of a central abstraction. The core and reason of such groupings is simply the achievement of the aims of their members – something which has hardly anything to do with the couch-bound passivity of the Public of a spectacle, or with the tragic run of headless chickens of the Public of societal politics.

Living in hiding from the cheap gods of Society and of the Public, one has the opportunity of unveiling the hidden reality of a godless, merciless world, in which life ends in death, with no possibility of return or immortality. For those who are to die, no time is left for the childish worshipping of any masters, and particularly not of invisible ones. They have no time to build totems and bow their heads in front of them.

Once awakened to their mortality, individuals are also awakened to the urgency of joy in their life. Hence the importance of friendship for those who hide, of beauty, of pleasure and excess: no abstraction or fiction can take joy on their behalf, as happens with the self-sacrificing members of Society and of the Public. What is lost to them is lost forever, with no "greater good" or invisible audience clapping hands to ease their pain. What is available to them must be grabbed at once, and at once devoured. It matters little if in doing so one does not respect the rules of a culture, or the capricious requests of one of the countless gods.

For those who are to die, for those in hiding from the gods, there is no time for a communication that does not have the consistency of the flesh. They do not represent, they do not have opinions: representation and opinions are the stuff gods are made of. Whenever they speak, they describe a plan. Whenever they stop talking, they put it into practice. And whenever they act, they do not expect to be thanked: indeed, "the pleasure is all theirs". They do not indulge in any form of altruism, not out of hatred for others, but out of love for themselves. They are all they can ever have, and so they believe it to be true for others.

This is the true meaning and the true practice of emancipation.

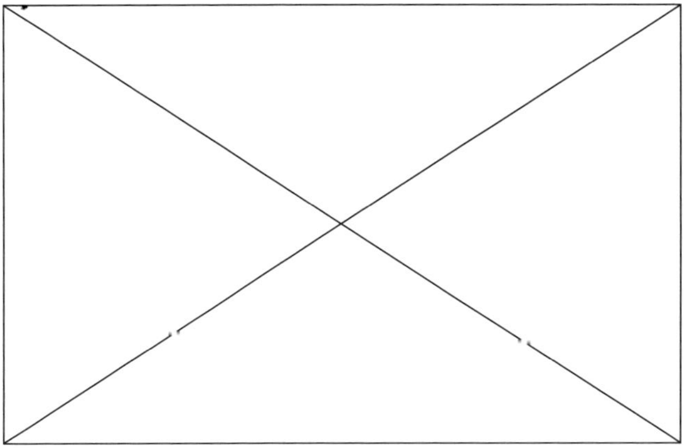

Creating the giant QR codes and putting them on the buildings, however, is not free, with one company charging about $8,500 to do so.

http://www.globalgraphica.com/wp-content/uploads/2011/10/qr-codes-rooftops-google-earth-maps-advertising-fall-2011-1.jpg

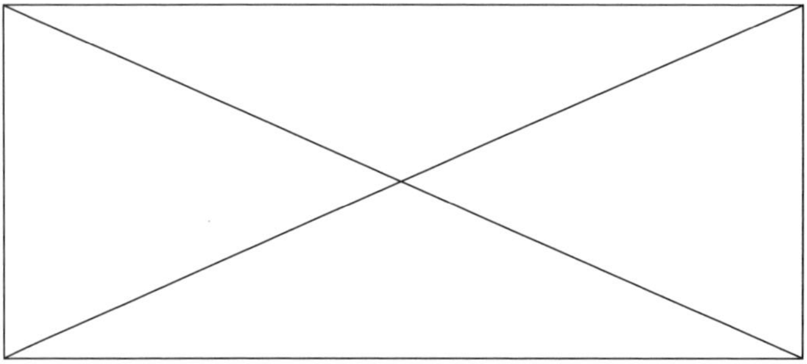

The UK's Daily Mail broke out some thermal imaging equipment in London recently to show that a large majority of Occupy Wall Street inspired protesters don't stay overnight in the tents they set up and leave them mostly empty, a claim demonstrators say is flat out bullshit. But when they did the same experiment in Zuccotti Park, the results were the exact opposites with plenty of warm bodies detected in each tent. With that settled, can the paper now stop their infrared peeping?

http://content.animalnewyork.com/wp-content/uploads/2011/10/ows_thermal_.jpeg

Tough Times: The Same and Very Different

Maria Lind

In a recent essay Olav Velthuis argues that in spite of the extraordinary commercial art boom of the last 15 years, the commercial art market has remained the same since its emergence in the 19th century. Small and medium-sized galleries continue to set up shop, operating within limited margins and selling to private individuals, institutions and corporations who collect for the sake of collecting. These buyers build collections and support artists and their dealers because they are interested in art, as opposed to sports, interior decoration or other lifestyle markers. And yet, there is no denying that parts of the commercial art market are entirely transformed and that those parts are blatantly visible today. They have consequences, both for the private sector and the non-profit sector. They are intrinsic to the global structural transformations of the art world which we are experiencing right now.

Since the late '90s the commercial art market has grown enormously in terms of both volume of sales and level of prices. For example, auction sales increased eight times between 1998 and 2008. Another place where the increase is clearly felt is the art fairs, the number of which has gone from two in 1970 to almost two hundred 40 years later. The location of this growth is described by Velthuis as the "top segment" of the commercial art market, a layer floating on top of the main bulk of art business which works more or less as usual. It is within this top segment that the more obscene features of the boom appear: art as investment and lifestyle accessory. Assets and glitz fuelled by the mega-rich, who nowadays have considerable influence on how museum collections grow and how their programmes are shaped. Celebrity culture as it has already existed for a long time within the film and fashion industries is part and parcel of this top segment, which furthermore is the section of the art world that gets almost all the attention in the current non-specialised mediascape.

Similarly the economy of art institutions such as museums, kunsthallen, kunstvereine and other art centres in Western Europe has gone through palpable changes. Like a non-identical twin of the commercial sector, this non-profit sector of the art world has certainly not seen a boom, but rather is everywhere experiencing decreasing budgets during the same period of time. Reduced subsidies or more recipients sharing existing resources are the main reasons for this development. If the institutions have not bought into the idea of art as spectacle and easily digestible entertainment, that is. Then they have most likely been able to find revenue in entry tickets, sponsorship deals and various kinds of lucrative partnerships. In order to continue functioning the others have to find additional funding through foundations, funds and private donors, or keep cutting costs. In the face of such changes those institutions continue to exist, often limping along but remaining in operation.

Some parts of the world are better equipped for acquiring additional funding than others. Furthermore the degree of demands on and possibilities of broadening the sources of funding vary from country to country. There are contexts where foundations supporting contemporary art are rare or even non-existent and where private donors are a nascent phenomenon, because the non-profit sector is still primarily structured according to the borders of nation states. In the lingo of the public sector of a place like Sweden this is termed "broadening the sources of funding". If you are successful in "broadening", or generating money from other sources, in the city of Stockholm or if you attract many visitors, especially children and youth, you are rewarded with additional "tip money" at the end of the fiscal year. This ideologically charged stimulation has turned out de facto to help increase budgets for some and left others out in the cold.

Whereas on the surface such small-scale visual arts organisations might look the same as always, the way they are run on a day-to-day basis has changed considerably since the '90s. They struggle to make ends meet, with public funding often only covering structural expenses such as rent and salaries for the post-Fordist contract workers. If they are lucky. In addition, funds for programming have to be generated from fewer regular supporters by the underpaid staff itself. Importantly, these institutions' activities don't generally fit accepted terms of assessment under neo-liberalism. They don't have impressive amounts of visitors or mentions in the media. Instead their value is not as straightforward as mere numbers and is more complicated to measure. Their way of generating value typically means delays of up to 15 years. In the present they tend to create positive effects in local neighbourhoods, as gathering places, points of reference and as shapers of identity. Their investment in the present, for instance in commissioning new work from emerging artists and testing new curatorial models, only give results decades down the line. At that point bigger institutions and the commercial sector pick up and cash in on their experiments and invite the very same artists, using those very same curatorial models, thereby attracting money, visitors and media attention. In the meantime the small-scale visual arts organisations have precarious working conditions, with low salaries and virtually no possibilities to invest in infrastructure.

On the topic of changes, one characteristic of the recent boom in the commercial art market is that the arenas for showing and selling art have shifted. The boundaries between primary and secondary art markets, for example between galleries and auction houses, have blurred. Auction houses incorporate galleries into their structures, literally combining primary and secondary operations in one organisation, and artists sell work directly through them. Galleries sell less from their physical home bases and more while temporarily visiting other, often faraway contexts through art fairs. Small and medium-sized galleries team up and create networks through which work by certain groups of artists circulates, in addition to the large powerhouse galleries that monopolise artists on a global scale. Globalisation is certainly a catchword here but upon closer inspection it can hardly match up to its claims. If anything, it is possible to talk about growing regional markets, like China and India, but they lean towards trading in art from their own home turf, rather than from elsewhere. Not unexpectedly, Western galleries mostly prefer to stick to art from the Western hemisphere.

Consequently, the conditions of art production are changing. In order to create a supply suiting the new demands, corporate studios with up to one hundred employees are becoming more common, as are waiting lists for collectors who absolutely need work by specific artists. Numerous artists with more modest production situations also repeat themselves endlessly when they realize that they have a profitable brand. Outside of regions with public support this remains a beaten track. Understandably, these artists want to make a living and earn a reputation. As a parallel, good old teaching continues to make many artists into employees. Simultaneously the academic formalisation of so-called practice-based research provides more and more artists with a source of income and an arena for production and distribution of their work. With PhD grants, and research grants from the academic world later on, they can survive and devote themselves to their work at the same time. But they also run the risk of being entangled in new problematic systems of evaluation and confirmation. If the so-called educational turn refers to self-organised initiatives where knowledge production is tied to educational models like schools, universities and academies, whose traditional forms and procedures are questioned, the "discursive turn" is more inclusive. It can also imply pedagogy more generally. The discursive turn describes an embrace of spoken exchange which can take the shape of a symposium, a seminar, a workshop or a discussion. All of them can be conceived as art projects but they can just as well be considered curated projects, in addition to formats such as an exhibition. Most of the time it is difficult to make a living from them.

While some artists live lavishly from the boom in the commercial market, other artists are neither involved nor interested in this profit-driven set-up. They reject the idea of entertainment and commerce, opting for more self-determined practices with less potential for sensationalism. Hence, we can speak of a polarisation, or better, a bifurcation between a commercial, largely object- and image-based art and self-organised, artist-driven activities that tend toward the less material, or at least "difficult-to-contain" kind of work. Discourse is key in the latter, on many levels, but not unknown in the former. The so-called educational turn, as well as the documentary turn, play an important role here, functioning as a sort of powerhouse projecting ideas and ways of working. Participatory practices sit somewhere in-between the two, with one side lending itself to fun and reassuring activities and the other side offering more challenge in the form of debates and research.

We can think of this bifurcation as a territory with "major" and "minor" strands, both as in linguistics and in Gilles Deleuze and Felix Guattari's discussion of "minor literature". They refer to Kafka's writing in German, which managed to create a sort of subversive imaginary space in a context where the Czech language was dominant. It is something marginal but powerful, with an ability to shift the terms of engagement. The bifurcation is of course a schematic picture of the current situation for contemporary art, leaving out many nuances and hybrids. Nevertheless, it identifies some influential changes and persistent features. It is essential to mention that interesting and relevant work is being made along both tracks, despite everything. Artistically and curatorially. It tends to be the kind of work which retains a speculative aspect, whether through materialism or magic.

Speaking from my own perspective, in the last year and a half in Stockholm it seems as if the bifurcation is getting wider by the month. The way the daily newspapers in Sweden write about contemporary art is astonishingly shallow, a downward curve already known in many contexts. The local exhibitions (and it is almost only exhibitions, and not other kinds of curated projects, which are in effect more "of our time" than most exhibitions) that get covered are not only provincial but often also "pretend art". A benefit of the current dOCUMENTA (13) is its firm curatorial stance that insists that art is a necessary corollary to science and culture. Art remains indispensable as a trigger for developments in those fields, today as it was in the immediate post-war period. At the same time, this dOCUMENTA (13) is a defence of art's autonomy and its structural importance in and of itself, but also recognises that when it is allowed an unleashed existence it starts to stimulate thinking and acting elsewhere. To someone who spends 60% of the work week fundraising in some form, this year's dOCUMENTA (13) offers a good chance to argue for the lost agreement between the Western European nation-states and their citizenries. After the Second World War, an agreement was struck which says that culture should be an independent force in society, standing free from political and other interference. It also says that the state should pay for this, in order to guarantee independence. Since the '90s this agreement has eroded and is now on the way to disappearing. As the severe budget cuts in the Netherlands show, radical changes in the funding system may be motivated more by ideology than by economics. Even if autonomy is a philosophical as well as empirical impossibility, we can still speak of spaces in which to manoeuvre. We need to work harder to create them here and now, in order to allow art and artists to exist under reasonable conditions, and to be able to work with and around them, without resorting to economic determinism. Some things change and others remain almost the same.

Bibliography

- Mai Abu ElDahab, Binna Choi and Emily Pethick (eds.), *Circular facts* (Berlin/New York: Sternberg Press 2011)
- Maria Lind and Olav Velthuis (eds.), *Contemporary Art and Its Commercial Markets: A Report on Current Conditions and Future Scenarios* (Berlin/New York: Sternberg Press 2012)
- Sarah Thellwall, *Size Matters: Notes Towards A Better Understanding of the Value, Operation and Potential of Small Visual Arts Organisations*, (London: Common Practice, 2011), www.commonpractice.org.uk

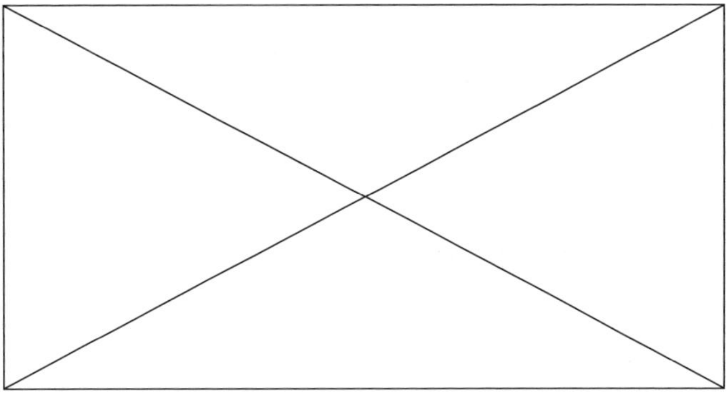

These cookies, courtesy of the girls' godmother Mama Kaye, are perfect for special occasions. michelle obama

http://media-cache-ec6.pinterest.com/upload/108156828521676880_N1H2QG88_f.jpg

The New Public: Ein grafischer Kick-off/ un kick-off grafico/A Graphic Kick-off

In der von Martino Gamper konzipierten Museion Passage präsentierten auf Einladung von Rein Wolfs vier europäische Grafikbüros ihre Gedanken zum Thema The New Public. HIT (Berlin), Lupo & Burtscher (Bozen), Metahaven (Amsterdam) und Norm (Zürich) setzten sich mittels Plakaten mit der Thematik der Herbstausstellung im Museion auseinander. Es entstanden vier sehr eigenwillige Interpretationen, die auch jeweils auf einem komplett unterschiedlichen technischen Umgang mit dem Plakat basieren.
Im "halböffentlichen" Raum des Erdgeschosses wurden die ideologischen Parameter von The New Public mit dem öffentlichkeitswirksamen Werbemedium bereits vorab hinterfragt.

Su invito di Rein Wolfs quattro studi grafici europei hanno presentato le loro riflessioni sul tema The New Public nella cornice di Museion Passage, ideato da Martino Gamper. HIT (Berlino), Lupo & Burtscher (Bolzano), Metahaven (Amsterdam) e Norm (Zurigo) attraverso l'elaborazione grafica di manifesti si sono confrontati con la tematica della mostra autunnale di Museion. Ne sono nate quattro interpretazioni molto personali, basate rispettivamente su approcci tecnici diversi.
Nello spazio "semi-pubblico" del piano terra attraverso un mezzo pubblicitario di ampia diffusione come il manifesto si è aperta la riflessione sulle tematiche di The New Public.

Rein Wolfs invited four European graphic design studios to present their reflections on the theme The New Public in the Museion Passage area conceived by Martino Gamper. HIT (Berlin), Lupo & Burtscher (Bolzano), Metahaven (Amsterdam) and Norm (Zurich) tackled the theme of Museion's autumn exhibition in poster form, giving rise to four very personal interpretations based on different technical approaches.
Museion thus kicked off its exploration of the issues that surround the idea of the The New Public using a mass communication tool like the poster in the new, "semi-public" area of the ground floor.

Metahaven

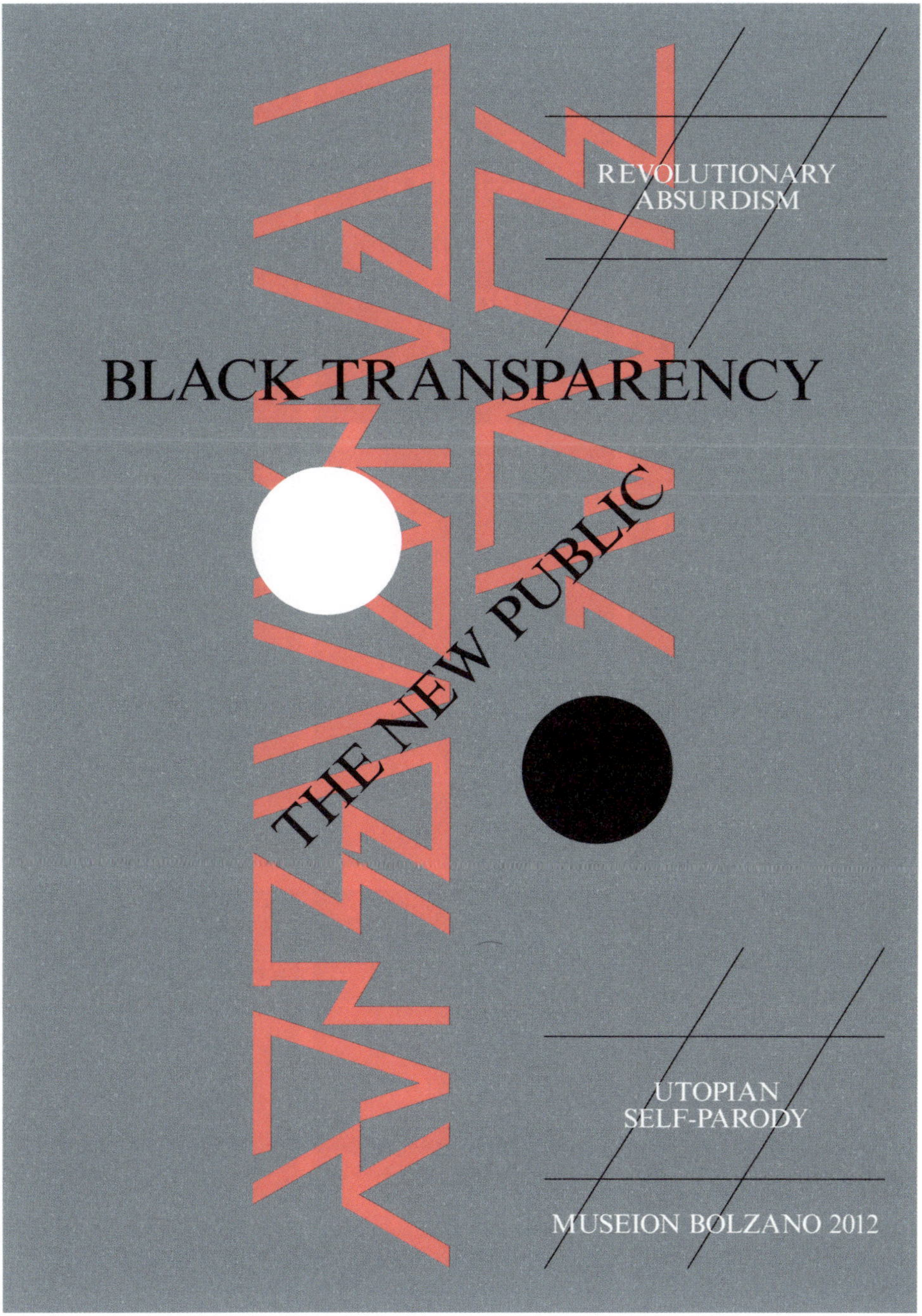

silkscreen, 176 x 120 cm

Wie wichtig ist es
Ihnen
sich in einer Gruppe
zu unterscheiden?

Üben Sie
Macht
aus?

Preferisce
che Le si
sottopongano
certezze
o possibilità?

Wählen Sie
bewusst?

Vertrauen Sie Ihrem
persönlichen
Urteil
oder schließen Sie sich
lieber der Meinung
anderer an?

Folgen Sie
gerne
Regeln?

La Sua
presenza
conta?

Perché
è qui?

Crede che l'arte
contemporanea
sia
sopravvalutata?

La consolano
i bilanci positivi?

Sagen Sie
gleich
Ihre Meinung
oder überlegen
Sie vorher?

Fühlen Sie sich
stark?

Ha mai scelto un libro
in base ad una
classifica di bestseller?

Überschätzen
Sie sich gerne selbst?

Wann haben Sie
zuletzt
an die Wahrheit
geglaubt?

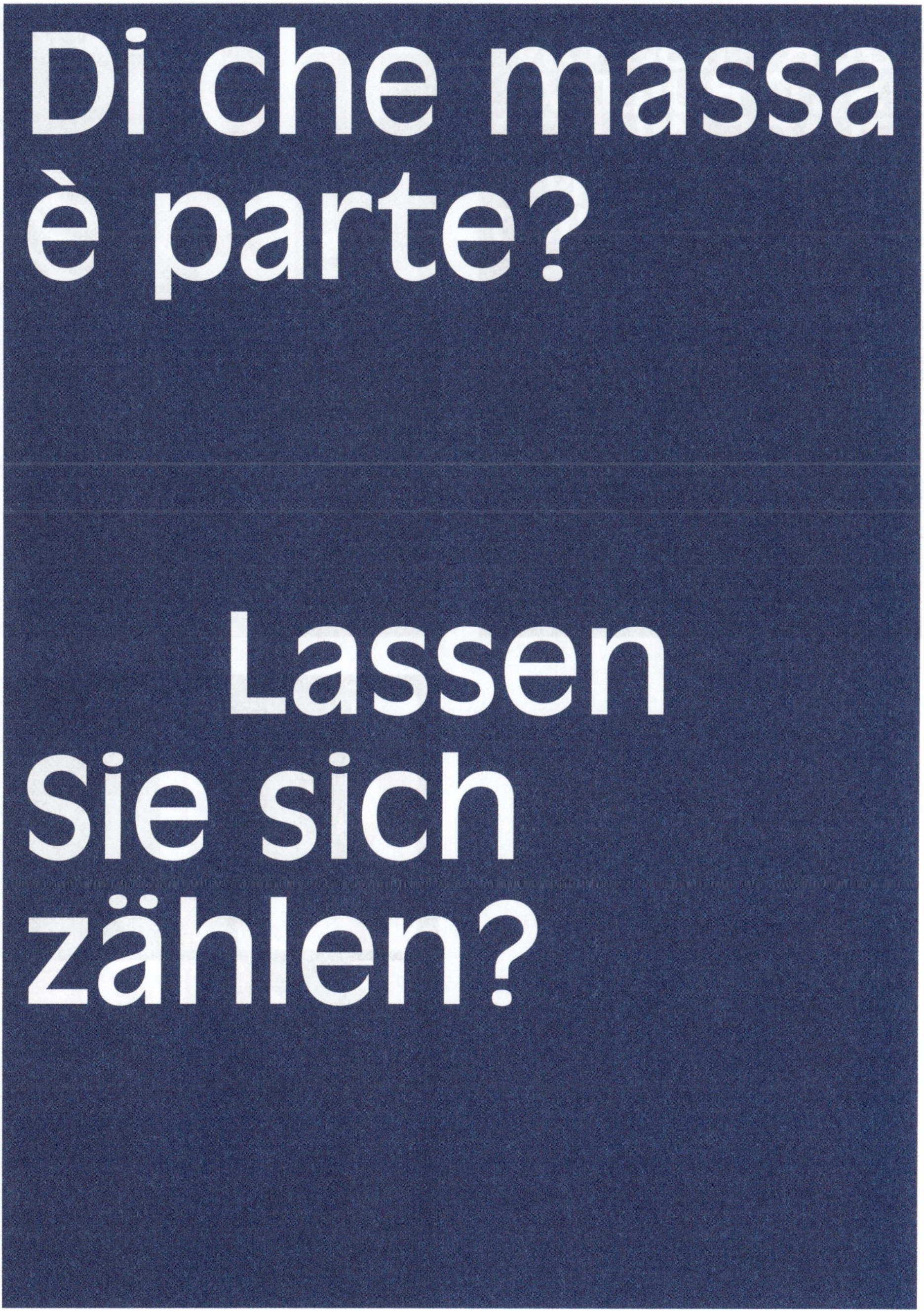

UV print, each 100 x 70 cm

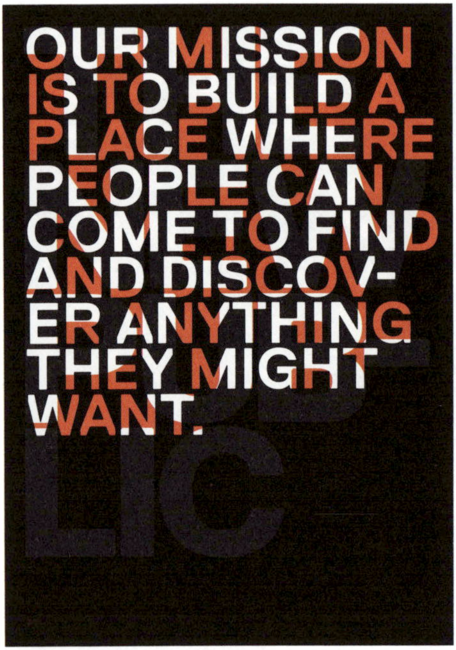
OUR MISSION
IS TO BUILD A
PLACE WHERE
PEOPLE CAN
COME TO FIND
AND DISCOV-
ER ANYTHING
THEY MIGHT
WANT.

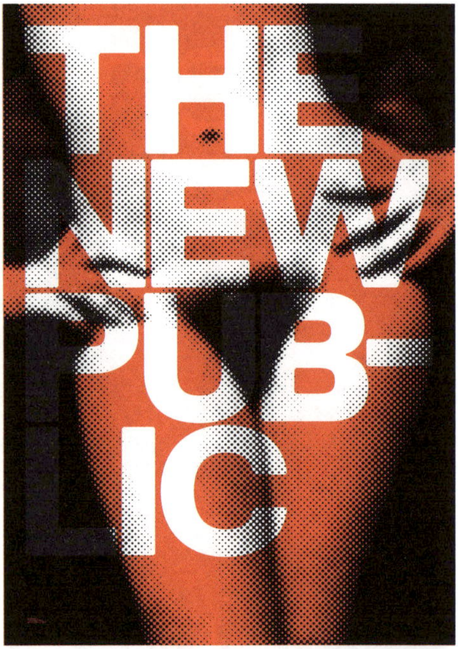
THE
NEW
PUB-
LIC

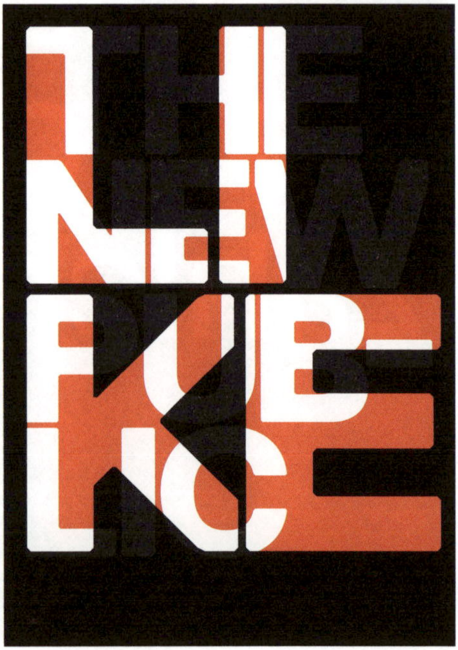
THE
NEW
PUB-
LIC

Norm

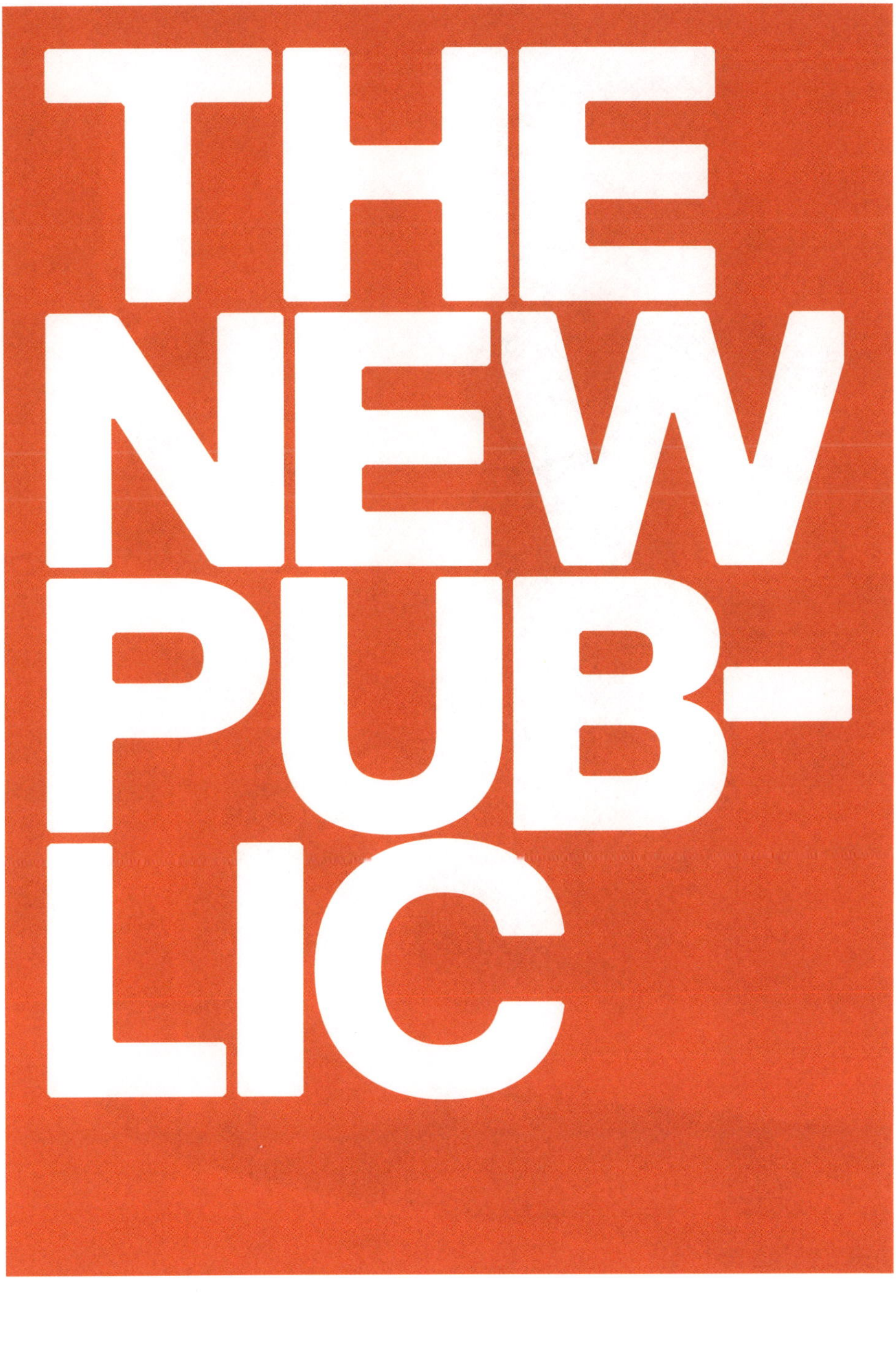

offset print, each 118.9 x 84.1 cm

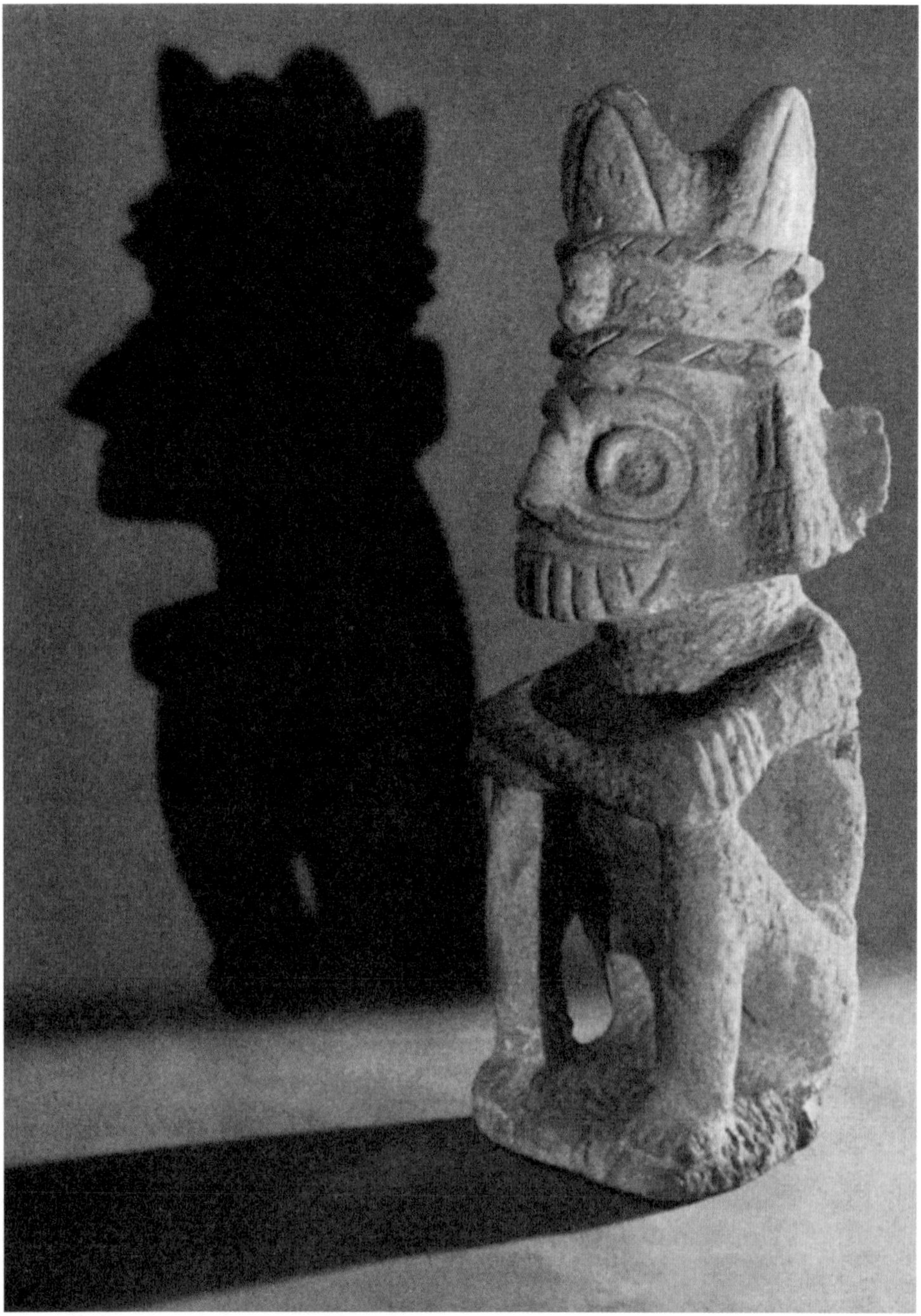

HIT

PIRATES, MONSTERS, GIANTS
FINITUDE, SOLITUDE, EXPOSITION
feminin / masculin
international

Against
a conjunctive combination of
affects, forces, and ideas

On the fringe of everything
my own private shared common
so perfectly accessible

EVERYTHING
that isolates me
as a subject, as a body
provided with a public configuration of attributes, I feel it melting.

To reproduce absence,

becoming whatever.

To collectively acquire this ability to shake familiarities.
The conspiracy of the bodies.
A call for complicity.
A call for complicity.

An unexpected complicity.

offset print, each 84.1 x 59.4 cm (double-sided, 1 of 3)

Bio- und Bibliografien der Künstler/Bio-bibliografie degli artisti/Biographies and Bibliographies of the Artists

Nina Beier (*1975, Aarhus (DK))
Lebt und arbeitet in Berlin (D)/Vive e lavora a Berlino (D)/Lives and works in Berlin (D)

Einzelausstellungen (Auswahl)/Mostre personali (selezione)/Solo exhibitions (selection)

2012 *Four Stomachs*, Objectif Exhibitions, Antwerpen
Shirts vs Skins, Laura Bartlett Gallery, London
2011 *Bleeding Clothes, Drowning Coins*, STANDARD (OSLO), Oslo
Kunsthal Charlottenborg, Copenhagen
Afrika, Croy Nielsen, Berlin
2010 *What Follows Will Follow II*, Yerba Buena Center for the Arts, San Francisco
The Testimony (with Marie Lund), Contemporary Art Museum, St. Louis

Gruppenausstellungen (Auswahl)/Mostre collettive (selezione)/Group exhibitions (selection)

2013 *Four artist exhibition*, Centre Pompidou, Paris
2012 *The Complete Works*, Tate Modern, Tank 2, London
When Attitudes Became Form Become Attitudes, CCA Wattis, San Francisco
Beyond Words, Nina Beier & Marie Lund, GAK Gesellschaft für Aktuelle Kunst, Bremen
Formes Brèves, Autres, 25, Frac Lorraine, Metz, and MARCO, Vigo
2011 *Modify, as needed*, MoCA, Miami
2010 *Exhibition, Exhibition*, Castello di Rivoli, Torino
Playing the City, Schirn Kunsthalle, Frankfurt am Main

Bibliografie (Auswahl)/Bibliografia (selezione)/Bibliography (selection)

- *The Museum Problem*, Frutta (Roma: Friends Make Books, 2011)
- Rhea Dall (ed.), Dieter Roelstraete (text), *Nina Beier* (Copenhagen: Kunsthal Charlottenborg, 2011)
- *Text, Nina Beier*, ex. cat. Proyectos Monclova, Croy Nielsen and Laura Bartlett Gallery 2011
- *Under Destruction*, ex. cat. Museum Tinguely, Basel and the Swiss Institute, NYC 2010
- *We Have as Much Time as it Takes*, ex. cat. CCA Wattis Institute for Contemporary Arts, San Francisco 2010
- *The History of Art*, ex. cat. DRAF, London 2010
- *Exhibition, Exhibition*, ex. cat. Castello di Rivoli, Torino (Torino: Skira Editore, 2010)

Rossella Biscotti & Kevin van Braak (Rossella Biscotti *1978, Molfetta (I)/Kevin van Braak *1975, Warnsveld (NL))
Seit 2006 arbeiten Rossella Biscotti und Kevin van Braak gemeinsam an verschiedenen Projekten. Sie leben und arbeiten in Amsterdam (NL)./Dal 2006 Rossella Biscotti & Kevin van Braak collaborano in vari progetti. Vivono e lavorano a Amsterdam (NL)./Since 2006 Rossella Biscotti & Kevin van Braak have collaborated on various projects. They live and work in Amsterdam (NL).

Einzelausstellungen/Mostre personali/Solo exhibitions

2012 *L'Isola*, De Vleeshal, Middelburg (RB)
Title One: the Tasks of the community, CAC, Vilnius (RB)
Shards - cacos shards, Galeria Quadrado Azul, Lisboa (KvB)

2011 *History is made of different shades of grey*, prometeogallery, Milano (KvB)

2010 *168 sections of a human brain*, Fondazione Galleria Civica/Centro di Ricerca sulla Contemporaneità di Trento (RB)

2009 *Le teste in oggetto (The heads in question)*, Nomas Foundation, Roma (RB)
After four rotations of A, B will make one revolution, Samsa, Berlin (RB & KvB)

2008 *The Undercover Man,* Wilfried Lentz, Rotterdam (RB)
Everything is somehow related to everything else, yet the whole is terrifyingly unstable, Piccolo Museion (Cubo Garutti), Bozen/Bolzano (RB)

Gruppenausstellungen (Auswahl)/Mostre collettive (selezione)/Group exhibitions (selection)

2012 dOCUMENTA (13), Kassel (RB)
Manifesta 9, Genk (RB)
Towards a warm math, On Stellar Rays, New York (RB & KvB)

2010 *Post-Monument,* XIV Biennale Internazionale di Scultura di Carrara, Carrara (RB)
To the arts, citizens!, Serralves Foundation, Porto (RB & KvB)
Tales of the unexpected, DEK22, Rotterdam (RB & KvB)
Psychosculptures, De Vleeshal, Middelburg (RB & KvB)

2009 Baltic Triennial of International Art, Vilnius (KvB)

2008 *Sarah's Journey,* Biennale of Bulgaria, Varna (RB & KvB)
With love, from Brussels, Van Abbemuseum, Eindhoven (RB & KvB)

2007 *Rencontres Internationales*, Jeu de Paume, Paris (RB & KvB)

Bibliografie (Auswahl)/Bibliografia (selezione)/Bibliography (selection)

- *Rossella Biscotti, Ten Works* (Milano/Roma: Mousse Publishing and MAXXI, 2012) (RB)
- *To the arts, citizens!*, ex. cat. Serralves Foundation, Porto 2010 (RB & KvB)
- *Cities of Continuous Lines* (Amsterdam: Fonds BKVB, 2006) (RB & KvB)

Juliette Blightman (*1980, Farnham (UK))
Lebt und arbeitet in Berlin (D)/Vive e lavora a Berlino (D)/Lives and works in Berlin (D)

Einzelausstellungen und Performances (Auswahl)/Mostre personali e performance (selezione)/Solo exhibitions and performances (selection)

2011 *I hope one day soon you'll come and visit me here*, Galerie Isabella Bortolozzi, Berlin
A Year With No Head, International Project Space, Birmingham
Death Dies, Performance with Anthony Silvester, Tramway, Glasgow, 16/4/11

2010 *the day grew dark,* drawing of curtains, Künstlerhaus Stuttgart
Paradise Lost (with Dirk Bell), Kunstverein Arnsberg
the day grew darker still, Process Room, Irish Museum of Modern Art, Dublin

2008 *please water the plant and feed the fish,* Nought to Sixty, ICA, London

Gruppenausstellungen (Auswahl)/Mostre collettive (selezione)/Group exhibitions (selection)

2011 *British Art Show 7 – In the days of the comet,* Hayward Gallery, London, and various venues across the UK
Based in Berlin, Hamburger Bahnhof and various venues in Berlin
How to Work, Kunsthalle Basel
Abspann, Kunstverein Arnsberg

2010 *One fine morning in May...,* GAK, Bremen
Under One Umbrella, Bergen Kunsthall

Bibliografie (Auswahl)/Bibliografia (selezione)/Bibliography (selection)

- *Juliette Blightman: Scripts and Descriptions 2005–2010* (Köln: Walther König, 2011)
- Gregorio Magnani, "Being Hidden, Seeing Life", *Mousse Magazine,* 22, 2010
- Jennifer Higgie, "Juliette Blightman. Quiet afternoons and meditations on the malleability of time", *Frieze,* 126, 2009
- Melissa Gronlund, "Filming Time", *Untitled,* 44 (Winter), 2008, pp. 20–23
- Richard Birkett (ed.), *Nought to Sixty* (London: ICA, 2008), p. 116

Valentin Carron (*1977, Martigny (CH))
Lebt und arbeitet in Martigny (CH)/Vive e lavora a Martigny (CH)/Lives and works in Martigny (CH)

Einzelausstellungen (Auswahl)/Mostre personali (selezione)/Solo exhibitions (selection)
2013 Biennale di Venezia, Padiglione Svizzera, Venezia
Kunsthalle Bern
2011 *Fade Walter,* Galerie Rodolphe Janssen, Bruxelles
2010 *Pergola: Monsieur,* Palais de Tokyo, Paris
2009 *Fibre fibre, austère austère,* La Conservera Centro de Arte Contemporáneo, Ceuti/Murcia
Public Art Projects, Art Basel
2008 *Luisant de sueur et de brillantine,* Viafarini DOCVA, Milano
Nous ne marcherons plus jamais seuls - Âpre Mont, Centre culturel suisse, Paris
2007 *Valentin Carron,* Kunsthalle Zürich, Zürich

Gruppenausstellungen (Auswahl)/Mostre collettive (selezione)/Group exhibitions (selection)
2012 *The Old, The New, The Different,* Kunsthalle Bern
The World as Will and Wallpaper, Le Consortium, Dijon
2011 *Sculpture Now,* Galerie Eva Presenhuber, Zürich
Echoes - La musique faite image, Centre culturel suisse, Paris
2010 XIV Biennale Internazionale di Scultura di Carrara
Optical Shift. Illusion and Deception, b-05 Kunst- und Kulturzentrum Montabaur
Distant Memory, Kunstverein Solothurn im Kunstmuseum, Solothurn
2009 *We are sun-kissed and snow-blind,* Galerie Patrick Seguin, Paris invites Galerie Eva Presenhuber, Paris
ReMap 2, Athens

Bibliografie (Auswahl)/Bibliografia (selezione)/Bibliography (selection)
- Roman Kurzmeyer und Friedemann Malsch (eds.), *Beispiel Schweiz – Entgrenzungen und Passagen als Kunst* (Ostfildern: Hatje Cantz, 2011)
- Lionel Bovier (ed.), *Valentin Carron* (Zürich: JRP/Ringier, 2011)
- Jens Emil Sennewald, "Pergola", *Kunstbulletin*, April 2010, p. 52
- Lionel Bovier (ed.), Valentin Carron, *Learning from Martigny* (Zürich: JRP/Ringier, 2010)
- John-Paul Stonard, "The Third Mind, Palais de Tokyo", *Artforum,* 7, March 2008, p. 373
- Christy Lange, "Valentin Carron", *Frieze Art Fair Yearbook* 2007
- Sarah Thornton, "Flea Circus", *artforum.com,* 12/10/2007
- Jörg Becher, "Valentin Carron – Objekt, Installation, Malerei: Pervertiertes Kulturgut", *Die 50 wichtigsten Künstler der Schweiz* (Basel: Echtzeit, 2007), pp. 104–106, 154–155

Matias Faldbakken (* 1973, Hobro (DK))
Lebt und arbeitet in Olso (N)/Vive e lavora a Oslo (N)/Lives and works in Oslo (N)

Einzelausstellungen (Auswahl)/Mostre personali (selezione)/Solo exhibitions (selection)
2012 Bit Rot, STANDARD (OSLO), Oslo
PORTRAIT PORTRAIT OF OF A A GENERATION GENERATION, Office for Contemporary Art Norway, Oslo
2010 That Death of Which One Does Not Die, Kunsthalle Fridericianum, Kassel
2009 Extreme Siesta, Kunst Halle Sankt Gallen
Shocked Into Abstraction, The National Museum of Art, Design and Architecture, Oslo
2008 I Don't Think So, Midway Contemporary Art, Minneapolis
2005 Sharing Space. Dividing Time, The Nordic Pavillion, Biennale di Venezia

Gruppenausstellungen (Auswahl)/Mostre collettive (selezione)/Group exhibitions (selection)
2012 dOCUMENTA (13), Kassel
Remote Control, ICA, London
Abstract Possible: The Stockholm Synergies, Tensta konsthall, Stockholm
2011 Le Printemps de Septembre, Toulouse
Abstract Possible: The Tamayo Take, Museo Tamayo, Mexico City

2010 Today, Art Museum Beijing
The Moon is an Arrant Thief, The David Roberts Art Foundation, London
Fresh Hell, Palais de Tokyo, Paris

Bibliografie (Auswahl)/Bibliografia (selezione)/Bibliography (selection)

- Matias Faldbakken: SEARCH, 100 Notes – 100 Thoughts, Artist Book N 035, dOCUMENTA (13), Kassel (Ostfildern: Hatje Cantz, 2012)
- Utsvedt, Øystein, Peter Osbourne, Andrea Kroknes, Matias Faldbakken: Shocked Into Abstraction (Oslo: Ikon Gallery Ltd., 2009)
- Christoph Keller (ed.), Matias Faldbakken: Not Made Visible (Zürich: Christoph Keller Editions, JRP/Ringier, 2007)
- Olga Adelantando and Shamim Momin (eds.), The Impossibility of Translation, Artist's book
- Nicolaus Schafhausen a. o., Black Screen Book, The Nordic Pavilion, Biennale di Venezia, (Stockholm: Moderna Museet, 2005)
- Populism (Berlin/New York: Lucas & Sternberg, 2005)

Petrit Halilaj (* 1986, Kostërrc (Skenderaj-Kosovo))
Lebt und arbeitet in Berlin (D), Kosovo und Mantova (I)/Vive e lavora a Berlino (D), Kosovo e Mantova (I)/Lives and works in Berlin (D), Kosovo and Mantova (I)

Einzelausstellungen (Auswahl)/Mostre personali (selezione)/Solo exhibitions (selection)

2012 *Who does the earth belong to while painting the wind?!,* Kunst Halle Sankt Gallen
2011 Kunstraum Innsbruck
Statement, with Chert, Berlin, Art Basel solo presentation, Basel
2009 *Back to the Future,* Stacion, Center for Contemporary Art Prishtina, Kosovo
Chert, Berlin

Gruppenausstellungen (Auswahl)/Mostre collettive (selezione)/Group exhibitions (selection)

2012 *It doesn't always have to be beautiful, unless it's beautiful,* Muslim Mulliqi prize, The Kosovo Art Gallery, Prishtina
Lost and found, ERROR ONE, a nomadic initiative for contemporary art, Antwerpen
30 Künstler/30 Räume, Kunstverein Nürnberg, Albrecht Dürer Gesellschaft, Nürnberg
2011 *Ernste Tiere: Petrit Halilaj, Judith Hopf, Bedwyr Williams,* Kunstverein, Bonn
Ostalgia, New Museum, New York
Based in Berlin, Atelierhaus Monbijoupark and various venues in Berlin
2010 6. berlin biennale für zeitgenössische kunst, Berlin

Bibliografie (Auswahl)/Bibliografia (selezione)/Bibliography (selection)

- Giovanni Carmine, "Future Greats", *Art Review,* 57, March 2012
- *Petrit Halilaj,* Artist's book (Innsbruck/Berlin: Kunstraum Innsbruck and Chert, 2011)
- Johan Lundh, "Petrit Halilaj", *Metropolis M,* 3, June/July 2011
- Vincenzo Latronico, "Where is Petrit's real house?", *Domus,* 939, September 2010
- Barbara Casavecchia, "Here and there", *Mousse Magazine,* 23, April 2010

Christian Jankowski (* 1968, Göttingen (D))
Lebt und arbeitet in Berlin (D)/Vive e lavora a Berlino (D)/Lives and works in Berlin (D)

Einzelausstellungen (Auswahl)/Mostre personali (selezione)/Solo exhibitions (selection)

2012 *Christian Jankowski. Casting Jesus,* MACRO, Roma
Crying for the March of Humanity, Sala de Arte Público Siqueiros, Mexico City
2011 *Videolounge presents Christian Jankowski,* Berlinische Galerie, Berlin
The Finest Art on Water, Frieze Projects 2011, London
Jesus está aquí, Proyectos Monclova, Mexico City
2010 *The Perfect Gallery,* Cube Gallery, Manchester
Tableau Vivant TV, Sue Crockford Gallery, Auckland
Kunst und Krise, Akademie der Künste, Berlin
Open Studio, 100 Years Villa Massimo, Roma

Gruppenausstellungen (Auswahl)/Mostre collettive (selezione)/Group exhibitions (selection)

2012 *Radar,* Loughborough University, Loughborough
Im Raum des Betrachters, Pinakothek der Moderne, München
Zeigen. Eine Audiotour durch Baden Württemberg, Staatliche Kunsthalle Karlsruhe
Pobre Artista Rico. El valor estético en transacción, Casa del Lago, Mexico City
FoodForward, Stroom, Den Haag
Here in your space, Grand Central Art Center, Santa Ana, California
Utopie Gesamtkunstwerk, 21er Haus, Belvedere, Wien

Bibliografie (Auswahl)/Bibliografia (selezione)/Bibliography (selection)

- *Strip the Auctioneer* (Köln: Walther König, 2010)
- *Now for Something Completely Different* (Wien: Bawag Foundation, 2009)
- *Dienstbesprechung* (Stuttgart: Kunstmuseum Stuttgart, 2008)
- "Christian Jankowski", *Parkett,* 81, 2007, pp. 66–107
- *Magic Circle* (Frankfurt am Main: Revolver, 2004)
- *Christian Jankowski,* ex. cat. Museo d'Arte Contemporanea, Roma (Milano: Electa, 2003)
- *Christian Jankowski: Play* (Amsterdam: De Appel Foundation, 2003)
- *The Holy Artwork,* ex. cat. Künstlerhaus Bethanien, Berlin (Frankfurt: Revolver, 2002)

San Keller (* 1971, Bern (CH))
Lebt und arbeitet in Zürich (CH)/Vive e lavora a Zurigo (CH)/Lives and works in Zürich (CH)

Einzelausstellungen (Auswahl)/Mostre personali (selezione)/Solo exhibitions (selection)

2012 *San Keller Frühwerk 1974–1991,* Sammlung Marianne und Fritz Keller, Kunstmuseum Thun
Spoken Work, Helmhaus, Zürich
Are there any rules, Galerie Brigitte Weiss, Zürich
2010 *E270 CD I,* Muro Gallery, Genève
2009 *Pre-, Pre-, Pre-, Pre-, Preview,* Kunsthalle Fridericianum, Kassel
Show, show, Centre PasquArt, Biel

Gruppenausstellungen (Auswahl)/Mostre collettive (selezione)/Group exhibitions (selection)

2012 *And so on and so forth,* Center for Contemporary Art, Riga
2011 *Über die Metapher des Wachstums,* Kunstverein Hannover
Playing the city 3, Kunsthalle Schirn, Frankfurt am Main
Merzworld, Cabaret Voltaire, Zürich
2011/2010 *For real!,* Kunst Halle Sankt Gallen
2009 *Lapdogs of the bourgeoisie,* Arnolfini, Bristol

Bibliografie (Auswahl)/Bibliografia (selezione)/Bibliography (selection)

- *Kiosk* (Zürich: Edition San Keller, 2012)
- *Digestiv (Walk),* Bd./voll./vol. 1–5 (Zürich: Edition San Keller, 2009–2011)
- Internationale Lichttage Winterthur (eds.), *Im Göttlichen Licht* (Zürich: Edition San Keller, 2010)
- *Show show* (Zürich: Fink, 2010)
- *San Kellers Witzbuch* (Zürich: Fink, 2001)

Klara Lidén (* 1979, Stockholm (S))
Lebt und arbeitet in Berlin (D)/Vive e lavora a Berlino (D)/Lives and works in Berlin (D)

Einzelausstellungen (Auswahl)/Mostre personali (selezione)/Solo exhibitions (selection)

2012	Bodies of Society, New Museum, New York
2011	Moderna Museet, Stockholm
2010	Serpentine Gallery, London
	Always be Elsewhere, Jeu De Paume, Paris
2009	Projects 89, Museum of Modern Art, New York
	Never Come Back, Kunsthalle Fridericianum, Kassel
2007	Klara Lidén, The Hayward Gallery, London
	Unheimlich Maneuver, Moderna Museet, Stockholm

Gruppenausstellungen (Auswahl)/Mostre collettive (selezione)/Group exhibitions (selection)

2012	To the Moon via the Beach, Amphitheatre Arles
2011	54. Biennale di Venezia
2009	Non-Solo, Non-Group Show, Kunsthalle Zürich
2007	MD 72, Berlin
2006	4. berlin biennale für zeitgenössische kunst, Berlin
	Looking Back, White Columns, New York
2005	When Humor Becomes Painful, Migros Museum für Gegenwartskunst, Zürich

Bibliografie (Auswahl)/Bibliografia (selezione)/Bibliography (selection)

- Massimiliamo Gioni, Jenny Moore (eds.): Klara Lidén: Bodies of Society (New York: New Museum, 2012)
- Sophie O'Brien, Teresa Hahr and Melissa Larner, Klara Lidén, Serpentine Gallery, Moderna Museet (London: Koenig Books, 2010)
- Rein Wolfs, "Klara Lidén", artmagazin.de, 17/5/2010
- Ei Arakawa, Nikolas Gambaroff, Nick Mauss, Nora Schultz (eds.), Klara (Berlin: Kunsthalle Zürich and Galerie Neu, 2010)
- Sam Thorne, "Klara Lidén, Anarchic Urbanism", Frieze Magazine, 116, Summer 2008
- Sarina Basta, "Strategie der Taktik", Texte zur Kunst, März 2005
- Roberta Smith, "Klara Lidén", New York Times, 14/1/2005

Erik van Lieshout (* 1968, Deurne (NL))
Lebt und arbeitet in Rotterdam (NL) und Köln (D)/Vive e lavora a Rotterdam (NL) e Colonia (D)/Lives and works in Rotterdam (NL) and Cologne (D)

Einzelausstellungen (Auswahl)/Mostre personali (selezione)/Solo exhibitions (selection)

2012	*Commission,* MMK Frankfurt
2011	*How Can I Help You?,* Hayward Gallery, London
2009	*Im Netz,* Ludwig Museum, Köln
2007	*Homeland Security,* Projekt am Museumsplatz, Städtische Galerie im Lenbachhaus, München
	Kunsthaus Hollywood, Kunsthaus Zürich
	Guantánamo Baywatch, Hammer Projects, Hammer Museum-UCLA, Los Angeles
2006	*This can't go on (Stay with me),* Museum Boijmans Van Beuningen, Rotterdam

Gruppenausstellungen (Auswahl)/Mostre collettive (selezione)/Group exhibitions (selection)

2012	Manifesta 9, Genk
2010	*Trust,* Seoul Media City, Seoul Museum of Art, Seoul
2008	*After Nature,* New Museum, New York
2007	*Brave New Worlds,* Walker Art Center, Minneapolis
2006	4. berlin biennale für zeitgenössische Kunst, Berlin
2003	*We are the world* (with Jeanne Van Heeswijk, Meschac Gaba, Alicia Framis, Carlos Amorales), Dutch Pavilion, Biennale di Venezia

Bibliografie (Auswahl)/Bibliografia (selezione)/Bibliography (selection)
- Adrian Searle, "The Ali G of Art", *The Guardian* (ArtsVisual Art), 11/1/2011, p. 22
- Tom Morton, Erik van Lieshout, "I should make artworks for my friends", an interview with Erik van Lieshout, *How can I help you? Hayward Gallery Project Space, London,* 12/1/2011-27/1/2011
- Alexander Scrimgeour, "Maccarone inc.", *Artforum International,* April 2009, pp. 185-186
- Ken Johnson, "Erik van Lieshout, Sex is Sentimental", *The New York Times,* 05/2/2009
- Ulrich Loock, "Erik van Lieshout - Willem de Rooij" (conversação, conversation), *Violência Institucional e Poética, Institucional and Poetic Violence* (Porto: Fundação de Serralves and Civilização Editora, 2008), pp. 128-144 and 145-181
- Ellen Blumenstein and Felix Ensslin (eds.), "Erik van Lieshout", *Between two deaths, Zwischen zwei Toden* (Ostfildern: Hatje Cantz, 2007), pp. 283-284 and 192-193
- Maurizio Cattelan and Massimiliano Gioni, Ali Subotnick, "El Topo: Cinque domande a Erik van Lieshout", *Domus,* 878, February 2005, pp. 137-138
- Dominic Eichler, "O brother where art thou?", *Frieze,* 81, March 2004, pp. 76-79

Helen Marten (* 1985, Macclesfield (UK))
Lebt und arbeitet in London (UK)/Vive e lavora a Londra (UK)/Lives and works in London (UK)

Einzelausstellungen (Auswahl)/Mostre personali (selezione)/Solo exhibitions (selection)

2012	Kunsthalle Zürich
	Palais de Tokyo, Paris
	Chisenhale Gallery, London
2011	*Dust and Piranhas,* Park Night Project, Serpentine Gallery, London
	Take a stick and make it sharp, Johann König, Berlin
2010	*I like my heroes marble chested,* Carl Kostyal Space, London
	Wicked patterns, T293, Napoli

Gruppenausstellungen (Auswahl)/Mostre collettive (selezione)/Group exhibitions (selection)

2012	*When Attitudes Became Form become Attitudes,* CCA Wattis Institute, San Francisco
	Standard Operating Procedures, Blum and Poe, Los Angeles
	MARCH, Sadie Coles HQ, London
2011	*Beyond Gestaltung,* Bielefelder Kunstverein, Bielefeld
	Hasta Mañana, Greene Naftali, New York
2010	*WUFF,* COCO Kunstverein, Wien

Projekte und Bibliografie (Auswahl)/Progetti e bibliografia (selezione)/Projects and bibliography (selection)
- *Atari Home Studio* – ongoing poster-print publications

Metahaven
Metahaven ist ein Kollektiv, das im Grenzbereich zwischen Politik und Ästhetik forscht und designt. Gegründet wurde es 2006 von Vinca Kruk und Daniel van der Velden. Metahaven arbeiten und lebt in Amsterdam (NL)./Metahaven è un collettivo che si occupa di ricerca e design al confine tra politica ed estetica. È stato fondato nel 2006 da Vinca Kruk e Daniel van der Velden, che vivono e lavorano ad Amsterdam (NL)./Metahaven is a research and design outfit on the cutting blade between politics and aesthetics. Founded in 2006 by Vinca Kruk and Daniel van der Velden, Metahaven lives and works in Amsterdam (NL).

Einzelausstellungen (Auswahl)/Mostre personali (selezione)/Solo exhibitions (selection)
2009 *Stadtstaat,* Künstlerhaus Stuttgart and Casco, Utrecht
2008 *Affiche Frontière,* CAPC musée d'art contemporain de Bordeaux

Gruppenausstellungen (Auswahl)/Mostre collettive (selezione)/Group exhibitions (selection)
2012 *Graphic Design: Now In Production,* Cooper-Hewitt National Design Museum, New York
2011 Gwangju Design Biennale 2011, Gwangju
Graphic Design: Now In Production, Walker Art Center, Minneapolis
Utopian Structures. New Existentialism Part 3, Alte Fabrik, Rapperswil-Jona
Graphic Design Worlds, Triennale Design Museum, Milano
2010 Manifesta 8, Murcia
2007 *Forms of Inquiry,* AA London

Bibliografie (Auswahl)/Bibliografia (selezione)/Bibliography (selection)
- *Black Transparency,* forthcoming, 2012
- *Uncorporate Identity* (Baden: Lars Müller Publishers, 2010)
- *White Night Before A Manifesto* (Eindhoven: Onomatopee, 2008)

Danh Vo (* 1975, Bà Rịa (VN))
Lebt und arbeitet in Berlin (D)/Vive e lavora a Berlino (D)/Lives and works in Berlin (D)

Einzelausstellungen (Auswahl)/Mostre personali (selezione)/Solo exhibitions (selection)
2012 *Vô Danh,* Kunsthaus Bregenz
Herzlich Willkommen, Kunstraum Innsbruck
2011 *JULY, IV, MDCCLXXVI,* Kunsthalle Fridericianum, Kassel
Master-Slave Dialectic (with Henrik Olesen), Foundation Morra Greco, Napoli
2010 *Hip Hip Hurra,* National Museum for Art, Copenhagen
2009 *Where the Lions Are,* Kunsthalle Basel
2008 *Package Tour,* Stedelijk Museum, Amsterdam
2006 *Dreams and Expectations,* Bergens Kunsthal, Bergen
2004 *Selfportraits,* Signal, Malmø

Gruppenausstellungen (Auswahl)/Mostre collettive (selezione)/Group exhibitions (selection)
2011 *Heroes,* GAM Galleria Civica d'Arte Moderna e Contemporanea, Torino
Open House, Singapore Biennale
2010 *10.000 Lives,* Gwangju Biennale
2010 6. berlin biennale für zeitgenössische kunst, Berlin
2008 Busan Biennale
Manifesta 7, Rovereto

Bibliografie (Auswahl)/Bibliografia (selezione)/Bibliography (selection)
- *Danh Vo, Catalogue raisonné* (Bregenz: Kunsthaus Bregenz, 2012)
- *Danh Vo, Where The Lions Are* (Basel: Kunsthalle Basel, 2009)
- Bundesverband der Deutschen Volksbanken und Raiffeisenbanken (BVR) (ed.), *Blauorange Prize catalogue* (Bielefeld: Kerber, 2007)

Abbildungsverzeichnis/Elenco delle illustrazioni/List of Illustrations

Klara Lidén

32-34 Exhibition view: *Klara Lidén: Bodies of Society,* New Museum, New York, 6/5/2012–1/7/2012, incl. *Untitled (Trashcan),* 2010, private collection and *Untitled (Trashcan),* 2011, private collection, courtesy New Museum, New York. Photo: Benoit Pailley

35 *Untitled (Trashcan),* 2010, private collection. Photo: Jason Mandella

Helen Marten

26-29 *As modest as a maid (womenswear bench, or artisanal garments for a discerning lady),* 2011, Andrea Thuile and Heinz Peter Hager, Bolzano, Italy, exhibition view: *Helen Marten, Take a Stick and Make it Sharp,* Johann König, Berlin, 30/4/2011–4/6/2011, courtesy Johann König, Berlin. Photos: Roman März

30-31 *Dust and Piranhas,* 2011, DEPART Foundation Collection, © the artist; Sadie Coles HQ, London; T293, Napoli/Roma

Metahaven

144 *Letter to a Eurocrat about Data Retention,* 2011, courtesy Metahaven and Ludwig-Maximilians-University, Munich

145 *WikiLeaks Scarf,* 2011, courtesy Metahaven and Gwangju Design Biennale 2011. Photo: Meinke Klein

146 *Reconstruction of a December 2, 2011, City of London Police notice which formally labels the Occupy movement as a terrorist threat, alongside Al Qaeda and FARC,* 2011, courtesy Metahaven and Graphic mag, Korea

147 *Euromayday 2008,* 2008, courtesy Metahaven

Erik van Lieshout

78-79 *Untitled,* 2012, courtesy the artist. Photo: Jhoeko

80-81 *Untitled,* 2012, courtesy the artist. Photo: Jhoeko

82-83 *Untitled,* 2012, courtesy the artist. Photo: Jhoeko

84-85 *Untitled,* 2012, courtesy the artist. Photo: Jhoeko

Danh Vo

134 *Cortez, Colorado to Colmar,* 2012, collection of Eileen & Michael Cohen, courtesy the artist, Eileen & Michael Cohen, Marion Goodman Gallery, New York. Photo: Danh Vo

135 *Maria Ngo Thi Ha,* 2008, BSI Art Collection, Switzerland, courtesy the artist, BSI Art Collection, Switzerland, Galerie Isabella Bortolozzi, Berlin. Photo: Thomas Cato Nebeling

136 *Live Free or Die,* 2011, collection: Julie Ault. Photo: Heinz Peter Knes

137 *2.2.1861,* 2009, courtesy the artist, Galerie Isabella Bortolozzi, Berlin. Photo: Danh Vo

138 *We the People* (detail), 2011, courtesy the artist, Gallery Chantal Crousel, Paris and Getting Ready for Barbecue in Basel. Photo: Danh Vo

139 *White glazed tiles, each with one of a number of different plant details screenprinted on in warm red. The engravings of the plant details reproduced, were chosen according to a list of flowers discovered by French missionary and botanist Jean-André Soulié in the regions of southern China and Tibet in the late 19th century, from the archive of the Musée National d'Histoire Naturelle, Paris: Aconitum souliei, inflorescence portion Lilium souliei, outer and inner tepel/Anemone coelestina var. souliei, flowering plant Rosa soulieana, fruit/Aconitum souliei, cauline leaf/ Anemone coelestina, basal leaf Anemone coelestina, carpel/Luzula rufescens, flowering plant Anconitum souliei, upper cauline leaf/Anemone coelestina, basal leaf Anemone coelestina, flowering plant/Rosa soulieana, fruiting branch Lilium souliei, distal portion of flowering plant/ Nepeta souliei, flowering plant Rosa soulieana, flowering branch/Cerasus fruticosa, fruiting branch Cerasus tomentosa var. souliei, fruiting branch,* courtesy the artist, Galerie Isabella Bortolozzi, Berlin. Photo: Nick Ash

MUSEION

Direktion/Direzione/Director: Letizia Ragaglia

Kaufmännische Leitung/Direzione amministrativa/Administration director: Margit Oberrauch

Kuratorenassistenz/Assistenza curatoriale/Curatorial assistant: Frida Carazzato

Ausstellungsorganisation – Publikationen/Organizzazione mostre – Pubblicazioni/Exhibition organization – publications: Brigitte Unterhofer-Klammer (Verantwortlich/Responsabile/Responsible), Petra Guidi, Susanna Piccoli, Carlo Degasperi (Technik/Tecnica/Technician)

Organisation Sammlung – Archiv/Organizzazione collezione – Archivio/Organization collection – archive: Elena Bini (Verantwortlich/Responsabile/Responsible), Daniela Ferrari-Ferratello, Katia Cont

Forschung – Lehre/Ricerca – Insegnamento/Research – teaching: Andreas Hapkemeyer

Marketing – Öffentlichkeitsarbeit/Marketing – Relazioni esterne/Marketing – External relations: Sarah Greenwood (Verantwortlich/Responsabile/Responsible), Klaus Hartig, Elisa Tessaro, Caterina Longo (Presse/Ufficio Stampa/Press office)

Besucherservice – Bildungsprojekte/Servizi al pubblico – Progetti educativi/Visitors services – educational projects: Michael Giacomozzi (Verantwortlich/Responsabile/Responsible), Ivo Corrà, Brita Köhler, Judith Weger

Bibliothek/Biblioteca/Library: Alessandra Riggione

Direktionssekretariat/Segreteria di direzione/Secretary: Dietlinde Engl-Mittermair, Katja Vigl-Fink

Rechnungswesen/Contabilità/Accounting: Manuela Inderst-Cazzanelli, Cinzia Mantovani

Haustechnik/Servizio tecnico edificio/Technical staff: Martin Niederstätter, Cristian Micheloni

Bookshop – Eingangsbereich/Bookshop – Ingresso/Bookshop – entrance area: Letizia Basso, Katherina Federer, Barbara Riva, Elisabeth Volgger

Aufsicht/Sorveglianza/Custodians: Annamaria Anderlan, Matteo Jamunno, Saman Kalantari, Mario Tauber, Laura Claut, Catia Zarattin

KunstvermittlerInnen/Mediatori d'arte/Art mediators: Dorothea Arbesser, Marta Emanuele, Rita Mentzel, Katherina Perlongo, Valentina Zaggia, Jane Meehan

MUSEION

AUTONOME PROVINZ BOZEN SÜDTIROL
PROVINCIA AUTONOMA DI BOLZANO ALTO ADIGE

gefördert von
Stiftung Südtiroler Sparkasse
Fondazione Cassa di Risparmio
sostenuto da

MUSEIONPARTNER

MUSEION
Museum für moderne und zeitgenössische Kunst
Museo d'arte moderna e contemporanea
Museum of modern and contemporary art
Dantestraße 6 Via Dante
I–39100 Bolzano/Bozen
info@museion.it
www.museion.it

Impressum/Colophon/Imprint

Diese Publikation erscheint anlässlich der Ausstellung/Questa pubblicazione è stata realizzata in occasione della mostra/This catalogue is published on the occasion of the exhibition

The New Public. Von einer neuen Öffentlichkeit und einem neuen Publikum/The New Public. Una nuova dimensione pubblica e un nuovo pubblico/The New Public. From a new public dimension to new users
Kurator/a cura di/curated by Rein Wolfs
Museion, 15/9/2012–13/1/2013

Herausgeber/Pubblicato da/Edited by: Rein Wolfs und/e/and Museion, Bozen/Bolzano
Konzept/Concezione/Concept: Rein Wolfs und/e/and Stephan Müller
Koordination/Coordinamento/Coordination: Brigitte Unterhofer-Klammer
Texte/Testi/Texts: Federico Campagna, Maria Lind, Rein Wolfs
Textmanagement/Coordinamento testi/Text management: Nazire Ergün
Übersetzungen/Traduzioni/Translations: Claire Cahm, Eva Dewes, Ursula Fethke, Bridget Mason, Susanna Piccoli, Eleonora Zoratti
Lektorat/Revisione testi/Copy-editing: Petra Guidi, Thea Miklowski, Susanna Piccoli, Sebnem Yavuz
Gestaltung/Progetto grafico/Graphic design: Luise Bartels und/e/and Stephan Müller (Müller & Wesse)
Schrifttypen/Caratteri tipografici/Typefaces: Arial, Courier, Georgia, Tahoma, Verdana, Wingdings 2
Lithografie und Druck/Fotocalcografia e stampa/Lithography and printing: DZA Druckerei zu Altenburg GmbH
PVC-Umschlag: IP Adelt GmbH, Bielefeld

Rein Wolfs und Museion bedanken sich bei den Künstlerinnen und Künstlern, den Leihgebern und all jenen, die an der Realisierung der Ausstellung und der Publikation beigetragen haben.

Rein Wolfs e Museion desiderano ringraziare gli artisti, i prestatori e tutti coloro che hanno contribuito alla realizzazione di mostra e pubblicazione.

Rein Wolfs and Museion would like to thank the artists, the lenders and all those who contributed to the realization of this exhibition and publication project.

Erschienen im/Pubblicato da/Published by
Verlag der Buchhandlung Walther König, Köln
Ehrenstr. 4, 50672 Köln
Tel. +49 (0) 221 / 20 59 6-53
Fax +49 (0) 221 / 20 59 6-60
verlag@buchhandlung-walther-koenig.de

Bibliografische Information der Deutschen Nationalbibliothek
Die Deutsche Nationalbibliothek verzeichnet diese Publikation in der Deutschen Nationalbibliografie; detaillierte bibliografische Daten sind über http://dnb.d-nb.de abrufbar.

Bibliographic information published by the Deutsche Nationalbibliothek
The Deutsche Nationalbibliothek lists this publication in the Deutsche Nationalbibliografie; detailed bibliographic data are available in the Internet at http://dnb.d-nb.de

Printed in Germany

Vertrieb/Distribuzione/Distribution:

Großbritannien & Irland/Regno Unito e Irlanda/UK & Eire
Cornerhouse Publications
70 Oxford Street
GB-Manchester M1 5NH
Fon +44 (0) 161 200 15 03
Fax +44 (0) 161 200 15 04
publications@cornerhouse.org

Außerhalb Europas/Paesi extraeuropei/Outside Europe
D.A.P./Distributed Art Publishers, Inc.
155 6th Avenue, 2nd Floor
USA-New York, NY 10013
Fon +1 (0) 212 627 1999
Fax +1 (0) 212 627 9484
eleshowitz@dapinc.com

ISBN 978-3-86335-240-0

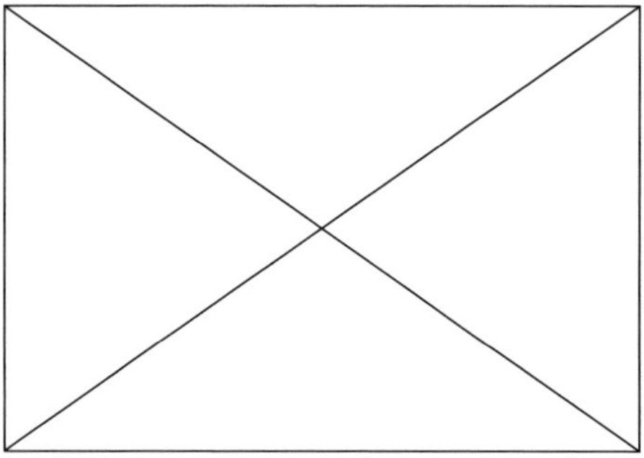

Total of 7 new emoticon images are available in new Skype program. This include emoticons for: facepalm, working from home, fingers crossed, tumbleweed, lala not listening, waiting and hifi.

http://tothepc.com/img/2011/07/skype-new-emoticons.png